Ángel Acedo Penco
Doctor en Derecho. Profesor de Derecho civil
Facultad de Derecho. Universidad de Extremadura

DERECHO DE CONSUMO

ANÁLISIS JURÍDICO-PRIVADO DE LA LEY GENERAL PARA LA DEFENSA DE LOS CONSUMIDORES DE 2007

DYKINSON
Madrid, 2012

Madrid, 2012

Editorial Dykinson, S.L. Meléndez Valdés, 61 – 28015 Madrid
Teléfono (+34) 91544 28 46 – (+34) 91544 28 69
e-mail: info@dykinson.com
http://www.dykinson.es
http://www.dykinson.com

ISBN: 978-84-15454-52-6
Depósito Legal: M-3797-2012

Preimpresión realizada por el autor

Impreso en Recco, S.L.
recco@recco-sll.com

A las mujeres que han marcado mi vida,
de las que tanto he gozado, sufrido y aprendido,
donde descubrí el cálido refugio de su compañía.

En especial, a mis tres grandes amores:

mi madre, María de las Nieves, razón de mi existencia;
mi hija, Elisina, motivo de perennes desvelos e ilusiones;
y a Ella, de quien, ahora lo sé, me enamoré perdidamente,
siendo imposible escribir su nombre sin nublar mis pupilas,
y en la certeza de que jamás volverá a estar entre mis brazos.

Y a mis seis adorables hermanas:

Maribel, Doris, Sacry, Mari Carmen, Nieves y Mari Luz

Derecho de consumo

ANÁLISIS JURÍDICO-PRIVADO DE LA LEY GENERAL
PARA LA DEFENSA DE LOS CONSUMIDORES DE 2007

Índice

Prólogo 13

Abreviaturas 15

CAPÍTULO I. APROXIMACIÓN AL DERECHO DE CONSUMO 17

1. Planteamiento 17
2. El concepto de derecho de consumo 18
3. Contenido del derecho de consumo 19
4. Protección jurídica directa e indirecta 20
5. El derecho privado de consumo 20
6. El derecho público de consumo y la Administración pública 23
7. El concepto de consumidor 24
   7.1. Consumidor en sentido abstracto 24
   7.2. Nociones jurídicas de consumidor 25
   7.3. El concepto de consumidor en la legislación española 30
   7.4. Crítica de la noción legal de consumidor 31

CAPÍTULO II. CARACTERES DEL DERECHO DE CONSUMO 39

1. El derecho de consumo: ¿una categoría autónoma? 39
2. Fundamento constitucional del derecho de consumo. 41
   2.1 El artículo 51 de la Constitución 41
   2.2 El principio constitucional «pro consumatore» 41
   2.3 Otros preceptos de refuerzo constitucional 42
   2.4 Valoración crítica 42
3. Desarrollo legal del mandato constitucional 43
   3.1. Normativa anterior a 1984 43
   3.1. Legislación vigente entre 1984 y 2007 44
   3.2. Legislación actual 44
   3.3. Ámbito territorial de aplicación 45
4. Competencias del Estado en materia de consumo 46
5. Legislación autonómica de consumo 49
6. Aproximación al derecho comunitario de consumo 50
   6.1. Derecho originario 50
   6.2. Derecho derivado 51
7. Notas características del derecho de consumo 54
   7.1. Derecho multidisciplinar 54
   7.2. Diversas fuentes normativas 54
   7.3. Imperatividad normativa 54
   7.4. Carácter tuitivo 55
   7.5. Protección optativa, compatible y complementaria 55
   7.6. Otros caracteres 56
8. La LCU: norma esencial de derecho de consumo en España 56
   8.1. Estructura 56
   8.2. Contenido 56
   8.3. Valoración. 58

CAPÍTULO III. LOS DERECHOS BÁSICOS DE LOS CONSUMIDORES 59

1. Catálogos normativos de los derechos básicos del consumidor 59
    1.1. Derecho internacional 59
    1.2. Derecho comunitario 59
    1.3. Derecho comparado 60
    1.4. Derecho constitucional español 60
    1.5. Derecho autonómico 61
    1.6 Derecho estatal 62
2. Clasificaciones doctrinales de los derechos del consumidor 63
3. Eficacia jurídica de los derechos básicos del consumidor 65
    3.1. Como principios rectores 65
    3.2. Carácter programático 65
    3.3. Protección prioritaria en los «bienes de uso común» 66
4. Valoración crítica del listado de derechos básicos del consumidor 68

CAPÍTULO IV. LA PROTECCIÓN DE LA SALUD Y LA SEGURIDAD 69

1. Planteamiento 69
2. Derecho comunitario sobre salud y seguridad 69
    2.1. Los programas políticos de protección del consumidor 69
    2.2. Directivas comunitarias sobre salud y seguridad del consumidor 72
    2.3. Responsabilidad por los daños causados por productos defectuosos 73
    2.4. La prohibición de los productos de apariencia engañosa 74
    2.5. La seguridad general de los productos 75
    2.6. La seguridad de los productos importados 76
3. La salud y la seguridad en la Constitución de 1978 77
4. Contenido específico del derecho a la salud 78
5. Contenido del derecho a la seguridad de los consumidores 80
6. La protección de la salud en la Ley general de sanidad 82
7. La protección de la salud y la seguridad en la LCU 83
    7.1. Deber general de seguridad 83
    7.2. Deber general de información de los riesgos 83
    7.3. Deberes específicos sobre salud y seguridad 84
8. El Real Decreto de seguridad general de los productos 85
    8.1. Ámbito de aplicación 85
    8.2. Deberes de los productores 85
    8.3. Deberes de los distribuidores 86
    8.4. Otros deberes de productores y distribuidores 87
    8.5. Deberes de otros sujetos 87
9. Reglamentos de bienes y servicios 88

CAPÍTULO V. LA PROTECCIÓN DE LOS INTERESES ECONÓMICOS 89

1. Importancia de los derechos económicos del consumidor 89
    1.1. Planteamiento 89
    1.2. Diferencias con el derecho a la salud y seguridad 90
2. Contenido de la protección de los intereses económicos 91
    2.1. Ámbito concreto 91
    2.2. Momentos 91
3. Derecho comunitario 92
    3.1. Derecho originario 92
    3.2. Programa Preliminar de la CEE 92
        3.2.1. Principios comunitarios de protección 93
        3.2.2. Acciones prioritarias 93
    3.3. Directivas comunitarias básicas 94
4. Derecho estatal español 94
    4.1. De carácter general 94
    4.2. De carácter sectorial 95

5. Derecho autonómico 97
6. Caracteres de la protección económica del consumidor 97
6.1. Concurrencia de normas 97
6.2. Complejidad normativa 98
6.3. Principios de aplicación 98
6.3.1. Principio de concurrencia 99
6.3.2. Principio de protección absoluta del consumidor 99
6.3.3. Principio de responsabilidad solidaria del profesional 99
6.3.4. Principio de responsabilidad objetiva del fabricante 99
6.3.5. Principio de desplazamiento de normas 99
6.3.6. Principio de libre elección normativa por el consumidor 99
6.4. Aplicabilidad directa 100
6.5. Fases de protección 100
6.6. Ámbito territorial 100
7. Contenido de la protección económica del consumidor 101
7.1. Principio general 101
7.2. Prácticas comerciales 101
7.3. Información obligatoria en la oferta comercial a consumidores 102
7.4. Prácticas desleales engañosas con consumidores 103
7.5. Contenido del régimen de comprobación en los contratos 103
7.6. Servicios de atención al cliente 103
7.6.1. Constancia 103
7.6.2. Atención personal 104
7.6.3. Información para reclamar 104
7.6.4. Obligación de responder 104
7.6.5. Información de adhesión a los sistemas extrajudiciales 104
8. El derecho a la información del consumidor 105
8.1. Derecho y obligación 105
8.2. Regulación específica 105
8.3. Regulación general: etiquetado y presentación 105
8.3.1. Principio básico 106
8.3.2. Especialidades 106
8.3.3. Información esencial 106
8.3.4. Información en castellano 106
8.3.5. Crítica del sistema 107
9. Derecho a la formación y educación de los consumidores 108
9.1. Contenido 108
9.2. Medios de comunicación públicos 108

CAPÍTULO VI. LOS CONTRATOS CON CONSUMIDORES Y LA GARANTÍA 109

1. Aspectos generales de la contratación con consumidores 109
1.1. Justificación normativa 109
1.2. Concepto 110
1.3. Ámbito de aplicación 110
1.4. Duración y terminación del contrato 110
1.5. Documentación de los contrato 111
1.6. Prohibición de comparecencia personal 112
2. La información precontractual 112
2.1. Información previa al contrato 112
2.2. La información en materia de vivienda 113
2.2.1. Regulación 113
2.2.2. Información general obligatoria sobre la vivienda 114
2.2.3. Información en la promoción de viviendas para su venta 114
2.2.4. Deberes de información sobre el precio 115
2.2.5. Contrato de compra o arrendamiento de vivienda 115
3. Veracidad e integración contractual 117
3.1. Principio de veracidad 117
3.2. Vinculación contractual de la publicidad 117

3.2.1. Concepto 117
3.2.2. Creación jurisprudencial 117
3.2.3. Reconocimiento legal 119
3.3. Principio de integración del contrato 119
3.4. Efectos jurídicos 119
4. El derecho de desistimiento del consumidor 120
4.1. Concepto y contenido 120
4.2. Información y documento de desistimiento 121
4.3. Ausencia de formalidades 122
4.4. Plazo de ejercicio 122
4.5. Prueba, gastos y lugar 123
4.6. Efectos 123
4.6.1. Restitución y reembolso 123
4.6.2. Imposibilidad de devolución 123
4.6.3. Devolución del empresario del importe recibido 124
4.6.4. Contratos vinculados 124
4.7. Derecho de desistimiento contractual 124
5. Condiciones generales de los contratos 125
5.1. Antecedentes 125
5.2. Regulación legal 126
5.3. Conceptos 127
5.4. La Ley de condiciones generales de la contratación 127
5.4.1. Precisiones terminológicas 127
5.4.2. Características esenciales 128
5.4.3. Ámbito de aplicación 128
5.4.4. Requisitos de validez e interpretación 130
5.5. Cláusulas no negociadas individualmente 130
5.5.1. Requisitos de las cláusulas no negociadas individualmente 131
5.5.2. Empresas públicas 132
5.5.3. Información por notarios y registradores 132
6. Las cláusulas abusivas 132
6.1. Definición legal 132
6.2. Régimen jurídico 132
6.3. Efectos e integración 133
6.4. Cláusulas abusivas previstas en la Ley 133
6.4.1. Por vincular el contrato a la voluntad del empresario 133
6.4.2. Por limitar los derechos básicos del consumidor 134
6.4.3. Por falta de reciprocidad 135
6.4.4. Sobre garantías 136
6.4.5. Que afectan al perfeccionamiento y ejecución del contrato 136
6.4.6. Sobre competencia y derecho aplicable 137
7. La garantía de los productos de consumo 138
7.1. El sistema del Código civil 138
7.2. Regulación específica 138
7.3. Principios generales 139
7.4. Supuestos protegidos y excluidos 139
7.5. Requisitos de conformidad 140
7.6. Responsabilidad del vendedor y exenciones 140
7.7. Acciones incompatibles 141
7.8. Derechos del consumidor por falta de conformidad 141
7.9. Opción entre reparación y sustitución 141
7.10. Reglas de la reparación o sustitución 142
7.11. Rebaja del precio y resolución del contrato 143
7.12. Criterios para la rebaja del precio 143
7.13. Ejercicio de derechos por el consumidor 143
7.13.1. Plazo de manifestación de la disconformidad 143
7.13.2. Presunciones 144
7.13.3. Plazo de prescripción de las acciones 144
7.13.4. Justificación documental 144

7.13.5. Obligación del consumidor 144
7.14. Acción contra el productor 145
8. La garantía comercial adicional 145
8.1. Definición legal 145
8.2. Lengua y forma 145
8.3. Contenido obligatorio 145
8.4. Prescripción 146
9. La reparación y los servicios de posventa 146
9.1. Derechos 146
9.2. Precios 146
9.3. Recuperación y entrega 146

CAPÍTULO VII. LOS CONTRATOS REGULADOS EN LA LCU 147

1. Los contratos celebrados a distancia 147
1.1. Definición legal 147
1.2. Inmuebles 147
1.3. Técnicas de comunicación 147
1.4. Contratos excluidos 148
1.5. Exclusión parcial 148
1.6. Normativa aplicable 148
1.7. Operadores de comunicación 149
1.8. Requisitos de las comunicaciones comerciales 149
1.9. Información precontractual 149
1.9.1. Contenido 150
1.9.2. Confirmación escrita 151
1.10. Necesidad de consentimiento expreso 151
1.11. Prohibición de envíos no solicitados 151
1.12. Derecho de desistimiento 152
1.12.1. Reconocimiento 152
1.12.2. Excepciones 152
1.13. Ejecución del contrato 152
1.13.1. Plazo 152
1.13.2. No ejecución por el empresario 153
1.13.3. Sustitución del producto 153
1.13.4. Cargo fraudulento en tarjeta 153
2. Contratos celebrados fuera de establecimientos mercantiles 153
2.1. Ámbito de aplicación 153
2.2. Contratos excluidos 154
2.3. Presunción y prueba 155
2.4. Derecho de desistimiento 155
2.5. Documentación del contrato 155
2.6. Nulidad y solidaridad 155
3. El contrato de viajes combinados 156
3.1. Ámbito de aplicación 156
3.2. Definiciones legales 156
3.3. Información precontractual 157
3.3.1. Contenido del folleto 157
3.3.2. Carácter vinculante y excepciones 157
3.4. Contenido del contrato 158
3.5. Forma y copias del contrato 159
3.6. Información adicional sobre el viaje contratado 159
3.7. Derecho de cesión 159
3.8. Modificación del contrato 160
3.8.1. Alteración del precio 160
3.8.2. Alteración de elementos esenciales 160
3.9. Resolución o cancelación por el empresario 160
3.9.1. Indemnización: cuantía mínima 161
3.9.2. Improcedencia de la indemnización 161

3.10. Resolución imputable al consumidor ... 162
3.11. Efectos de la no prestación contratada ... 162
3.12. Responsabilidad de organizadores y detallistas ... 163
3.13. Exención de responsabilidad ... 163
3.14. Fianza del empresario de viajes ... 164
3.15. Prescripción de acciones ... 164

CAPÍTULO VIII. RESPONSABILIDAD CIVIL POR LOS PRODUCTOS DEFECTUOSOS ... 165

1. Antecedentes ... 165
1.1. Socioeconómicos ... 165
1.2. Comunitarios ... 165
2. Regulación vigente ... 166
2.1. Marco legal básico ... 166
2.2. Regímenes coexistentes ... 166
2.2.1. La responsabilidad subjetiva ... 166
2.2.2. La responsabilidad objetiva ... 167
3. Principios generales ... 167
3.1. Derecho a ser indemnizado ... 167
3.1.1. Compatibilidad ... 168
3.1.2. Daños protegidos ... 168
3.1.3. Cláusulas de exoneración ... 168
3.1.4. Seguro de responsabilidad civil ... 169
3.2. Principio de solidaridad ... 169
3.3. Defecto y actuación de un tercero ... 169
3.4. Compensación por retraso ... 170
4. Daños causados por productos ... 170
4.1. Planteamiento ... 170
4.2. Principio de responsabilidad objetiva ... 170
4.3. Definiciones legales ... 171
4.3.1. Producto ... 171
4.3.2. Producto defectuoso ... 171
4.3.3. Productor ... 171
4.4. Carga probatoria ... 172
4.5. Causas de inimputabilidad ... 172
4.6. Límites de la responsabilidad ... 173
4.7. Extinción de la responsabilidad ... 173
4.7.1. Prescripción ... 173
4.7.2. Interrupción de la prescripción ... 174
4.7.3. Extinción del derecho ... 174
4.7.4. Culpa de la víctima ... 174
5. Daños causados por otros bienes y servicios ... 174
5.1. Régimen general ... 174
5.2. Régimen especial ... 175
6. La responsabilidad en el Código civil ... 176
6.1. Regímenes básicos ... 176
6.1.1. Responsabilidad contractual ... 176
6.1.2. Responsabilidad extracontractual ... 177
6.2. Aplicación a los productos defectuosos ... 177
6.3. Presupuestos del sistema ... 178
6.4. Solidaridad y prescripción ... 178

CAPÍTULO IX. LAS ASOCIACIONES DE CONSUMIDORES Y USUARIOS ... 179

1. Regulación normativa ... 179
2. Régimen jurídico básico ... 179
2.1. Concepto ... 179
2.2.1. Asociaciones de consumidores «strictu sensu» ... 179
2.2.2. Cooperativas de consumidores ... 180

2.3. Integración en otras organizaciones 180
2.4. Independencia y prohibiciones 180
2.5. Legitimación 181
2.6. Uso exclusivo de la denominación 182
2.7. Pérdida de su condición legal 182
2.8. Participación en sociedades mercantiles 182
2.9. Depósito de las cuentas anuales 183
2.10. Constitución 183
3. Registro estatal de asociaciones de consumidores y usuarios 184
3.1. Deber de inscripción 184
3.2. Control de los requisitos para la inscripción 184
3.3. Exclusión del Registro estatal 184
3.4. Colaboración con los Registros autonómicos 184
4. Derechos de representación y consulta 185
4.1. Derechos de las asociaciones de consumidores y usuarios 185
4.2. Consejo de Consumidores y Usuarios 185
4.2.1. Definición 185
4.2.2. Composición 185
4.2.3. Funciones 185
4.3. Elaboración de disposiciones generales 186
4.3.1. Audiencia al Consejo 186
4.3.2. Audiencia a los empresarios 186

CAPÍTULO X. EL SISTEMA ARBITRAL DE CONSUMO 187

1. Perspectiva comunitaria 187
1.1. Reconocimiento del derecho 187
1.2. Inconvenientes del sistema judicial tradicional 188
1.3. Soluciones propuestas 188
1.4. Principios comunitarios del arbitraje de consumo 189
1.4.1. Principio de independencia 189
1.4.2. Principio de transparencia 189
1.4.3. Principio de contradicción 190
1.4.4. Principio de eficacia 190
1.4.5. Principio de legalidad 190
1.4.6. Principio de libertad 190
1.4.7. Principio de representación 191
2. Normativa básica en España 191
2.1. Reconocimiento constitucional 191
2.2. Regulación legal 191
2.2.1. Definición y caracteres 192
2.2.2. Principios legales 193
2.2.3. Desarrollo normativo 193
2.3. Regulación aplicable 194
3. Organización del SAC 194
3.1. Las Juntas Arbitrales de Consumo 194
3.2. Funciones de las Juntas Arbitrales de Consumo 195
3.3. Composición de las Juntas Arbitrales de Consumo 196
3.4. Solicitudes individuales de arbitraje 196
3.5. Otros órganos nacionales 196
4. Los árbitros 197
4.1. Propuesta y lista de árbitros 197
4.2. Órganos arbitrales 197
4.2.1. Órganos arbitrales unipersonales 198
4.2.2. Órganos arbitrales colegiados 198
5. El convenio arbitral 198
5.1. Concepto 198
5.2. Forma y eficacia 199
5.3. La oferta pública de adhesión al SAC 199

5.4. Distintivo de adhesión al SAC 200
6. El procedimiento arbitral 200
6.1. Normas aplicables a la solución del litigio 200
6.2. Solicitud de arbitraje de consumo 201
6.3. Subsanación de defectos 201
6.4. Inadmisión y recurso 201
6.5. Comienzo del procedimiento 202
6.6. Mediación en el procedimiento arbitral 203
6.7. Designación de los árbitros 203
6.8. Acumulación 203
6.9. Procedimiento 203
6.9.1. Principios 203
6.9.2. Alegaciones 204
6.9.3. Modificación y reconvención 204
6.9.4. Audiencia 204
6.9.5. Régimen de la prueba 205
6.9.6. Gastos de la prueba 205
6.9.7. Incomparecencia e inactividad de las partes 205
6.10. El laudo arbitral 205
6.10.1. Contenido y cosa juzgada 206
6.10.2. Mayoría 206
6.10.3. Acuerdo de las partes 206
6.10.4 Laudo sin entrar en el fondo 206
6.10.5. Plazo para dictar el laudo 206
6.10.6. Impugnación del laudo 207
7. Arbitrajes de consumo especiales 208
7.1. Arbitraje de consumo electrónico 208
7.2. Arbitraje de consumo colectivo 208
7.3. Otros arbitrajes 208

PRÓLOGO

Tal vez sea el derecho sobre la protección de los consumidores, junto con el que deba aplicarse a las llamadas «nuevas tecnologías», o la «sociedad de la información», esto es, de todo lo relacionado con internet, las materias jurídicas novedosas que más llaman la atención de los ciudadanos, y por tanto del legislador, en los últimos tiempos.

No siendo objeto de esta obra el segundo grupo, el derecho de consumo hoy sigue estando muy de moda y, tal vez por ello, en permanente evolución y crecimiento.

Quizá se deba, en parte, a la progresiva concienciación ciudadana acerca de sus derechos como consumidor, aunque todavía no ha llegado, a nuestro juicio, ni con mucho, a los niveles que serían deseables. Sin bien es cierto que «consumidores somos todos» como acuñara el malogrado presidente JFK hace ahora medio siglo, ha tenido que transcurrir todo este tiempo para que se hayan comenzado a crear mecanismos legales para que los consumidores puedan ejercitar sus derechos reconocidos.

Hace casi un decenio publicamos otra obra, *Nociones de Derecho de Consumo*, con una extensión superior al doble que la presente, donde abordamos la materia desde una perspectiva quizá más amplia y teórica, rigiendo entonces la *Ley 26/1984, de 19 de julio*, general para la defensa de los consumidores y usuarios, pero acometiendo, además, el análisis de otras importantes normas de consumo sobre materias concretas.

Sin embargo, la derogación de aquella norma, junto a otras leyes sectoriales de protección a los consumidores, refundiéndolas en un solo texto, hacía necesario, no ya una mera actualización o remodelación de aquel libro, sino la completa elaboración de un trabajo de nuevo cuño, de principio a fin, con el soporte de la nueva realidad legal.

Se aborda, por tanto, en las siguientes páginas, un estudio concreto y sintético del nuevo *Real Decreto Legislativo 1/2007, de 16 de noviembre*, por el que se aprueba el texto refundido de la Ley general para la defensa de los consumidores y usuarios, que es la principal norma de derecho de consumo vigente en toda España en lo que se refiere a la regulación de los elementos e instituciones de derecho privado.

Al seguir el contenido de la Ley actual, no se estudian aquí, como hiciéramos en el anterior trabajo, el derecho de aprovechamiento por turno de bienes inmuebles de uso turístico, el crédito al consumo, la oferta, la promoción y las modalidades de venta del comercio minorista, ni la publicidad comercial, como tampoco materias que han sido objeto de regulación posterior, como el contrato de aparcamiento de vehículos, los servicios de la sociedad de la información y el comercio electrónico, el contrato de crédito al consumo o la comercialización a distancia de servicios financieros.

Pese a su menor extensión, ahora hemos optado por añadir notas a pie de página con la bibliografía más reciente y relevante, jurisprudencia y referencias legislativas constantes que sitúan al lector en los preceptos de la Ley que se van examinando, todo ello, buscando la máxima utilidad práctica, sin perder su rigor científico.

En la Universidad Centroamericana de Nicaragua, Managua, 22 de enero de 2012.

EL AUTOR

angel@acedo.es

ABREVIATURAS

ADC	Anuario de Derecho Civil
AP/AAPP	Audiencia Provincial/Audiencias Provinciales
art./arts.	artículo/artículos
BOE	Boletín Oficial del Estado
CCAA	Comunidades Autónomas
CC	Código civil español, Real Decreto de 27 de julio de 1889
CE	Constitución española de 27 de diciembre de 1978
cit.	citado/a anteriormente
CCom	Código de comercio, Real Decreto de 22 de agosto de 1885
CP	Ley Orgánica 10/1995, de 23 de noviembre, del Código penal
€	euro/euros
et ál.	y otros (del latín: *et álii*)
FD/FJ	Fundamento de derecho/Fundamento jurídico
INC	Instituto Nacional del Consumo
JAC	Junta Arbitral de Consumo
LA	Ley 60/2003, de 23 de diciembre, de arbitraje
LCS	Ley 50/1980, de 8 de octubre, de contrato de seguro
LCC	Ley 16/2011, de 24 de junio, de contratos de crédito al consumo
LCG	Ley 7/1998, de 13 de abril, de condiciones generales de contratación
LCM	Ley 7/1996, de 15 enero, de ordenación del comercio minorista
LCU	Real Decreto Legislativo 1/2007, de 16 de noviembre, texto refundido de la Ley general para la defensa de los consumidores y usuarios
LEC	Ley 1/2000, de 7 de enero, de enjuiciamiento civil
LOPJ	Ley Orgánica 6/1985, de 1 de julio, del Poder Judicial
LSSI	Ley 34/2002, de 11 de julio, de servicios de la sociedad de la información y de comercio electrónico
núm./nº	número
pág./págs.	página/páginas
p./pp.	página/páginas
RDP	Revista de Derecho Privado
RGLJ	Revista General de Legislación y Jurisprudencia
ss./sigs.	y siguientes
SAC	Sistema Arbitral de Consumo
STC	Sentencia del Tribunal Constitucional
STS	Sentencia del Tribunal Supremo
SSTS	Sentencias del Tribunal Supremo
TC	Tribunal Constitucional
TJUE	Tribunal de Justicia de la Unión Europea
TS	Tribunal Supremo
TSJ	Tribunal Superior de Justicia
UE	Unión Europea
VVAA	Varios autores

CAPÍTULO I. APROXIMACIÓN AL DERECHO DE CONSUMO

SUMARIO: 1. Planteamiento. 2. El concepto de derecho de consumo. 3. Contenido del derecho de consumo. 4. Protección jurídica directa e indirecta. 5. El derecho privado de consumo. 6. El derecho público de consumo y la Administración pública. 7. El concepto de consumidor. 7.1. Consumidor en sentido abstracto. 7.2. Nociones jurídicas de consumidor. 7.3. El concepto de consumidor en la legislación española. 7.4. Crítica de la noción legal de consumidor.

1. Planteamiento

Aunque existen muchas, y muy diversas, perspectivas para justificar el acercamiento al denominado derecho de consumo, tal vez la más práctica sea la que contenga la respuesta del «por qué» de su existencia. Así, teniendo en cuenta la extraordinaria regulación normativa que afecta a todos los sectores de la vida en comunidad, pudiera dudarse de la necesidad de crear una nueva parcela del derecho, otra más, ya vasto e inabarcable[1].

¿Acaso no son ya suficientes los millares de normas, tantas veces reformadas y actualizadas, contenidas en el derecho civil y mercantil, dentro del ámbito del derecho privado; o las que regulan, en el derecho público, las disciplinas del derecho administrativo, tributario, procesal, e incluso penal,

---

[1] Véanse las obras generales, más recientes, de: BERCOVITZ RODRÍGUEZ-CANO, Rodrigo (dir.), *Comentario del texto refundido de la Ley general para la defensa de los consumidores y usuarios y otras leyes complementarias: Real Decreto Legislativo 1/2007*, colección grandes tratados, editorial Aranzadi, Cizur Menor, 2009; BUSTO LAGO, José Manuel, ÁLVAREZ LATA, Natalia y PEÑA LÓPEZ, Fernando, *Reclamaciones de consumo: derecho de consumo desde la perspectiva del consumidor*, editorial Aranzadi, Cizur Menor, 2010; CÁMARA LAPUENTE, Sergio [et al.], *Comentarios a las normas de protección de los consumidores*, editorial Constitución y Leyes, Madrid, 2011; CUBILLO LÓPEZ, Ignacio José, *Cuestiones actuales sobre la protección de los consumidores : tutela penal, civil y arbitral*, editorial Civitas Ediciones, Madrid, 2010; GARCÍA GIL, Francisco Javier, *Suma de la defensa y protección de consumidores y usuarios: doctrina. Criterios jurisprudenciales. Formularios*, editorial Distribución y Asesoramiento de Publicaciones Jurídicas, 2009; LARROSA AMANTE, Miguel Ángel, *Derecho de Consumo. Protección legal del Consumidor*, editorial El Derecho, Madrid, 2011; LASARTE ÁLVAREZ, Carlos, *Manual sobre protección de consumidores y usuarios*, editorial Dykinson, Madrid, 2010; PIPAÓN PULIDO, Jorge, *Curso práctico en materia de derechos de los consumidores y usuarios*, Lex Nova, Valladolid, 2010; del mismo autor y editorial *Derecho de los consumidores*, Valladolid, 2010; REBOLLO PUIG, Manuel e IZQUIERDO CARRASCO, Manuel (dirs.), *La defensa de los consumidores y usuarios: comentario sistemático del texto refundido aprobado por el Real Decreto Legislativo 1/2007.* Adaptado a las reformas introducidas por las Leyes 25/2009 y 29/2009, editorial Portal Derecho, Madrid, 2011; REYES LÓPEZ, María José, *Manual de derecho privado de consumo*, editorial La Ley, Madrid, 2009; RODRÍGUEZ-ARANA MUÑOZ, Xaime y CANOSA USERA, Raúl Leopoldo, *Derecho de los consumidores y usuarios: una perspectiva integral*, editorial Netbiblo, La Coruña, 2008; TOMILLO URBINA, Jorge Luis, *El futuro de la protección jurídica de los consumidores*, Civitas Ediciones, Madrid, 2008.

para proteger a las personas que denominamos «consumidores y usuarios»?

Pues, obviando todo el proceso histórico de aparición y desarrollo de las normas específicas de protección de los consumidores, podemos adelantar que, según se ha constatado, parece que, efectivamente, el sector más numeroso de la población, el de los consumidores y usuarios, el que celebra más número de contratos y relaciones jurídicas que ninguno otro cada día, el grupo que, de manera individual, está sujeto potencialmente a toda clase de daños que pueden producirle en su persona y patrimonio cualesquiera bienes o servicios que circulan y le afectan a su vida cotidiana, resulta ser el que no está suficientemente protegido desde el punto de vista del derecho[2].

Y es que, las mismas normas de derecho privado, en especial las de derecho civil y mercantil, son las que han de aplicarse tanto a una persona que adquiere una barra de pan en el supermercado (una compraventa) que resulta defectuosa y le ocasiona lesiones en el estómago, que a una sociedad petrolífera que adquiere mediante precio el yacimiento de una gigantesca bolsa de crudo (otra compraventa), donde también tiene defectos su objeto.

La simple lectura de este último párrafo, ya advierte al lector de la clara insuficiencia de los mecanismos tradicionales de defensa de los intereses y derechos subjetivos de los ciudadanos, sobre todo los que tienen incidencia económica o en el patrimonio de las personas, contenidos en los viejos Códigos para abordar los problemas que se suscitan en una sociedad tan compleja como la actual, denominada incluso «sociedad de consumo».

2. El concepto de derecho de consumo

Es polémica una *definición* de derecho de consumo, sobre todo a la vista de los planteamientos expuestos más arriba sobre su autonomía respecto de otras disciplinas, y de la posición del Tribunal Constitucional al afirmar que: «la defensa del consumidor es, sin embargo, un concepto de tal *amplitud* y de *contornos imprecisos* que hace dificultosa en ocasiones, la operación calificadora de una norma cuyo designio pudiera entenderse qué es la protección del consumidor»[3].

---

[2] Véase, con mayor amplitud, ACEDO PENCO, Ángel, *Nociones de Derecho de Consumo. Aproximación a la protección jurídica de los consumidores en Extremadura*, Servicio de Publicaciones de la Universidad de Extremadura, Cáceres, 2003.

[3] STC núm. 71/1982, de 30 de noviembre, del Pleno.

Destaca este Tribunal «el carácter interdisciplinario o *pluridisciplinario* del conjunto normativo que, sin contornos precisos, tiene por objeto la protección del consumidor, y también la plural inclusión de una regla en *sectores distintos*, como pueden ser el del consumo y el de la sanidad».

En cualquier caso, en nuestra opinión, podemos establecer un *concepto* de derecho de consumo entendiéndolo como «aquella disciplina jurídica específica, autónoma o n o, formada por normas de derecho privado y de derecho público, así como de los criterios jurisprudenciales y científicos que las interpretan, que tiene la finalidad común de otorgar una protección especial y complementaria a la que ya conceden las disposiciones de general aplicación, a una categoría subjetiva acotada legalmente, de carácter variable en función de los intereses en juego, que se viene denominando consumidor o usuario, pero que siempre ha de reunir la cualidad de ser la parte más débil en el contrato o en la relación jurídica donde haya de aplicarse».

El Tribunal Constitucional *ha definido* con sencillez lo que ha llamado «el derecho del consumidor», como aquel «conjunto de reglas jurídicas que tienen por obj eto proteger al consumidor», añadiendo que, «difícilmente podrá encontrarse codificado en un conjunto normativo emanado de una sola de estas instancias (públicas), siendo más bien la resultante de la suma de las actuaciones normativas, enderezadas a este objetivo, de los distintos poderes públicos que integran el Estado»[4].

3. Contenido del derecho de consumo

El *contenido mínimo* del conjunto de las normas jurídicas que conforman lo que se entiende por derecho de consumo, debería aglutinar, a juicio de cierta doctrina, al menos, los siguientes aspectos[5]:

1. Mecanismos eficaces de información y consulta, de carácter jurídico, para que los consumidores conozcan sus derechos específicos.

2. La protección legal frente a situaciones de abuso y de desequilibrio cuando operan en el mercado dominado por empresarios y profesionales que limitan, e incluso eliminan, en la práctica, la auténtica libertad a la hora de prestar el consentimiento en la suscripción de los contratos.

---

[4] STC núm. 88/1986, de 1 de julio, FJ 4.

[5] LEÓN ARCE, Alicia, en su obra conjunta con las autoras, MORENO-LUQUE, Carmen y AZA CONEJO, Mª. Jesús, *Derecho de Consumo*, editorial Forum, Oviedo, 1995.

3. La prevención de la seguridad y salubridad en el consumo, interviniendo de manera represiva para castigar aquellas conductas que pongan en peligro al consumidor, y fácil acceso a las indemnizaciones por los daños y perjuicios que sufran por los productos y servicios.

4. Procedimientos de defensa efectivos y asequibles, facilitando el acceso a la justicia, poniendo en manos del consumidor las diferentes acciones individuales que sean precisas que le garanticen sus derechos.

5. Medidas de desarrollo de asociaciones y federaciones de consumidores y usuarios, participando en los procesos de elaboración de normas que les afecten, siendo legitimadas para el ejercicio de las acciones colectivas.

6. Quizá en consonancia con la elevada calidad de vida que persigue esta disciplina, desde sus comienzos ha mantenido una preocupación especial por el medio ambiente y la protección de los recursos naturales.

4. Protección jurídica directa e indirecta

En esencia, a grandes rasgos, la defensa de los derechos del consumidor puede realizarse de dos maneras:

a) Protección indirecta, a través del derecho público y encomendada a los poderes públicos, especialmente, respecto de la ordenación de la economía, la regulación del mercado interior, la represión de las conductas indeseables, las políticas de precios, el control de empresas multinacionales, la fiscalización de las importaciones y en general de todos los aspectos macroeconómicos en donde debe estar presente la vocación tuitiva hacia los consumidores, sin olvidar aspectos genéricos y tan importantes como la obligación de velar por la seguridad y la salud de los ciudadanos.

b) Protección directa, que se viene concibiendo a t ravés del derecho privado mediante la atribución de derechos individuales y concretos a cada consumidor, de manera que pueda ejercerlos y reclamar su cumplimiento acudiendo a los órganos arbitrales de consumo, o a los tribunales de justicia.

5. El derecho privado de consumo

Por su carácter esencialmente práctico, la óptica que se adopta en la presente obra parte, necesariamente, del derecho privado, considerando al derecho de consumo como una parte diferenciada del derecho civil, afectada también, en buena medida, por el derecho mercantil, en razón de los destinatarios a quienes se dirigen sus normas. Ello es así porque, desde este punto de vista, el individuo, como consumidor, es el único sujeto de protección a quien la ley le otorga, de manera individual o colectiva, determinados mecanismos de defensa de sus intereses en sus relaciones jurídico-privadas con otros sujetos, esto es, los empresarios y profesionales.

Sin embargo, no se olvide que el consumidor, como cualquier individuo, ya gozaba, antes de la aparición del derecho de consumo, de los múltiples dispositivos jurídico-privados de protección de sus derechos otorgados por el Código civil (CC) y la legislación complementaria que lo desarrolla, tanto en la esfera contractual como fuera de ella, por lo que no puede afirmarse con rotundidad que aquél se encontraba en una situación de absoluta desprotección, aunque sí, desde luego, que sus medios de defensa no eran suficientes al compararlos con los de los productores, lo que justificó, como se ha dicho, el nacimiento de esta regulación específica.

Baste recordar que, ya desde hace más de un siglo el Código civil exige a los sujetos de derecho que intervengan en sus relaciones de acuerdo con el principio de la buena fe, como determina su artículo 7; así como que no puede dejarse al arbitrio de una sola de las partes el cumplimiento y validez del contrato, según el artículo 1256 del mismo cuerpo legal; exigiendo unos presupuestos mínimos y esenciales de validez para todos los contratos el artículo 1261 CC; o estableciendo como criterio de interpretación de las estipulaciones dudosas de los contratos que éstas sean aplicadas en beneficio de la parte que no intervino en su confección, según establecía el artículo 1289 CC, precepto éste ahora derogado (quizá indebidamente) por la LEC[6], conservándose en la nueva ley procesal el mismo criterio que el código sustantivo.

El desarrollo del artículo 51 CE mediante la legislación de protección de los consumidores supuso en España el nacimiento efectivo en 1984, y con apoyo directo del derecho positivo, del derecho de consumo, que aunque no se incardine como un derecho autónomo e independiente del derecho privado, quizás pueda considerarse un derecho especial por los sujetos a los que pretende proteger, los consumidores.

Pero, naturalmente, se siguen utilizando los conceptos, terminología e

[6] Ley 1/2000, de 7 de enero, de *Enjuiciamiento civil*.

instituciones propios del derecho privado, para lograr una mayor protección que viene concediendo tradicionalmente el derecho civil, pero sin desdeñar la que ya ofrece éste, del que se nutre con carácter básico, pero añadiendo mayores mecanismos de defensa para obtener, en lo posible, un equilibrio en las prestaciones, privando de efectos a los contratos, o a determinadas cláusulas, que vulneren abiertamente dicha equivalencia.

La constatación de la inferioridad en la que, muchas veces, se encuentra la parte débil del contrato, deja sin efecto práctico el principio de la autonomía de la voluntad, pues ésta se limita a la escueta libertad de poder elegir entre contratar o no contratar, debiendo aceptar el demandante todas las condiciones impuestas por injustas o desproporcionadas que sean, o simplemente, renunciar al bien pretendido, y todo ello dentro de la legalidad vigente contenida en los viejos principios del Código civil, lo que demuestra, una vez más, la insuficiencia del sistema tradicional y justifica el desarrollo de esta nueva materia jurídica del derecho de consumo, no independiente o autónoma, pero sí, desde luego, complementaria y eficaz.

Al margen de las relaciones propias de los contratos, también forma parte importante de esta nueva materia que estudiamos, la nueva configuración de la responsabilidad civil extracontractual, que si bien el derecho privado tradicional la venía contemplando con carácter puramente subjetivo, tal como se desprende de la regulación contenida en el artículo 1902 y siguientes del Código civil, ahora, debido al incremento de los riesgos como consecuencia de la agilidad y multiplicación de las relaciones entre consumidores y productores, se está abriendo paso una tendencia, no solo de carácter jurisprudencial y doctrinal, sino también legal, hacia una creciente responsabilidad civil objetiva, con estadios intermedios de carácter cuasi-objetivo, pero en todo caso, modificando aquella visión inicial basada en la culpa, todo ello con la finalidad de aumentar la protección de aquellos individuos que asumen mucho mayores riesgos que aquellos que existían en la época liberal de la codificación para la que se estableció, hace más de un siglo, el modelo vigente en los preceptos citados de nuestro Código civil.

Para lograr la efectividad de los objetivos protectores del consumidor establecidos en el artículo 51 CE se precisa, en muchas ocasiones, la intervención de los poderes públicos en el sistema económico, aunque debiendo armonizarse dicha protección con el desarrollo de una economía libre de mercado como la nuestra basada, entre otros, en los derechos a la libertad de empresa y a la propiedad privada también reconocidos, como es sabido, en los artículos 38 y 33.1 CE, respectivamente.

6. El derecho público de consumo y la Administración pública

La ingente presencia de la actividad de la Administración pública en todos los sectores de la vida actual, se despliega, en materia de defensa del consumidor y usuario, en varias esferas que precisan de un soporte jurídico contenido en innumerables normas de derecho público, siendo decisiva y más importante, la actuación de las Comunidades Autónomas (CCAA), también del Estado, y en menor medida, de los Ayuntamientos, instituciones que regulan su intervención de naturaleza puramente administrativa.

Las diversas Administraciones públicas, cuya misión constitucional es proteger los intereses generales, intervienen de manera constante en la defensa del consumidor mediante el ejercicio de las competencias que le son propias, desarrollándose mediante diferentes actividades[7]:

1. Actividad administrativa *de fomento*, en aquellos casos en que la Administración interviene a través de medios simplemente persuasivos sobre los sujetos para que éstos, aunque sea movidos por s us intereses particulares, realicen conductas que beneficien al interés general. Un ejemplo podría ser la concesión de subvenciones a las organizaciones de consumidores para lograr el desarrollo de este movimiento asociativo.

2. Actividad *de servicio público*, desarrollada por la Administración cuando directamente realiza las prestaciones a los administrados en defensa de los consumidores. Las oficinas de información al consumidor, dependiendo de los Ayuntamientos o de las CCAA, prestan este servicio de manera directa en aras de una mejor educación y formación de los consumidores y usuarios respecto del conocimiento de sus derechos.

3. Actividad *de limitación*, cuando impone restricciones, deberes o interviene de forma coactiva en las conductas privadas con la finalidad de proteger el interés general. Esta actividad administrativa es la que está dotada de mayor interés jurídico y es la que predomina en la defensa pública de los derechos de los consumidores y usuarios.

4. Actividad *arbitral*, que se despliega, organiza y fomenta, desde la

---

[7] REBOLLO PUIG, M. e IZQUIERDO CARRASCO, M., «Administraciones públicas y protección de los consumidores», en el libro de G. Botana García y M. Ruiz Muñoz (coordinadores), *Curso de protección jurídica de los consumidores*, Madrid, 1999.

Administración pública, puesto que ésta se desarrolla mediante la decisión en las controversias entre particulares sobre derechos de naturaleza privada o pública. Ello se realiza a través de las Juntas Arbitrales de Consumo y de sus Colegios Arbitrales que persiguen únicamente la impartición de justicia.

5. Actividad *de colaboración judicial*, pues el derecho penal adquiere una importancia decisiva en el ámbito de la protección de los consumidores, cuya aplicación no se encomienda a la Administración, sino a los jueces y tribunales, pero aquélla tiene una intervención decisiva pues los preceptos penales en blanco necesitan llenar su contenido en reglamentos elaborados por la Administración, y además, la intervención judicial suele venir precedida de inspecciones para la averiguación de los hechos, actividad que desempeña la Administración al ser quien tiene los medios para ello.

7. El concepto de consumidor

7.1. Consumidor en sentido abstracto. Suele hablarse comúnmente en la doctrina de diversas nociones de «consumidor», una abstracta y otra concreta, y a esta última se le atribuyen después varios sentidos[8].

La noción abstracta de consumidor considera a éste como ciudadano que adquiere o utiliza bienes y servicios, reflejando la idea inicial, adoptada en los albores del nacimiento de los movimientos de protección, de que «consumidores somos todos».

Esta noción, que equipara el consumidor al ciudadano, se ha venido utilizando por la doctrina para atribuir derechos a los ciudadanos en general, en su condición de consumidores, reconociéndole, por ejemplo, los derechos a la educación o a la información.

Sin embargo, según este planteamiento, no sirve esta noción amplia para ejercitar derechos individualmente por el consumidor en su propio interés, sino más bien para expresar programas políticos de actuación, siendo exigible la actuación de los poderes públicos en su política de atención a todos los ciudadanos en cuanto consumidores[9].

---

[8] ACEDO PENCO, Ángel, «La noción de consumidor y su tratamiento en el derecho comunitario, estatal y autonómico. Breve referencia al concepto de consumidor en el derecho extremeño», *Anuario de la Facultad de derecho de la Universidad de Extremadura*, Vol. XVIII, año 2000, páginas 297-340.

[9] BERCOVITZ RODRÍGUEZ-CANO, Alberto, «Ámbito de aplicación y derechos de los

Éste es el carácter con el que aparece reconocida la noción de consumidor en la citada Resolución del Consejo de la CEE de 1975 que aprobó el Programa preliminar para una política de protección y de información de los consumidores.

*7.2. **Nociones jurídicas de consumidor***. En contraposición a la anterior, ha de ser la noción concreta la que permita ejercitar individualmente los derechos al consumidor en su propio interés. Sin embargo, no e xistirá una única noción concreta, sino *varias nociones diversas de consumidor*, que sirven para delimitar el ámbito de aplicación de las distintas disposiciones legales y que se establecen atendiendo en cada caso a la protección que la norma pretende ofrecer[10].

Dentro de las nociones concretas de consumidor, se distingue, sobre todo, una noción amplia de consumidor, entendido como *cliente*, y más restrictiva, referida al denominado *consumidor final*.

1) La noción de consumidor como *cliente*[11] incluye a *todas* las

---

consumidores en la Ley General para la Defensa de los Consumidores y Usuarios», en la obra de este autor junto con BERCOVITZ RODRÍGUEZ-CANO, Rodrigo, *Estudios Jurídicos sobre Protección de los Consumidores,* Tecnos, Madrid 1987, páginas 107-108.

[10] Se ha dicho, por ejemplo, que cuando la norma trata de proteger a *la salud de las personas*, la noción de consumidor se equipara con la de persona física; pero en otros casos cuando la norma se dicta para regular los *abusos de posición dominante* en el mercado la protección gira en torno a la desigualdad económica de los consumidores; o que la problemática del *crédito al consumo* es distinta según se refiera a la adquisición de mercancías de uso generalizado como son los electrodomésticos, que para la adquisición de bienes de consumo muy limitado dado su precio, o que para la adquisición de vivienda. En todos estos casos la *noción concreta de consumidor será diferente* porque distinta será la protección que se persigue en función de la materia regulada. En todas las nociones legales de consumidor subyace el tipo de consumidor que se trata de proteger, y aunque sean muy heterogéneos, ello no impide que la protección se haga atendiendo a un «prototipo» el denominado *consumidor medio típico*, que es el que, de acuerdo con la experiencia diaria, se encuentra frente a los empresarios en *posición de inferioridad* y con las características que suelen concurrir en la mayoría de los consumidores: un nivel económico y una formación correspondientes a las capas medias de la población. BERCOVITZ RODRÍGUEZ-CANO, Alberto, «Ámbito de aplicación y derechos de los consumidores en la Ley General para la Defensa de los Consumidores y Usuarios», cit. p. 110, quien se apoya en la doctrina alemana e italiana.

[11] En nuestra doctrina, se ha definido la noción de consumidor como cliente a "cualquier persona que interviene en relaciones jurídicas situado en la posición de demanda en un hipotético y convencional vínculo con el titular de la oferta". BERMEJO VERA, José, «Aspectos jurídicos de la protección del consumidor», *Revista de Administración Pública*, nº

personas que contratan con un empresario los bienes o servicios que ofrece, tanto si la finalidad es la atención de sus necesidades privadas como cuando lo hace dentro del marco de una actividad empresarial o profesional. No es precisa, aquí, la finalidad del uso o destino privados. Será catalogado, en este sentido, como consumidor cualquier comprador, arrendatario, o usuario de servicios, sin importar su cualidad personal.

Esta noción amplia de consumidor como cliente está presente en diversas normas comunitarias como el derecho *antitrust* de la Comunidad Europea, en disposiciones legales de la República Federal de Alemania sobre la llamada responsabilidad del fabricante, en el derecho español sobre disciplina bancaria[12], o también en las normas sobre viajes combinados[13], así como en cierta jurisprudencia francesa[14].

2) Sin embargo, mucho mayor éxito ha tenido la noción restringida de consumidor como *destinatario final* de los bienes o servicios que adquiere para su uso privado, que incluye al uso familiar o doméstico.

La delimitación de esta noción se realiza: *a)* unas veces mediante la exigencia de que la actuación del consumidor, para ser considerado como tal, vaya destinada a satisfacer sus *necesidades estrictamente privadas*, familiares o domésticas; y *b)* otras, se utiliza como criterio delimitador el hecho de que su actuación sea completamente *ajena a cualquier forma de actividad empresarial o profesional*.

El concepto de consumidor final comprende todo adquirente o usuario de un producto o un servicio sin tener en cuenta la naturaleza de la relación jurídica operada por el transferente del bien o de la prestación, ni de la misma existencia de la transacción. Este criterio del uso privativo

---

87, septiembre-diciembre 1978, p. 259.

[12] La Ley 26/1988, de 29 de julio, de Disciplina e Intervención de las Entidades de Crédito, engloba y protege al *cliente bancario* (todas aquellas personas físicas y jurídicas que contratan servicios bancarios con entidades de crédito), y de manera especial a quienes tengan una posición de mayor debilidad frente a la entidad bancaria.

[13] Artículo 151.1.g) LCU: «Consumidor o usuario: *cualquier persona* en la que concurra la condición de contratante principal, beneficiario o cesionario».

[14] La Sentencia del Tribunal de Grande Instance de Estrasburgo de 15 de noviembre de 1973 determinó que la reglamentación de las ventas a plazos era aplicable a la compra de un horno panadero, puesto que «el consumidor es aquel que utiliza las mercancías no solamente para la satisfacción de sus necesidades personales, sino también para sus necesidades profesionales». *Revue Trimestrielle de Droit Commercial*, 1974, p. 142, nº 2.

limita la cualidad de consumidor de forma general *al no profesional* que persigue la satisfacción de *necesidades particulares*, ya sean *personales o familiares*. Se excluye a todo empresario grande o pequeño (industrial, comerciante, agricultor, artesano o profesional) cuando actúe como tal.

Este criterio que se basa en el uso privado, familiar o doméstico de los bienes y servicios, es el más extendido[15], quizás porque fue el que se recogió en la *Carta de Protección de los Consumidores* del Consejo de Europa de 17 de mayo de 1973 que lo definió como «consumidor es una persona física o jurídica a la que se proporcionan géneros y servicios para su uso privado»[16].

3) La *ajenidad de la operación* de consumo a toda actividad empresarial o profesional es otra de las tendencias que se aplican para delimitar la noción estricta de consumidor, pues en estos casos se precisa que los bienes o servicios tengan un *uso no profesional*, criterio seguido por instrumentos normativos de carácter nacional[17], internacional[18] y comunitario[19].

Es decir, se define al consumidor como aquella persona que al adquirir bienes o servicios no realiza una actuación empresarial en sentido amplio

---

[15] Nuestra doctrina adoptó este criterio al afirmar que «empieza a perfilarse la idea del consumidor final de bienes o servicios para uso privado tanto adquirente de bienes de consumo cuanto como usuario de servicios públicos y privados». POLO, Eduardo, *La protección del consumidor en el derecho privado*, Madrid, 1980, pp. 27-28.

[16] Esta idea fue tomada, tal vez, del «Informe Molony» y desde luego fue plasmada algo después en el *Convenio sobre ventas internacionales de mercancías,* firmado en Viena el 11 de abril de 1980 que definió, en su artículo 2 apartado a) las ventas a consumidores como aquéllas referidas a «mercancías compradas para uso personal, familiar o doméstico».

[17] La finalidad *doméstica* o el *uso privado*, como ya se anticipó, es seguida por la *Fair Trading Act* de 1973 en Gran Bretaña, por la Ley de Protección de los consumidores de 8 de marzo de 1979 de Austria. También ha sido el criterio adoptado por las leyes portuguesas de protección al consumidor de 22 de agosto de 1981 y de 31 de julio de 1996.

[18] El Convenio de Roma de 18 de mayo de 1992, sobre ley aplicable a las obligaciones contractuales, abierto a la firma el 19 de junio de 1980, también habla, en su artículo 5, de «un uso que pueda ser considerado como extraño a su actividad profesional».

[19] La Directiva 577/85, de 20 de diciembre de 1985, sobre contratos negociados fuera de los establecimientos comerciales define al consumidor como «toda persona física que, para las transacciones amparadas por la presente Directiva, actúe para un uso que pueda considerarse como ajeno a su actividad profesional». En el mismo sentido la Directiva 93/13/CEE sobre Cláusulas abusivas; la Directiva 97/7/CE sobre Contratos celebrados a distancia; y la Directiva 87/102 CE, de 22 de diciembre de 1986, sobre Crédito al consumo.

(industrial, comercial o profesional), o sea, que está actuando fuera del ámbito de su actividad empresarial.

Desde luego, de los dos criterios expuestos (el del uso privado y el de la adquisición fuera del ámbito empresarial), mucho más restrictivo, si cabe, el primero de ellos, se adivina que será el segundo el más fácil de determinar, puesto que en este supuesto, basta con identificar la actividad profesional del adquirente para comprobar si actúa o no de ntro de la misma. Sin embargo, no será siempre tan sencillo conocer cuál será el uso privado o empresarial que se dará a los productos adquiridos.

4) También se ha distinguido entre *consumidor material* y *consumidor jurídico*, siendo el primero de ellos quien de hecho consume los bienes o los usa, o quien utiliza los servicios[20], al margen de quienes sean parte en el contrato, y el segundo quien, junto con el empresario o profesional, es una de las partes que intervienen dicho contrato de consumo.

Es decir, que será *consumidor material* el que, sin que necesariamente haya contratado la cosa o el servicio, puede utilizarlos; y *consumidor en sentido jurídico* sólo a quien contrata, que además, es a quien suelen ir dirigidas las leyes protectoras. Es evidente que ambas figuras pueden coincidir en la misma persona, y así ocurrirá frecuentemente, pero no en todas las ocasiones, de ahí la necesaria distinción.

Será el consumidor jurídico quien, habitualmente, ostente los derechos individuales que la legislación reconoce y podrá ejercitar personalmente las acciones derivadas de su adquisición (en propiedad, como uso, disfrute o pa ra consumo) como contratante, aunque, en ocasiones, se también reconoce al consumidor material –mero usuario–, aun no siéndolo en sentido jurídico, diversas acciones protectoras[21].

[20] CALAIS-AULOY, Jean, *Droit de la consommation*, Dalloz, París, 1980, p. 3, que realiza esta distinción. También la tiene en cuenta BERCOVITZ RODRÍGUEZ-CANO, Rodrigo («La responsabilidad por los daños y perjuicios derivados del consumo de bienes y servicios», en *Estudios jurídicos de protección de los consumidores*. Madrid, 1987, p. 231) cuando precisa que no es necesario que el consumidor o usuario sea quien haya adquirido el bien o servicio que le produce el daño; basta con que él sea quien, en efecto, lo utilice o disfrute, por cualquier razón, como destinatario final.

[21] La Directiva del Consejo 85/374, de 25 de julio de 1985 y la Ley 22/1994, de 6 de julio, sobre responsabilidad civil por los daños causados por productos defectuosos, incluyen en su protección a cualquiera que haya sufrido el daño, no sólo al consumidor jurídico o

5) Sorprende que, de los criterios expuestos, todos atiendan a la *cualidad* de las partes, de manera más o menos directa, y sin embargo, ninguna a la *naturaleza jurídica* del contrato, para delimitar la aplicación de las normas protectoras. Ello ha hecho que se hable, también, de *acto de consumo*, generalmente *contrato de consumo*, como aquél que permite obtener un bien o un servicio con vistas a satisfacer una necesidad determinada.

El consumidor no sería un *status* jurídico permanente, sino que la calificación del mismo como tal, le será atribuida a quien actúe de una determinada forma y con relación exclusivamente a dicha actuación[22].

La distinción entre acto de consumo y consumidor es *más acertada* desde el punto de vista lógico, aunque la utilización de una noción única, la de consumidor, que incorpora como parte de ella la referencia al acto de consumo, es *más simple* y evita un encadenamiento de preceptos que puede dificultar tanto la elaboración como la interpretación de los preceptos legales[23].

---

material, sino incluso a los terceros ajenos al contrato o al consumo del producto, pero que han percibido daños ocasionados por el mismo.

[22] Generalmente el *contrato de consumo* será todo acuerdo de adquisición de un bien o servicio, celebrado a distancia o no, bajo las condiciones generales o particulares, cuyos pagos al contado o a plazos, siempre que las condiciones personales de las partes se cumplan. Condiciones que aún cuando difieran, recogen frecuentemente, unos *requisitos mínimos comunes*: 1.- Una de las partes del contrato debe actuar en el marco de su actividad. 2.- La otra parte contratante no debe actuar en el marco de una actividad comercial o profesional. 3.- El contrato debe versar sobre el suministro de bienes o la prestación de servicios que sean destinados a un uso extraño a su actividad profesional o comercial. INMHOFF-SCHEIER, A.C., *Protection des consommateurs et contrats internationaux. Etudes suisses de droit international*, vol. 22, Ginebra, 1981, pp. 50 ss.

[23] En este sentido BERCOVITZ RODRÍGUEZ-CANO, Alberto, «Ámbito de aplicación y derechos de los consumidores», cit. p. 117, que indica, además, que no es un criterio suficiente puesto que, si bien sirve para definir al consumidor jurídico, no incluye al consumidor potencial o al consumidor material, que, como se ha visto, también es tutelado por algunas normas de protección de los consumidores. Se refería aquí este autor a la entonces vigente normativa sobre productos defectuosos hoy sustituida por la Directiva 85/374/CEE sobre Responsabilidad por los Productos Defectuosos donde se establece la equiparación entre consumidor y perjudicado, la ostente quien la ostente. Criterio que ha sido acogido luego en España en la Ley 22/1994 de 6 de julio, sobre Responsabilidad por los Productos Defectuosos (derogada por la LCU en 2007) que, al transponer la Directiva, también realiza la misma equiparación, pero sólo en esta materia específica.

7.3. El concepto de consumidor en la legislación española. Apartándose del texto de su antecesora de 1984 (que identificaba al consumidor con el destinatario final de productos para su uso privado, familiar o doméstico), el Real Decreto Legislativo 1/2007, de 16 de noviembre, por el que se aprueba el texto refundido de la *Ley General para la Defensa de los Consumidores y Usuarios* y otras leyes complementarias (en adelante, LCU), al establecer un «concepto general de consumidor y de usuario», ha optado por una *noción concreta* basada en un *criterio subjetivo* ateniendo, en exclusiva, a si el producto es o no *reintroducido* en el mercado por el adquirente o *utilizado* de algún modo en el proceso de elaboración o comercialización.

El artículo 3 LCU toma el siguiente tenor literal: «a efectos de esta norma y sin perjuicio de lo dispuesto expresamente en sus libros tercero y cuarto, son consumidores o usuarios las personas físicas o jurídicas que *actúan en un ámbito ajeno a una actividad empresarial o profesional*».

La definición, loable por ser breve y concisa, también excesivamente restrictiva, puesto que excluye de la condición de consumidor a todo sujeto afectado por una relación jurídica en cuanto ejerza cualquier actividad de carácter profesional o empresarial. Por tanto, no permite la condición de consumidor a ningún empresario o profesional, en ningún supuesto.

Las alusiones del precepto a los libros III y IV de la LCU se remiten a sendas nociones legales de consumidor, en materia de responsabilidad civil por productos o servicios defectuosos[24] y en materia de viajes combinados[25], respectivamente, mucho más amplias que la del concepto general.

La jurisprudencia del Tribunal Supremo, siguiendo el criterio de la Ley de 1984 ha venido, sistemáticamente, *excluyendo a toda empresa* con ánimo de lucro del concepto de consumidor, y por tanto de la protección legal que le ampara, cuando adquieren bienes para ser luego reintegrados en el proceso de producción, comercialización o prestación a terceros[26].

Las posibles dudas sobre si el empresario o profesional pudiera considerarse consumidor cuando actúe fuera de su actividad económica se disipan con el texto del artículo 2 LCU sobre el ámbito de aplicación de la norma que «será de aplicación a las relaciones entre consumidores o

[24] Artículos 128-149 LCU.
[25] Artículos 150-165 LCU.
[26] SSTS, Sala Primera, de 17 de marzo de 1998 y de 24 de febrero de 1997.

usuarios y empresarios», excluyendo, por tanto, las relaciones que generen los empresarios entre sí, y las producidas solo entre consumidores.

Aunque, hasta ahora, las sociedades mercantiles (anónimas y limitadas, sobre todo), no podrían ser consideradas consumidores por l a simple naturaleza de las mismas, al perseguir, legalmente, un ánimo de lucro[27], sin embargo, el artículo 3 LCU ya transcrito se limita a permitir tal condición a las *personas jurídicas*, sin más, por lo que, tal vez, se abra algo la puerta para considerar «consumidor» a ciertas sociedades civiles y mercantiles, en algunos supuestos, posibles, en los que no ejerzan una actividad lucrativa.

7.4. Crítica de la noción legal de consumidor. Desde que comenzó a reconocerse, la protección legal del consumidor se viene justificando, mayoritariamente, en la desigualdad que sufre una de las partes que contrata, por su menor conocimiento del mercado y por la desproporción que padece, sobre todo desde el punto de vista económico, respecto de la otra parte, generalmente el oferente.

Sin embargo, el legislador español, concorde con el comunitario[28], ha optado por reconocer únicamente el carácter de consumidor, digno de protección, según el art. 3 LCU, a quienes «actúan en un ámbito ajeno a una actividad empresarial o profesional», excluyendo por tanto, a todos los empresarios y profesionales en el sentido más amplio del término, contando con la bendición de gran parte de la doctrina[29].

---

[27] STS, Sala Primera, de 23 de octubre de 2005.

[28] La Carta de Protección del Consumidor del Consejo de Europa de 15 de mayo de 1973 aludió al «uso privado», tal vez tomándolo del derecho norteamericano que entiende por consumidor el comprador de productos de consumo que sea adquirente con otro propósito que el de revenderlo y toda otra persona a la que sea transferido el producto durante la duración de una garantía implícita o escrita. ALPA, G. «Contratti di massa, clausule de garantie e informazione di consumatori (Appunti sul Magnuson Moss Warranty Act, 1975)», *Condizioni generali di contratto, a cura de Massimo Bianaca*, Milano, 1979, p. 189.

[29] La definición de consumidor como «adquirente no profesional de bienes de consumo, destinados a uso personal», como adquirente en cuanto persona privada, para la satisfacción de necesidades privadas, refiriéndose al consumidor final y limitándolo al consumidor final de bienes y servicios para uso privado, fue recogida primeramente por CORNU ("Rapport sur la protection du consommateur et l'execution du contrat", en *Travaux de l'Association Heri Capitant. Protection de Consommateur*, XXIV, París, 1975, p. 135), BERCOVITZ RODRÍGUEZ-CANO, Rodrigo («La protección de los consumidores, la Constitución española y el derecho mercantil», en la obra *Lecturas sobre la Constitución Española,* cit., pp. 17-18) y POLO, Eduardo (*La protección del consumidor en el derecho privado*, Madrid, 1980, p. 28).

Desde nuestro punto de vista la concepción legal de la noción no podía ser más desafortunada, habida cuenta de la injustificada restricción que, de hecho, hace prácticamente inoperantes las normas contenidas en la LCU, especialmente las que reconocen derechos individuales.

Y es que, al respecto, con sumo acierto se ha criticado «la astucia de las definiciones restrictivas de consumidor»[30], pues su consecuencia es la de estrechar el número de personas protegidas, habiéndose creado una nueva clase especial de protegidos, con la desgraciada consecuencia de que se niega la protección a los demás, específicamente a los empresarios y profesionales, debiendo sufrir el desamparo por muy perjudiciales que sean los pactos que se vean obligados a asumir.

Además, el concepto restrictivo de consumidor priva de alcance práctico a toda la normativa protectora, pues se concede sólo a personas (los particulares) que rara vez acudirán a defender individualmente sus derechos ante los tribunales, bien por la diminuta cuantía de la reclamación, bien por el coste personal y económico del litigio, y se niega a aquellos que, pudiendo estar en idéntica situación de inferioridad e injusticia, son mucho más propensos a ejercer jurisdiccionalmente sus derechos (profesionales y empresarios).

La más autorizada doctrina que aquí seguimos, en esto minoritaria, detalla *tres motivos* que podrían explicar la injusta exclusión de los profesionales y empresarios cuando son la parte débil del contrato:

1ª) La primera, de *índole jurídica* se basa en que sólo necesitan ser protegidos, y son dignos de una especial tutela, los menores, incapaces y demás personas que tienen una situación de inferioridad cultural e informativa, pero tales razones no justifican que deba protegerse especialmente al empresario o al profesional que no la merecen pues, según parece, por definición, son peritos en su oficio.

2ª) La segunda, de naturaleza *socio-económica*, parece decisiva, los potentes grupos de presión, cada vez más influyentes en la nueva

[30] DE CASTRO Y BRAVO, Federico, «Notas sobre las limitaciones intrínsecas de la autonomía de la voluntad. La defensa de la competencia. El orden público. La protección del consumidor», *Anuario de Derecho Civil*, tomo XXXV, fascículo IV, octubre-diciembre, 1982, Ministerio de Justicia, Madrid, pp. 1.021 ss.

«Europa de los mercaderes», en manos de las grandes compañías nacionales y multinacionales, muy presentes en las decisivas comisiones de expertos y en los parlamentos legislativos, anteponen los intereses económicos sobre cualesquiera otros, siendo evidente que las definiciones restrictivas tan sólo benefician al gran empresario, de ahí el éxito que éstas cosechan en las diversas legislaciones.

3ª) Por último, de índole *socio-política*, es cierto que el concepto restrictivo de consumidor es muy atractivo en el mundo de los políticos, desde el punto de vista de la propaganda electoral, pues, demagógicamente se vende la imagen de la protección en exclusiva al pueblo llano, los menos afortunados y más desprotegidos, no siendo dignos de la misma protección los empresarios, «explotadores por excelencia»[31].

El empeño de calificar a todos los empresarios o profesionales, como sujetos no merecedores de la protección especial, con base a que no existe la misma desigualdad que los consumidores finales domésticos, dando por hecho que son bien conocedores del mercado, expertos en las relaciones propias de su tráfico y que la suscripción de los contratos con las grandes empresas se hace con plena consciencia y aceptando de antemano, voluntariamente, todos los riesgos es una falacia.

Primeramente, porque lo cierto es que cuando un profesional o un empresario, especialmente cualificado, contrata con una gran empresa suscribiendo, mediante condiciones generales o cláusulas no negociadas individualmente, pactos leoninos o claramente abusivos, no suele ser por descuido o falta de diligencia, sino por absoluta necesidad, pues en otro caso, se quedará sin el producto o servicio demandado[32].

---

[31] DE CASTRO Y BRAVO, Federico, «Notas sobre las limitaciones intrínsecas de la autonomía de la voluntad...», *ADC*, cit., pp. 1.021 ss.

[32] Piénsese en un empresario de hostelería que tiene un bar al que acuden mayoritariamente jóvenes, donde el distribuidor de los refrescos de cola más conocidos y demandados del mercado le impone el pago anticipado de las bebidas, antes de servirlas, además de todo tipo de cláusulas de exoneración de responsabilidad, fianzas desproporcionadas, sumisión a un fuero remoto, intereses usurarios en caso de retrasos en el pago, etc. En tal caso, muy común con ciertas marcas de productos imprescindibles para el funcionamiento del negocio, el empresario, por muy perito que sea en el mercado, no le queda más remedio que aceptar íntegramente el contrato de suministro, o verse privado del producto con la segura consecuencia de tener que cerrar su establecimiento pues el público no tolera la ausencia de esa marca concreta.

En segundo lugar, porque carece de sentido equiparar con idéntica protección a una gran empresa, con unos recursos extraordinarios, y a un pequeño comerciante que regenta un modesto quiosco de golosinas ubicado en la vía pública, bajo el amparo de que ambos son igualmente empresarios y que sería muy grave para la seguridad jurídica establecer distingos[33].

La realidad es que la inmensa mayoría de los excluidos de la protección por la LCU, precisamente los más necesitados de los beneficios que otorga, operan en el tráfico jurídico sin especiales conocimientos del complejo mercado actual, y cuando contratan con sus proveedores, generalmente grandes empresas, o con las entidades financieras, sufren el mismo nivel de desprotección informativa e idéntica desigualdad de medios que cualquiera de los destinatarios finales únicos privilegiados legalmente protegidos[34].

Esta situación ha sido puesta de manifiesto por cierta doctrina, más allá de nuestras fronteras, habiéndose advertido que la situación de las relaciones contractuales entre los consumidores y artesanos o pequeños comerciantes, dista mucho de lo que pudiera entenderse como una relación de supremacía-debilidad[35]. En esta línea se ha pronunciado

[33] En nada afecta a la seguridad jurídica el establecimiento de regímenes de protección diferentes cuando distintos son los supuestos de hecho a los que la norma va dirigida. Son innumerables las distinciones de regímenes legales aplicables en función, por ejemplo, del tamaño de la empresa, así la legislación arrendaticia (Disposición Transitoria 3ª, B, 4, 1ª de la Ley 29/1994, de 24 de noviembre de Arrendamientos Urbanos) diferencia el régimen jurídico transitorio aplicable a determinados arrendamientos, acortando la duración de los contratos sometidos a prórroga forzosa, en función de la superficie de los locales (mayores de 2.500 metros cuadrados).

[34] Nótese, por ejemplo, para romper esa falsa idea de la existente equiparación de conocimientos y medios entre cualquier clase de empresarios, que se utiliza por la doctrina para negar incluso a los más débiles la protección especial, que en España existe un tejido empresarial muy atomizado, donde predominan los pequeños establecimientos regentados por los llamados "autónomos" y una gran cantidad de diminutas sociedades limitadas. Ilustra lo anterior el hecho de que cerca del 90% de las empresas españolas tenga entre uno y ningún trabajador asalariado, según el Instituto Nacional de Estadística, lo que da una idea de la magnitud que tienen la inmensa mayoría de los operadores económicos de nuestro país.

[35] Muy al contrario, alerta sobre la situación de debilidad de estas categorías empresariales y justifica la utilización de los contratos-tipo no tanto como medio de fuerza contra el consumidor, sino como método para competir frente a las posibilidades jurídicas de la gran industria, intentando, de esta forma, reforzar la coherencia y solidaridad entre

parcialmente la jurisprudencia francesa en algunas sentencias que han protegido a ciertas empresas que han sido la parte débil del contrato[36].

Además, se plantea el importante problema de los actos realizados por profesionales fuera de su competencia[37]. En estos casos los empresarios o profesionales, son profanos, y corren el riesgo de encontrarse en una situación de inferioridad comparable a la del consumidor en sentido estricto, lo que ha supuesto que parte de la doctrina reconozca como consumidor, amparados por la protección legal, a ciertos profesionales[38].

En este sentido se albergaron algunas esperanzas tras la promulgación de la Ley 7/1998, de 13 de abril, sobre Condiciones Generales de la Contratación, pues su Exposición de Motivos expresa que no sólo será protegido el destinatario final de los bienes y servicios contratados «sino cualquier persona que actúe con un pr opósito ajeno a su actividad profesional».

Sin embargo, como acertadamente se ha observado por la doctrina, si esta Ley tenía la vocación de variar el concepto legal de consumidor, la forma idónea era introducirla en su articulado, y no haciéndolo, no basta

---

artesanos. MICKLITZ, H. W., «Protection du consommateur et marché interieur», *Rev. trim. dr. eur.*, 1992, número 3.

[36] La Sentencia de 28 de abril de 1987 del Tribunal de Casación, tras reconocer que en ningún caso se puede identificar a una de las partes como un consumidor en el sentido marcado por la ley, sin embargo, al tratarse de un contrato que escapa a la competencia profesional de la sociedad más débil, la considera en igual grado de indefensión e ignorancia que un consumidor cualquiera. En el mismo sentido la Sentencia del Tribunal de Angers de 16 de diciembre de 1987 sobre horticultores. Cfr. *Recueil Dalloz-Sirey*, 1988, Jurisprudence, pp. 1 ss. Un estudio sobre el particular se contiene en J. LETE ACHIRICA, "La transposición de la Directiva de 5 de abril de 1993 en el derecho francés: la Ley de 1 de febrero de 1995 sobre cláusulas abusivas y presentación de los contratos", *LA LEY*, número 3974, de 14 de febrero de 1996, pp. 4 ss.

[37] El supuesto sería el del empresario de hostelería del ejemplo anterior que adquiere un televisor para reproducir videos de actuaciones musicales en su local, o el regente del negocio de golosinas que compra un frigorífico para conservar los helados que ofrece al público.

[38] VATTIER FUEZALIZA, C., «Introducción y noción jurídica de consumidor», en *Jornadas sobre problemática de consumo*. Valladolid, 1992, pp. 19-21. El mismo autor pone de manifiesto que el agricultor debe quedar protegido por la LCU cuando actúe como productor de bienes agrícolas. También del mismo autor, «El agricultor ante la ley de protección a los consumidores», en *Revista de derecho Agrario y Alimentario,* números 6-7, 1986, pp. 9-10. Aunque a este respecto ya hemos comentado más arriba que la jurisprudencia del Tribunal Supremo ha venido excluyendo a los agricultores de esta protección.

con una mera frase incluida en la citada Exposición de Motivos[39], por lo que la situación en nada ha variado con la referida Ley[40], al contrario, se ha agravado con la nueva LCU de 2007.

Algunos autores consideran que quizás no sería desacertado, ampliar la noción concreta de consumidor que adopta el legislador español, pues si se incluyera a cu alquier persona que intervenga en las relaciones jurídicas frente al titular de la oferta, podrían quedar protegidos el comprador, el arrendatario, el usuario, el derechohabiente o el espectador, muchos de ellos hoy desprotegidos[41].

En tal caso, todos aquellos que contratan con el empresario para adquirir bienes o servicios, sin consideración al uso dado posteriormente al uso consumido, tal como ocurre en el derecho alemán sobre responsabilidad del fabricante[42], aunque tal vez sería más acertada una extensión del beneficio protector a las pequeñas empresas, los pequeños comerciantes y pequeñas explotaciones agrícolas cuando adquieran bienes o servicios para necesidades de su actividad económica a las grandes empresas de distribución o producción[43].

En nuestra opinión, se precisa una ampliación de la noción legal de

---

[39] RAGEL SÁNCHEZ, Luis Felipe, *Estudio Legislativo y jurisprudencial de derecho civil: Obligaciones y Contratos*, Dykinson, Madrid, 2000, pp. 281-283. Para este autor, «es consumidor aquel que no transforma, comercializa o cede el bien o servicio que recibe sino que se limita a utilizarlo», y ello pese a que «se encuentre en una posición jurídica no incardinada al final de un proceso productivo o de prestación de servicios, adquiere un bien o servicio como último destinatario pues su adquisición es el último eslabón de otro proceso productivo distinto que se cruza transversalmente al suyo y termina en ese punto de corte». Para ilustrar su definición cita como ejemplo el de cualquier profesional que adquiere un bien mueble en régimen de arrendamiento financiero con la finalidad de utilizarlo para su oficina o despacho profesional. En tal supuesto, es evidente que no adquirió el objeto para revenderlo o t ransformarlo, sino para usarlo en la profesión que desempeña, y dicha adquisición supone el último eslabón en la cadena productiva del bien adquirido por dicho profesional.

[40] PAGADOR LÓPEZ, J., «La Ley 7/1998, de 13 de abril, sobre Condiciones Generales de la Contratación» en *Derecho de Negocios*, 1998, número 97, p. 6; autor que expresa que carece de consecuencias prácticas las referencias realizadas sobre la noción de consumidor en la Exposición de Motivos de la de la Ley referida.

[41] BERMEJO VERA, J., «Aspectos jurídicos de la protección del consumidor», cit. p. 263.

[42] N. REICH, K. TONNER, H. WEGENER, *Vervraucher und Recht,* Gottingen, 1976, p. 299.

[43] FALLON, M., *Some thougts non-comnity law initiatives as methods for european integration in consumer matters in Euopean consumer law,* Lauvain-la Neuve, 1982, p. 42.

consumidor para dar cabida, no sólo a los profesionales y empresas cuando actúen fuera del marco de su actividad, como se ha expuesto, sino también a pequeños comercios o diminutas explotaciones, incluso en las relaciones habituales con sus proveedores y suministradores, pues en tales casos, no existe justificación razonable en la que sostener la exclusión del ámbito de aplicación de las leyes protectoras.

No se propugna aquí una ampliación indiscriminada del ámbito protector de la legislación tuitiva, pues es evidente que la universalidad podría hacer inoperante dicha normativa especial, una vez que resultase de aplicación general, sino que dicha protección se dirija, siempre, a reforzar los instrumentos jurídicos de *defensa de la parte más débil* del contrato, habida cuenta de la justificación socioeconómica que acontece, pudiendo, sin dificultad, establecer mecanismos objetivos que deslinden los respectivos ámbitos de aplicación[44], sin alterar un ápice el principio de seguridad jurídica que ha de reinar en las relaciones contractuales.

Es obligada una discriminación positiva en la aplicación de la legislación de protección de los consumidores a favor de aquellos grupos aludidos que más van a ejercitar sus derechos individuales, en especial el derecho a la protección de sus legítimos intereses económicos y sociales, consumidores que, en definitiva, darán sentido y plena vigencia a la ingente normativa que tantas veces carece de aplicación práctica al excluir a quien a buen seguro va a acudir a todos los mecanismos que le ofrece.

No existiendo las actuales limitaciones en la génesis del movimiento de protección de los consumidores, y resultando que nuestra Constitución

[44] Además del ya apuntado por cierta doctrina acerca de la consideración de consumidor al profesional o empresario cuando *no actúe en el ámbito propio de su actividad* económica, otro de los criterios objetivables, fácilmente constatables, que podrían introducirse en la LCU para ampliar, ordenadamente, el ámbito subjetivo de protección, se podría referir al *volumen de facturación* declarado del profesional liberal, del pequeño comerciante o industrial, del artesano o del agricultor, y no empece a ello que se tratara de personas jurídicas, cualesquiera fuera su forma, y naturalmente también con ánimo de lucro, pero siempre que esta parte profesional más débil del contrato actúe frente a otro y más potente operador económico, que se reconocería de inmediato también por el volumen declarado de su facturación. Seguiría operando la exclusión protectora de particulares cuando contraten entre sí, y también entre empresas o profesionales de similar poder económico, puesto que la acreditación de la igualdad real, no ficticia, entre las partes, neutraliza la necesidad de una mayor protección a uno de ellos, por quedar equiparados en mecanismos de defensa.

garantiza la protección de los consumidores y usuarios sin limitación alguna, sería descorazonador que tanto la práctica de los tribunales, modificando la restrictiva línea mayoritariamente emprendida, como el legislador, ampliando la noción concreta en el sentido apuntado, no acometieran, cuanto antes, tan esperanzadora tarea.

Capítulo II. Caracteres del derecho de consumo

Sumario: 1. El derecho de consumo: ¿una categoría autónoma? 2. Fundamento constitucional del derecho de consumo. 2.1 El artículo 51 de la Constitución. 2.2 El principio constitucional «pro consumatore». 2.3 Otros preceptos de refuerzo constitucional. 2.4 Valoración crítica. 3. Desarrollo legal del mandato constitucional. 3.1. Normativa anterior a 1984. 3.2. Legislación vigente entre 1984 y 2007. 3.3. Legislación actual. 3.4. Ámbito territorial de aplicación. 4. Competencias del Estado en materia de consumo. 5. Legislación autonómica de consumo. 6. Aproximación al derecho comunitario de consumo. 6.1. Derecho originario. 6.2. Derecho derivado. 7. Notas características del derecho de consumo. 7.1. Derecho multidisciplinar. 7.2. Diversas fuentes normativas. 7.3. Imperatividad normativa. 7.4. Carácter tuitivo. 7.5. Protección optativa, compatible y complementaria. 7.6. Otros caracteres. 8. La LCU: norma esencial de derecho de consumo en España. 8.1. Estructura. 8.2. Contenido. 8.3. Valoración.

1. El derecho de consumo: ¿una categoría autónoma?

La inmensa mayoría de la doctrina actual viene negando, con rotundidad, la existencia de una disciplina jurídica nueva e independiente, desgajada del derecho civil o mercantil, denominada «derecho de consumo», «derecho del consumidor» o «derecho de los consumidores», en definitiva, de un cuerpo normativo especial, con sus propios principios, sistemática e instituciones, diferentes a los de las demás ramas del derecho ya consolidadas.

Sin embargo, los autores alemanes, vienen defendido la necesidad de tutelar al consumidor, más allá que al resto de los sujetos, dada su posición marcadamente débil en los contratos de consumo, respecto del profesional oferente, al modo de la protección que concede el derecho laboral a los trabajadores frente a los empresarios.

Por otro lado, también se sostiene la idea de un derecho de consumo, no ya como categoría dogmática independiente, sino meramente *funcional*, definido como aquel que tiene como finalidad la de «proporcionar a los consumidores y usuarios la protección que precisan, desde el punto de vista jurídico, la que aúna y da sentido propio a la categoría»[45].

En este sentido, se ha argumentado que existe en nuestro ordenamiento jurídico un principio general *pro consumatore* (a favor del consumidor), proclamado en el artículo 51 CE que obliga a que la aplicación de toda la legislación vigente española haya de interpretarse, sin traba, en el sentido más favorable a los intereses de los consumidores, además del expreso reconocimiento de una *obligación genérica de información* de los

---

[45] Martínez de Aguirre y Aldaz, Carlos, «Comentario al artículo 7º de la LGDCU» en *Comentarios a la Ley General para la Defensa de los Consumidores y Usuarios*, coordinados por Rodrigo Bercovitz y Javier Salas, Civitas, Madrid, 1992, página 120.

profesionales o empresarios cuando contraten con consumidores.

Al margen de las discusiones doctrinales sobre la cuestión, lo cierto es que ya se tome el derecho de consumo como derecho especial, ya como una particular rama del derecho, o como una simple categoría funcional, lo cierto y práctico es que no parece que sea condenable la tendencia de *tratar conjuntamente* todas las reglas que se refieran a la condición jurídica de las personas en una determinada situación social, como es el caso de quienes llamados consumidores y usuarios[46].

Y aunque tampoco debemos desdeñar las ventajas que entraña el estudio de la normativa que afecta a los consumidores, dentro del sistema propio de las reglas de la misma naturaleza, conforme a las clasificaciones de las tradicionales ramas del derecho (civil, mercantil, administrativo y penal), quizás, a efectos no sólo didácticos, sino también prácticos, no sea ociosa una aproximación a esta materia desde un punto de vista conjunto, *ratione materiae*, tal como se viene haciendo en otros ordenamientos diferentes al nuestro.

El Tribunal Constitucional (TC) pronto declaró que el «artículo 51 CE, en sus apartados 1 y 3, en cuanto atribuye a los poderes públicos "la defensa de los consumidores y usuarios", prevé, a tal efecto, que "la Ley regulará el comercio interior y el régimen de autorización de los productos comerciales", –por tanto– *la defensa del consumidor aparece así como un principio rector* de la política social y económica, cuya garantía la Constitución impone a los poderes públicos»[47].

La elevación a rango constitucional de la protección de los consumidores y usuarios, como principio rector de la política social y económica, tal como indica el artículo 53.3 CE, y en definitiva, a principio general de derecho, debe suponer, entre otras consecuencias, que en caso de conflicto entre diversas normas aplicables en las contiendas entre individuos particulares y productores o empresas, los jueces y tribunales deban decantarse, en favor de la interpretación que otorgue una mayor defensa de los intereses de tales consumidores, a través del llamado principio *pro consumatore* contenido en el artículo 51.1 CE.

[46] DE CASTRO Y BRAVO, Federico, «Notas sobre las limitaciones intrínsecas de la autonomía de la voluntad...» cit. pp. 1.075-1.078.

[47] STC núm. 88/1986, de 1 de julio, Fundamento Jurídico 4.

2. Fundamento constitucional del derecho de consumo

2.1 El artículo 51 de la Constitución. Los constituyentes (redactores de la Constitución española de 27 de diciembre de 1978) no fueron ajenos a la evolución de los movimientos sociales y las normas protectoras en materia de consumo que se venían desarrollando en toda Europa y, especialmente, en el ámbito de la entonces llamada Comunidad Económica Europea (CEE), además del reciente reconocimiento que había tenido la protección del consumidor en la Constitución de Portugal de 25 de abril de 1976.

Así decidieron dedicar un artículo específico para reconocer la protección de los consumidores y usuarios, el 51 de la Constitución española (CE), cuyo texto definitivo fue ultimado en la Cámara Alta por clara influencia del Programa Preliminar de la Comunidad Económica Europea, aprobado por la Resolución del Consejo europeo de 14 de abril de 1975.

El art. 51 CE, incluido entre los «Principios rectores de la política social y económica» regulado en el capítulo Tercero, dentro del Título I, relativo a los derechos y deberes fundamentales, determina en el párrafo primero que: «los poderes públicos garantizarán la defensa de los consumidores y usuarios, protegiendo mediante procedimientos eficaces la seguridad, la salud y los legítimos intereses de los mismos».

Consciente de la importancia de los movimientos consumeristas europeos y atendiendo las Directivas comunitarias que ya impulsaban su desarrollo, expresa el párrafo segundo del artículo 51 CE que: «los poderes públicos promoverán la información y la educación de los consumidores y usuarios, fomentarán sus organizaciones y oirán a éstas en las cuestiones que puedan afectar a aquéllos, en los términos que la ley establezca».

Finaliza el decisivo precepto constitucional con un tercer párrafo que completa los dos anteriores de manera específica al indicar que: «en el marco de lo dispuesto por los apartados anteriores, la ley regulará el comercio interior y el régimen de autorización de productos comerciales».

2.2 El principio constitucional «pro consumatore». El artículo 51 CE debe conectarse con el art. 53.3 CE, que expresa que: «el reconocimiento, el respeto y la protección de los principios reconocidos en el capítulo Tercero, informará la legislación positiva, la práctica judicial y la actuación de los poderes públicos. Sólo podrán ser alegado ante la Jurisdicción ordinaria de acuerdo con lo que dispongan las leyes que los desarrollen».

Ello constata el reconocimiento expreso en el derecho español, con rango constitucional, del «principio general de defensa y protección de los consumidores y usuarios», con las consecuencias que a ellos otorga tal precepto, lo que implica que este principio *pro consumatore* deberá tenerse siempre presente en: *1)* la elaboración de la legislación positiva; *2)* la práctica judicial; y *3)* la actuación de todos los poderes públicos.

El mismo artículo 53.1 CE establece, de una parte, que dichos derechos *vinculan* a todos los poderes públicos, y de otra, contiene una *reserva de ley* a favor de del derecho a la protección de los consumidores y usuarios, es decir, que el desarrollo legislativo de su regulación se encomienda a una norma con rango de ley, que será el instrumento jurídico en el que habrán de basarse quienes soliciten el amparo de los jueces y tribunales en defensa de estos derechos y principios, como determina el artículo 53.3 CE.

Si bien el principio pro consumatore partió de una interpretación de la doctrina, según se ha expuesto, la aprobación de la nueva LCU en 2007 lo ha «legalizado», o mejor dicho «constitucionalizado», de manera expresa en el primero de sus artículos al indicar, que la propia LCU: «en desarrollo del artículo 51.1 y 2 de la Constitución que, de acuerdo con el artículo 53.3 de la misma, tiene el carácter de *principio informador* del ordenamiento jurídico».

2.3 Otros preceptos de refuerzo constitucional. Además, según el artículo 54 CE, el Defensor del Pueblo, también tendrá entre sus funciones la defensa de los consumidores y usuarios, aunque lo cierto es que habida cuenta de la extensa y variada gama de derechos que a es ta institución corresponde proteger, quizás su efectividad en este campo no sea la deseada. En este sentido cabe recordar que en Suecia, por ejemplo, para solucionar dicho problema se ha creado específicamente la figura del *Obudsman* (defensor) de los consumidores, con lo que se garantiza una exclusiva dedicación a tan importante tarea.

Al margen de los citados, en otros preceptos constitucionales se aluden o reconocen expresamente ciertos derechos que tienen clara conexión con la protección de los consumidores, destacando especialmente el artículo 43 CE donde se reconoce el derecho a la salud (con carácter universal), incluido y protegido, también, por el artículo 51.1, aunque solo a los consumidores.

2.4 Valoración crítica. Desde nuestro punto de vista, la valoración de la inclusión de la protección constitucional otorgada por el artículo 51 CE a los consumidores en nuestro país, es claramente positiva, pues constituye una acertada innovación en el panorama europeo que va mucho más allá que su antecesora, la Constitución de Portugal de 1976, ya pionera en esta materia.

Sin embargo, nuestro artículo 51 CE también contiene algunas sombras, que si no e xistieran dotarían de mayor perfección al precepto, ya que se olvida de indicar algo tan decisivo como qué debe entenderse por consumidor, es decir, a qué sujetos protege, y también, a qué materias se extiende aquella protección, máxime cuando de desarrollo legal de estos dos extremos resulta, a nuestro modo de ver, abiertamente insatisfactorio.

3. Desarrollo legal del mandato constitucional

3.1. Normativa anterior a 1984. Aunque en España aun no hubiese una ley concreta de protección de los consumidores y usuarios no significa que, los intereses de aquéllos hubieran estado absolutamente huérfanos de protección jurídica, pues siempre existieron los mecanismos legales a disposición de todos los ciudadanos, en especial el Código civil y también el Código de comercio, vigentes desde la codificación, entre los que destacan los siguientes preceptos protectores de la parte más débil del contrato:

a) El art. 1255 CC, decisivo, que impone «la Ley, la moral y el orden público», como límites a la libertad de contratación, pues no todo vale aunque expresamente así figure en el contrato.

b) El art. 1256 CC: «la validez y cumplimiento de los contratos no puede dejarse al arbitrio de una de las partes», evitando grandes injusticias.

c) La irrenunciabilidad de la acción para exigir la responsabilidad procedente del dolo, del artículo 1102 CC, protegiendo al engañado.

d) El principio *contra stipulatorem* sobre interpretación contractual, impidiendo favorecer a quien propicia la oscuridad, del art. 1288 CC.

e) El art. 59 del Código de comercio indica que si no se resuelve la duda interpretativa del contrato «se dictará la cuestión a favor del deudor».

Además de los códigos, se promulgaron leyes intervencionistas, ya específicamente protectoras de los consumidores, contenidas en normas destinadas a regular diferentes sectores de la actividad socioeconómica española, como el transporte aéreo, defensa de la competencia, la publicidad comercial, la venta a plazos de bienes muebles y la de viviendas en construcción, el contrato de seguro y alguna otra de carácter sancionador[48].

---

[48] a) *Ley de la Navegación Aérea*, de 21 de julio de 1960, aún vigente; b) *Ley de*

3.2. Legislación vigente entre 1984 y 2007. Cumpliendo, tardíamente, el obligado desarrollo legislativo básico de dicho precepto constitucional, se promulgó la *Ley 26/1984, de 19 de julio, General para la Defensa de los Consumidores y Usuarios*, que estableció un catálogo de derechos mínimos, un régimen de garantías y responsabilidades para proteger al consumidor.

El carácter general de aquella Ley, que ha estado vigente durante más de dos décadas, precisaba de una prolija y extensa reglamentación sectorial a través de diferentes cuerpos normativos, en función de la materia y contenidos que se regulen, cuya correcta aplicación a través de los diferentes operadores jurídicos debía garantizar una adecuada protección de los derechos e intereses de los consumidores.

La posterior Ley 44/2006, de 29 de diciembre, de mejora de la protección de los consumidores y usuarios, incluyó en su disposición final quinta, una habilitación al Gobierno para refundir en un único texto la Ley general de defensa de los consumidores y usuarios de 19 de julio de 1984 y las normas de transposición de las Directivas sobre protección de los consumidores que inciden en los aspectos regulados en ella, regularizando, aclarando y armonizando los textos legales afectados.

3.3. Legislación actual. Fruto de aquel mandato legal se promulgó el Real Decreto Legislativo 1/2007, de 16 de noviembre, por el que se aprueba el texto refundido de la *Ley General para la Defensa de los Consumidores y Usuarios* y otras leyes complementarias (en adelante, LCU), que deroga la Ley de 1984, también otras cuatro leyes completas sobre: contratos fuera de los establecimientos comerciales, responsabilidad civil del fabricante, viajes combinados y garantía en la venta de bienes de consumo[49].

Prácticas Restrictivas de la Competencia de 20 de julio de 1963, hoy derogada, c) *Estatuto de la Publicidad* de 11 de junio de 1964, derogado; d) *Ley de Ventas de Bienes Muebles a Plazos*, de 7 de julio de 1965, también derogada, e) *Ley sobre percepciones de cantidades anticipadas en la construcción de viviendas*, de 17 de julio de 1968, vigente; f) *Ley de Contrato de Seguro*, de 8 de octubre de 1980 (LCS), vigente; g) y Real Decreto 1945/1983, de 22 de junio, por el que se regulan las *infracciones y sanciones en materia de defensa del consumidor y de la producción agroalimentaria*, también vigente en la actualidad.

[49] En particular, la nueva LCU, *deroga* las siguientes normas: *a)* Ley 26/1984, de 19 de julio, General para la Defensa de los Consumidores y Usuarios. *b)* La Ley 26/1991, de 21 de noviembre, sobre contratos celebrados fuera de los establecimientos mercantiles. *c)* Ley 22/1994, de 6 de julio, de responsabilidad civil por los daños causados por productos defectuosos. *d)* Ley 21/1995, de 6 de julio, reguladora de los viajes combinados. *e)* Ley 23/2003, de 10 de julio, de garantías en la venta de bienes de consumo. *f)* Escasos preceptos

Sin embargo, pese a estas derogaciones, el contenido de las leyes que se dejan sin efecto, se transcribe de manera casi íntegra, con mejor técnica, en el nuevo texto refundido del Real Decreto Legislativo 1/2007 (LCU).

La entrada en vigor de las leyes específicas de protección al consumidor no agota, con mucho, el desarrollo legislativo del mandato constitucional, sino que, se han promulgado un *nutrido grupo de leyes* y otras normas estatales sobre las diferentes materias y sectores específicos referidos la protección de los derechos e intereses de los consumidores y usuarios, todo ello, además, al margen de la normativa autonómica de consumo, en no pocas veces repetitiva de la estatal.

En definitiva, como ha puesto de relieve la doctrina, la LCU: «no lleva a cabo una reconstrucción «mecánica» de los textos, sino que introduce bastantes novedades, no pocas de ellas de notable relevancia práctica»[50].

Téngase en cuenta que el art. 82.3 CE dispone que, «la autorización para refundir textos legales determinará el ámbito normativo a que se refiere el contenido de la delegación, especificando si se circunscribe a la mera formulación de un texto único o si se incluye la de *regularizar*, *aclarar y armonizar* los textos legales que han de ser refundidos». La LCU es claro que no se limita a aquella mera formulación legal, sino que regulariza, aclara y armoniza, e incluso *complementa*, generosamente, los textos refundidos.

3.4. Ámbito territorial de aplicación. El artículo 139.1 CE establece la igualdad en la aplicación de las leyes para todos los ciudadanos independientemente del lugar donde se encuentren, al indicar que: «Todos los españoles tienen *los mismos derechos y obligaciones en cualquier territorio* del Estado», principio matizado en función de las diferentes legislaciones autonómicas que permiten regulaciones distintas para las materias que sean de competencia de las CCAA.

La LCU tiene carácter general, de aplicación básica en todo el Estado español, pues la mayoría de las materias reguladas son de competencia exclusiva del Estado, lo que significa que esta Ley fija un contenido mínimo

---

de la Ley 7/1996, de 15 de enero, de ordenación del comercio minorista: artículos 48 y 65.1 –de éste solo sus letras n y ñ–, así como la disposición adicional primera.

[50] CAVANILLAS MÚGICA, Santiago, «El Real Decreto Legislativo 1/2007 por el que se aprueba el texto refundido de la Ley General para la Defensa de los Consumidores y Usuarios y otras leyes complementarias», *Aranzadi civil*, número 1, 2008, págs. 2133-2166.

en materia de derecho de consumo ampliable por las CCAA.

La citada STC 15/1989, de 26 de enero, expresó que, aunque la Ley de consumidores de 1984 no era de aplicación directa a aquellas Comunidades Autónomas que habían asumido constitucionalmente competencia plena sobre la defensa de los consumidores y usuarios en virtud de sus respectivos Estatutos de Autonomía, sin embargo, al tener carácter «general», la legislación de consumo (también la LCU de 2007) será de aplicación en todo el territorio nacional, es decir, que las Comunidades Autónomas deben *acatar su contenido mínimo*, cuyos derechos reconocidos deben ser comunes en todo el territorio español, si bien aquéllas pueden legislar desarrollando las instituciones sobre defensa de los consumidores que le permitan sus propios Estatutos autonómicos[51].

Atendiendo a lo dispuesto en la doctrina del Tribunal Constitucional que se ha citado, la redacción del vigente artículo 1 LCU, bajo la rúbrica de «Principios generales», determina que: «en desarrollo del artículo 51.1 y 2 de la Constitución que, de acuerdo con el artículo 53.3 de la misma, tiene el carácter de *principio informador* del ordenamiento jurídico, esta norma tiene por objeto establecer el régimen jurídico de protección de los consumidores y usuarios en el ámbito de las competencias del Estado».

Añade además dicho precepto, respecto de su ámbito de aplicación: «En todo caso, la defensa de los consumidores y usuarios se hará en el marco del sistema económico diseñado en los artículos 38 y 128 de la Constitución y con sujeción a lo establecido en el artículo 139».

4. Competencias del Estado en materia de consumo

Entre la distribución de competencias exclusivas atribuidas al Estado por el artículo 149.1 CE no se encuentra la protección de los consumidores, como tampoco se atribuye expresamente, en el artículo 148, a l as Comunidades Autónomas la posibilidad de asumirla en esta materia. Lo anterior determina, según el artículo 149.3 CE, una cláusula residual a favor

[51] La STC 15/1989 declaró que los artículos 1.1, 6, 7, 13.2 último inciso, 14, 15, 16, 17, 18, 19, 22 puntos 1-2-3-4 y 6, 23, 36.2, 39.5 y 41 de la Ley de 1984, no eran de aplicación directa en las Comunidades Autónomas que constitucionalmente, en virtud de sus respectivos Estatutos de Autonomía, habían asumido la competencia plena sobre defensa de los consumidores y usuarios. En la misma resolución determina que tampoco el artículo 20.1 y 2, era de aplicación directa en las Comunidades que, estatutariamente, hubiesen adoptado la competencia sobre asociaciones de consumidores y usuarios.

del Estado en el sentido de atribuirle todas las competencias que no se detallan en el artículo 148 CE o que, estando citadas, no han sido expresamente asumidas por los Estatutos de Autonomía por parte de las Comunidades Autónomas.

En principio, corresponde al Estado la competencia en materia de protección de los consumidores y usuarios, materia que tiene carácter multidisciplinar, pues afecta a diversas competencias, salvo que los Estatutos hayan asumido expresamente dicha competencia con carácter exclusivo, en cuyo caso habrán de respetar, naturalmente, las demás competencias estatales ya atribuidas por otros títulos competenciales. En todo caso, al no contenerse expresamente la defensa de los consumidores y usuarios en ninguno de los catálogos de competencias recogidos en los artículos 148.1 (Comunidades Autónomas) y 149.1 CE (Estado), y pese a haberse asumido de manera plena o menos plena por parte de las Comunidades Autónomas, lo cierto es que muchos de los contenidos que afectan a esta materia sí que han sido atribuidos de manera exclusiva al Estado, por lo que se produce un choque competencial que habrá que resolver a favor de éste o aquéllas.

Una gran parte del derecho civil, en particular la regulación del *régimen de los contratos*, es competencia exclusiva del Estado al otorgarse a éste, de manera expresa, las bases de «las obligaciones contractuales», en el artículo 149.1.8ª CE, y también el *derecho mercantil*, al atribuirle también la «legislación mercantil» en el 149.1.6ª CE, por lo que, incluso las Comunidades Autónomas que han asumido con carácter exclusivo, y de manera plena, la competencia en materia de consumo, aunque sean aquellas que gocen también de la competencia para «desarrollar, conservar y modificar su propio *derecho civil*», deberán respetar la regulación del Estado referida al derecho de consumo pues, gran parte del contenido de éste lo conforman normas de derecho mercantil y las bases de las obligaciones contractuales.

La Sentencia del Tribunal Constitucional (STC) de 22 de marzo de 1991 declaró la inconstitucionalidad de las normas de consumo las Comunidades Autónomas con competencia en materia de desarrollo de su *derecho civil* (en concreto en Galicia) al suponer una regulación del contenido de los contratos distinta de la normativa establecida con carácter estatal.

Otros pronunciamientos del mismo Tribunal, como la STC de 3 de noviembre 1982 declaró también inconstitucionales determinados preceptos de la legislación vasca de consumo al modificar el régimen de *responsabilidad civil* que debe ser igual para todo el territorio español.

En materia de *derecho de la competencia*, la STC 264/1993, de 22 de julio, declaró la inconstitucionalidad de varios preceptos autonómicos (Ley aragonesa de ordenación de la actividad comercial) por invadir materias de titularidad estatal.

Los *horarios comerciales* han sido considerados de competencia estatal, declarando la STC (Pleno) 225/1993, de 8 de julio, la inconstitucionalidad de la normativa autonómica (ley valenciana sobre ordenación del comercio y superficies comerciales) que no re spetaba los límites fijados por l a legislación estatal. Posteriormente, el mismo día, se aprobó la Ley 7/1996, de 15 e nero, de Ordenación del Comercio Minorista (LCM) y la Ley Orgánica 2/1996, de 15 de enero (LOCM), complementaria de la anterior, que encomiendan a l as Comunidades Autónomas la regulación sobre los horarios del comercio, pero debiendo respetar, en todo caso, los mínimos que hayan sido fijados por la ley estatal.

En definitiva, a la vista de *prevalencia de las normas estatales* sobre regulación de los contratos, así como de la responsabilidad civil y, en todo caso, la referente a la legislación mercantil, ambas de enorme proyección dentro del derecho de consumo –y la doctrina consolidada del Tribunal Constitucional que impide a las Comunidades Autónomas reproducir la regulación estatal en materia de defensa de los consumidores referidas a materias competencia exclusiva del Estado–, parece evidente que *el margen de regulación autonómica es más bien limitado*, incluso, como se ha puesto de manifiesto por la doctrina, cuando aquella pretenda otorgar un nivel de protección superior al contenido en la norma estatal, aunque, en última instancia, corresponderá a dicho Tribunal resolver este último aspecto a la vista del principio contenido en el artículo 51 CE.

Pueden resumirse, de forma básica y elemental, las competencias de consumo, según los artículos 149 y 139.2 CE, y la doctrina constitucional de las ya citadas SSTC 71/1982 y 88/1986, por lo que, con carácter exclusivo, *corresponde al Estado*, el ejercicio de las siguientes competencias:

a) Legislación civil, salvo el derecho foral. *b)* El aseguramiento de la unidad de mercado. *c)* La legislación mercantil. *d)* Las bases de las obligaciones contractuales. *e)* La responsabilidad civil derivada de las relaciones contractuales. *f)* La responsabilidad civil extracontractual. *g)* Las condiciones generales de la contratación. *h)* El derecho penal y procesal.

Finalmente la Sentencia del Pleno del Tribunal Constitucional 31/2010, de 28 de junio de 2010 (sobre el Estatuto de Cataluña), sintetiza en su FJ 70 que «la materia de defensa de los consumidores es un á mbito de concurrencia competencial de títulos habilitantes diferentes, de manera que la atribución estatutaria de la competencia de carácter exclusivo a la Comunidad Autónoma *no puede afectar a las competencias reservadas por la Constitución al Estado* (art. 149.1 CE), que se proyectarán cuando materialmente corresponda (STC 15/1989, de 26 de enero, FJ 1)».

5. Legislación autonómica de consumo

La «protección de los consumidores y usuarios» no se encuentra prevista en la Constitución entre las competencias específicas del Estado, ni tampoco de las Comunidades Autónomas, sin perjuicio de lo expuesto sobre ciertas materias sobre consumo que son de competencia exclusiva estatal.

No obstante, tal vez debido a la creciente importancia que en nuestra sociedad ha ido adquiriendo la protección de los consumidores, lo cierto es que, hasta la fecha, todas las Comunidades Autónomas que conforman el territorio español, excepto La Rioja, han promulgado, cada una de ellas, sus propias leyes autonómicas específicas de consumo o sus estatutos legales de defensa del consumidor, con rango formal de ley autonómica[52].

[52] En España, al cierre de esta edición, están vigentes, las siguientes *leyes autonómicas de protección del consumidor*: *1ª)* Ley 13/2003, de 17 de diciembre, de defensa y protección de los consumidores y usuarios de Andalucía (Boletín Oficial del Estado, en adelante *BOE*, núm. 14, de 16 de enero de 2004); *2ª)* Ley 16/2006, de 28 de diciembre, de protección y defensa de los consumidores y usuarios de Aragón (*BOE* núm. 45, de 21 de febrero de 2007); *3ª)* Ley 3/2003, de 12 de febrero, del Estatuto de los consumidores y usuarios de la Comunidad Autónoma de Canarias *(BOE* núm. 56 de 6 de marzo de 2003); *4ª)* Ley 1/2006, de 7 de marzo, de defensa de los consumidores y usuarios de Cantabria (*BOE* núm. 77, de 31 de marzo de 2006); *5ª)* Ley 11/2005, de 15 de diciembre, del Estatuto del consumidor de Castilla-La Mancha (*BOE* núm. 255, de 20 de diciembre de 2005); *6ª)* Ley 11/1998, de 5 de diciembre, de defensa de los consumidores y usuarios de Castilla y León (*BOE* núm. 16, de 19 de enero de 1999); *7ª)* Ley 22/2010, de 20 de julio, del Código de consumo de Cataluña (*BOE* núm. 196, de 13 de agosto de 2010); *8ª)* Ley 2/1987, de 9 a bril, del Estatuto de consumidores y usuarios de la Comunidad Valenciana (*BOE* núm. 102, de 29 de abril de 1987); *9ª)* Ley 6/2001, de 24 de mayo, del Estatuto de los Consumidores de Extremadura (*BOE* núm. 173, de 20 julio 2001); *10ª)* Ley 12/1984, de 28 de diciembre, del Estatuto del Consumidor y Usuario de la Comunidad de Galicia (*BOE* núm. 139, de 11 de junio de 1985); *11ª)* Ley 1/1998, de 10 de marzo, del Estatuto de los consumidores y usuarios de la Comunidad Autónoma de las Islas Baleares (*BOE* núm. 113, de 12 de mayo de 1998); *12ª)*

6. Aproximación al derecho comunitario de consumo

6.1. Derecho originario. El *Tratado Roma* de 25 de marzo de 1957, constitutivo de la Comunidad Económica Europea (CEE), no a lude de manera directa a los consumidores, ni establece medidas de protección específicas para este sector, aunque sí que contiene algunas referencias indirectas a lo largo de todo el Tratado referentes a la mejora constante de las condiciones de vida como finalidad primordial de la entonces CEE, según indicaba el artículo 3 de su Preámbulo, así como la «rápida elevación del nivel de vida de sus ciudadanos», tal como establece el artículo 2º.

No fue hasta la Conferencia de Jefes de Estado de París celebrada los días 19 y 20 de octubre de 1972 *(Cumbre de París)* cuando se comenzó a ejecutar una política ordenada en materia de consumo, solicitándose allí que los órganos comunitarios elaborasen un programa específico para robustecer y coordinar medidas de protección al consumidor al preocuparse los Estados miembros por da r «un aspecto humano» a la Comunidad europea, lo que habría de traducirse en una mejora de la calidad de vida de los europeos.

La elaboración de la *Carta de Protección del Consumidor*, el 17 de mayo de 1973, p or parte de la Asamblea Consultiva del Consejo de Europa, supuso el inicio de la política comunitaria de protección del consumidor.

La aprobación del *Acta Única Europea*[53], que reformó el Tratado de Roma en materia de mercado interior, supuso, por primera vez, la protección expresa de los consumidores en la Europa comunitaria, extremo de gran importancia pues nunca antes había aparecido esta mención en un t ratado constitutivo comunitario, y aunque esta mención no e stablece todavía ninguna política concreta de protección al consumidor, sí que incluye entre sus objetivos «la protección de la salud de las personas», «asegurar al

---

Ley 11/1998, de 9 de julio, de protección de los consumidores y usuarios de la Comunidad de Madrid (*BOE* núm. 206, de 28 de agosto de 1998); *13ª)* Ley 7/2006, de 20 de junio, de defensa de los consumidores y usuarios de Navarra; *14ª)* Ley 6/2003, de 22 de diciembre, de Estatuto de las personas consumidoras y usuarias del País Vasco (*BOPV* núm. 254, de 30 de diciembre de 2003); *15ª)* Ley 11/2002, de 2 de diciembre, de los consumidores y usuarios, del Principado de Asturias (*BOE* núm. 13, de 15 de enero de 2003); *16ª)* Ley 4/1996, de 14 de junio, del Estatuto de los consumidores y usuarios de la Región de Murcia (*BOE* núm. 238, de 2 de octubre de 1996). Pueden consultarse en el sitio de internet: *www.boe.es*.

[53] Firmada el día 17 (en Luxemburgo) y el 28 (en La Haya) de febrero de 1986, que entró en vigor el 1 de julio de 1987, ratificada por España por Instrumento de 9 de diciembre de 1986 (mediante la Ley Orgánica 4/1986, de 26 de noviembre).

consumidor suministros a precios razonables» y «limitar la producción, el mercado o el desarrollo técnico en perjuicio de los consumidores».

El *Tratado de Maastricht*[54], se propone la «contribución al fortalecimiento de la protección de los consumidores»[55], y que «La Comunidad contribuirá a que se alcance un alto nivel de protección de los consumidores a fin de proteger la salud, la seguridad y los intereses económicos de los consumidores y garantizarles una información adecuada»[56].

Tras la reforma del Tratado de Roma, constitutivo de la CEE, llevada a cabo mediante el *Tratado de Amsterdam*[57], el nuevo artículo 153.1, *vigente en la actualidad*, determina que: «la Comunidad contribuirá a proteger la salud, la seguridad y los intereses económicos de los consumidores, así como a promover su derecho a la información, a la educación y a organizarse para salvaguardar sus intereses»[58].

6.2. Derecho derivado. El 1973 se crea el Servicio de Medio Ambiente y de Protección de los Consumidores europeo a cargo de un comisario, y se constituye el Comité Consultivo de los Consumidores para representar, ante la propia Comisión, los intereses de los consumidores y las políticas de consumo[59], aprobándose diversos y decisivos *Planes de actuación*[60].

Los primeros frutos de esta política fueron la aprobación de las primeras *Directivas comunitarias* para la protección de los consumidores, destacando

---

[54] Firmado el 7 de febrero de 1992, que entró en vigor el 1 de noviembre de 1993, ratificado por España en Instrumento de 29 de diciembre de 1992.

[55] Artículo 6.s).

[56] Artículo 129 A.

[57] Firmado el 2 de octubre de 1997, ratificación autorizada en España mediante la Ley Orgánica 9/1998, de 16 de diciembre.

[58] Este nuevo artículo 153 sustituye al antiguo artículo 129.A del Tratado.

[59] En 1973 la Asamblea Parlamentaria del Consejo de Europa aprobó la resolución 543/73 por la que se aprobaba la Carta Europea de Protección de los Consumidores. El Consejo de Ministros europeo, en reunión de 14 de abril de 1975, reconoce los derechos básicos de los consumidores y las medidas específicas para su eficacia, considerando que la mejora de las condiciones de vida es una de las misiones de la Comunidad que implica la protección de la salud, de la seguridad y de los intereses económicos de los consumidores.

[60] En 1975 se aprobó el *Programa Preliminar* de la Comunidad Europea para una política de protección e información a los consumidores; en 1981 el *Segundo Programa* de la Comunidad Europea para una política de protección e información a los consumidores; y en 1985 el *Programa Nuevo Impulso* de la política de protección e información a los consumidores en la Comunidad Europea.

la Directiva 84/450/CEE sobre publicidad engañosa, Directiva 85/374/CEE sobre responsabilidad del fabricante por daños de productos defectuosos, Directiva 85/577/CEE de contratos negociados fuera de los establecimientos comerciales y Directiva 87/102/CEE reguladora del crédito al consumo.

Sin carácter vinculante, pero de una influencia decisiva, se adoptaron posteriormente: la Recomendación 87/598/CEE que aprobó el Código europeo de buena conducta en materia de pago electrónico; y la Recomendación 88/59/CEE sobre sistema de pago y relaciones entre titulares y emisores de tarjetas de débito y crédito.

1. El primer Plan Trienal de Acción sobre la Política de los Consumidores en la Comunidad Europea (1990-1992), tuvo como consecuencia la promulgación de la Directiva 90/314/CEE sobre viajes combinados; la Directiva 92/59/CEE sobre seguridad de los productos, y la Directiva 90/88/CEE modificando la anterior sobre crédito al consumo.

2. El segundo Plan Trienal[61], para el periodo 1993-1995, que tomó como objetivo principal el desarrollo del Mercado único al servicio de los consumidores. En esta fase se adoptaron los siguientes instrumentos comunitarios: la importantísima Directiva 93/13/CEE sobre cláusulas abusivas; y la Directiva 94/47/CEE sobre contratos de adquisición de un derecho de uso de bienes inmuebles a tiempo compartido.

3. El tercer Plan Trienal de acción sobre Política de los consumidores para el periodo 1996-1998, propició un nut rido cuerpo normativo: la Directiva 97/7/CE sobre contratos celebrados a d istancia; Directiva 97/55/CE sobre publicidad comparativa, modificando la anterior de 1984 sobre publicidad engañosa; Directiva 98/7/CE nuevamente de crédito al consumo alterando la de 1987; Directiva 98/6/CE sobre indicación de precios; y la Directiva 98/27/CE sobre acciones de cesación.

4. El cuarto Plan Trienal de Acción para la Política de los Consumidores para los años 1999-2001, tiene en consideración la nueva estructura del mercado, así como la mundialización de la economía y del desarrollo de las nuevas tecnologías, lo que produce un gran impacto en las nuevas formas de consumir, propiciando nuevos textos normativos: la Directiva 1999/44/CE, de 25 de mayo de 1999, sobre determinados aspectos de la venta y las garantías de los bienes de consumo; y la Decisión 2000/323/CE de 4 de

[61] Aprobado el 28 de julio de 1993.

mayo de 2000, de la Comisión de las Comunidades Europeas, por la que se acuerda la creación de un Comité de los consumidores.

5. El quinto Plan tuvo carácter quinquenal (2002-2006), en cuyo periodo se aprobó una de las más influyentes normas comunitarias, la Directiva 2006/123/CE, del Parlamento Europeo y del Consejo, aprobada el 12 de diciembre de 2006, relativa a los *servicios en el mercado interior* (conocida como la directiva de los servicios, sobre todo, profesionales), fruto de la denominada «estrategia de Lisboa»[62]. En 2004 s e aprobó el Reglamento sobre la cooperación en materia de protección de los consumidores[63].

6. El último Plan de actuación (2007-2013), se adoptó mediante la Decisión 1926/2006/CE, y quizá sea el más ambicioso de todos hasta el momento, que además incluye una la elevada financiación comunitaria.

A fecha de 15 de enero de 2012, los veintisiete *países miembros* de pleno derecho de la Unión Europea, son, por orden alfabético: Alemania, Austria, Bélgica, Bulgaria, Chipre, República Checa, Dinamarca, Eslovaquia, Eslovenia, España, Estonia, Finlandia, Francia, Grecia, Hungría, Irlanda, Italia, Letonia, Lituania, Luxemburgo, Malta, Países Bajos, Polonia, Portugal, Reino Unido, Rumanía y Suecia[64].

A todos ellos, en el ámbito comunitario, con el objetivo concreto de lograr un alto nivel de protección a través del desarrollo de las políticas de defensa de los consumidores, actualmente, se les reconoce el derecho a adoptar medidas que *eleven la protección básica* de los consumidores establecida en las normas comunitarias, poniendo como límite únicamente el propio mercado interior y las actuaciones reguladas en las Directivas.

Es bien sabido que las Directivas tienen el *carácter de mínimos*, y aunque no sean de aplicación directa, sin embargo, pueden producir el *efecto directo* cuando no hayan sido desarrolladas por un Estado miembro dentro del plazo fijado para ello en ellas, siempre que sean claras y precisas e invocadas por

---

[62] La «estrategia de Lisboa» se fraguó en la reunión extraordinaria del Consejo Europeo en la capital portuguesa los días 23 y 24 de marzo de 2000.

[63] Reglamento (CE) nº 2006/2004 del Parlamento Europeo y del Consejo, de 27 de octubre de 2004, sobre la cooperación entre las autoridades nacionales encargadas de la aplicación de la legislación de protección de los consumidores.

[64] Son países *candidatos* a ingresar en la UE: Croacia, la antigua república yugoslava de Macedonia, Turquía e Islandia. Países candidatos *potenciales* a incorporarse a la Unión son: Albania, Bosnia y Herzegovina, Kosovo, Montenegro y Serbia.

un particular frente a un Estado miembro, no entre particulares.

7. Notas características del derecho de consumo

*7.1. **Derecho multidisciplinar***. La protección de los consumidores se estudia en esta obra desde el punto de vista del derecho privado, esto es, a la vista del derecho civil y mercantil, disciplinas que acogen la mayoría de las normas que reconocen derechos subjetivos a los consumidores y usuarios.

Pero, como se adelantó, también desde las disciplinas que se integran en el derecho público se aborda aquella protección, en especial, a través del derecho administrativo, tanto de carácter organizativo, de control e inspección como preventivo y sancionador. Otras ramas que se refieren a la defensa del consumidor se encuentran en el derecho tributario, sin olvidar ciertos aspectos de derecho procesal, y desde luego, también el derecho penal, habida cuenta de diversos tipos penales específicos que castigan los supuestos más graves de atentados contra los derechos del consumidor.

*7.2. **Diversas fuentes normativas***. Si bien la competencia legislativa para regular, con rango de ley formal, se va aclarando poco a poco, entre el Estado y las Comunidades Autónomas, a través de la, titubeante, doctrina del Tribunal Constitucional, lo cierto es que, además, ha de tenerse muy en cuenta que, cada vez más, las normas de protección de los consumidores son de procedencia comunitaria que luego se transponen a los países miembros. Además, en última instancia, también las Entidades Locales pueden dictar ordenanzas de consumo en sus respectivos territorios. En definitiva está formado el derecho de consumo por: 1) derecho comunitario; 2) derecho estatal; 3) derecho autonómico; y 4) derecho local.

Por tanto, las fuentes del derecho de consumo, están formadas por las normas, legales y reglamentarias sobre esta materia, provenientes de las siguientes instituciones públicas: *a)* el Parlamento y el Consejo de la Unión Europea; *b)* las Cortes Generales y el Gobierno de la Nación española; *c)* las asambleas legislativas y los gobiernos de las Comunidades Autónomas; y en menor medida, *e)* los plenos y los alcaldes de los municipios españoles.

*7.3. **Imperatividad normativa***. Las normas de derecho de consumo reconocen derechos ejercitables, y exigibles, por quienes ostenten la cualidad de consumidores y usuarios, pero, ciertamente, de poco o nada serviría tal reconocimiento si los titulares de los derechos pudieran renunciar a ellos si desean contratar para adquirir el bien o servicio.

Por tal motivo, las normas de derecho de consumo suelen tener carácter imperativo, lo que se traduce en la irrenunciabilidad de los derechos que son reconocidos al consumidor y usuario, A tal fin, el artículo 10 LCU dispone que: «la *renuncia previa* a los derechos que esta norma reconoce a los consumidores y usuarios *es nula*, siendo, asimismo, nulos los actos realizados en *fraude de ley* de conformidad con lo previsto en el artículo 6 del Código Civil». Al respecto, el art. 6.4 CC indica: «los actos realizados al amparo del texto de una norma que persigan un resultado prohibido por el ordenamiento jurídico, o contrario a él, se considerarán ejecutados en *fraude de ley* y *no impedirán la debida aplicación de la norma* que se hubiere tratado de eludir».

7.4. Carácter tuitivo. Si algo caracteriza especialmente al derecho de consumo es precisamente su *finalidad protectora* a una cualidad concreta de personas, los consumidores y usuarios. Este carácter tuitivo es la razón que justifica su existencia, puesto que ya existen normas para todos en las otras disciplinas jurídicas, aparece el derecho de consumo para otorgar una mayor protección de la que otorga el derecho tradicional. Igual ocurre, por ejemplo, con el derecho del trabajo donde el sujeto protegido es el trabajador frente al empleador; en el derecho de consumo es el consumidor frente al empresario.

7.5. Protección optativa, compatible y complementaria. A diferencia de lo que sucede en la disciplina tomada como ejemplo, el derecho del trabajo, donde los sujetos protegidos solo tienen un cuerpo normativo (en esencia, el Estatuto de los Trabajadores y normas complementarias), que tienen carácter exclusivo y excluyente, para hacer valer sus derechos, no existiendo otra vía, sin embargo, las normas de protección de los consumidores complementan al resto del ordenamiento jurídico, es decir, los afectados, que ostenten esta cualidad de consumidor, pueden acudir a las vías específicas reconocidas solo a éstos en el derecho de consumo, pero también, si lo desean, pueden acogerse al resto de las normas comunes del ordenamiento jurídico.

Por ello puede hablarse de un carácter optativo, pues en ocasiones (quizá pocas), el consumidor puede optar por reclamar la protección de las normas comunes (derecho civil y mercantil), o bien, las de derecho de consumo. De o anterior se deduce, igualmente, el carácter compatible del derecho de consumo con el resto del ordenamiento. Y también complementario, ya que, además de las normas de consumo, e incluso una vez agotada esta vía especial, puede interesar al consumidor interponer una reclamación al amparo del derecho civil y mercantil.

*7.6. **Otros caracteres***. Además de las expresadas más arriba, la doctrina más reciente, ha destacado otros caracteres del derecho de consumo, alguno de los cuales ya se han apuntado, pudiendo destacarse los siguientes[65]:

a) El marcado intervencionismo de las Administraciones públicas.
b) La prevalencia, en caso de conflicto, del principio *pro consumatore*.
c) Supone un complemento de las normas reguladoras del mercado.
d) Está impulsando la armonización del derecho contractual europeo.
e) Contiene mecanismos propios de resolución de conflictos: arbitraje.
f) Pretende el fomento de las asociaciones de consumidores y usuarios.

8. La LCU: norma esencial de derecho de consumo en España

*8.1. **Estructura***. El Texto Refundido de la Ley General para la Defensa de los Consumidores y Usuarios y otras leyes complementarias (LCU), se aprobó mediante el Real Decreto Legislativo 1/2007, de 16 de noviembre.

*8.2. **Contenido***. Contiene 165 artículos, 6 disposiciones adicionales y 3 disposiciones finales en sus 5 «libros» que incorporan estas materias:

1) Libro I sobre *«disposiciones generales»*, desarrollado en cinco títulos:
Título I que contiene el «ámbito de aplicación y derechos básicos de los consumidores y usuarios», que agrupa al capítulo I de ámbito de aplicación, el capítulo II de derechos básicos de los consumidores y usuarios, capítulo III sobre protección de la salud y seguridad, capítulo IV sobre derecho a la información, formación y educación y capítulo V sobre la protección de los legítimos intereses económicos de los consumidores y usuarios.
Título II sobre el «derecho de representación, consulta y participación y régimen jurídico de las asociaciones de consumidores y usuarios», integrado por el capítulo I con el régimen jurídico básico de las asociaciones de consumidores y usuarios y el capítulo II sobre independencia y transparencia de las asociaciones de consumidores y usuarios, el capítulo III del Registro estatal de asociaciones de consumidores y usuarios y el capítulo IV sobre la representación y consulta.
Título III sobre «cooperación institucional», que contiene el capítulo I de la conferencia sectorial de consumo, y el capítulo II sobre la cooperación institucional en materia de formación y control de la calidad.

---

[65] REYES LÓPEZ, María José, *Manual de Derecho privado de consumo*, editorial La Ley, Las Rozas (Madrid), 2009, páginas 33-35.

Título IV con la «potestad sancionadora», donde se incluye el capítulo I sobre disposiciones generales y el capítulo II de infracciones y sanciones.

Título V «procedimientos judiciales y extrajudiciales de protección de los consumidores y usuarios», contiene el capítulo I sobre acciones de cesación y el capítulo II sobre el sistema arbitral del consumo.

2) Libro II referido a los *«contratos y garantías»*, donde se incluyen:

Título I, de «contratos con los consumidores y usuarios», con el capítulo I de disposiciones generales y el capítulo II del derecho de desistimiento.

Título II de «condiciones generales y cláusulas abusivas», capítulo I de cláusulas no negociadas individualmente y capítulo II de cláusulas abusivas.

Título III de «contratos celebrados a d istancia», aglutina el capítulo I disposiciones generales, capítulo II información precontractual y contratos, capítulo III con el derecho de desistimiento en los contratos a distancia y el capítulo IV sobre la ejecución del contrato.

Título IV, «contratos celebrados fuera de establecimientos mercantiles», incluye el capítulo I sobre ámbito de aplicación y el capítulo II sobre la contratación en esta modalidad.

Título V, de «garantías y servicios posventa», contiene el capítulo I de disposiciones generales sobre garantía de los productos de consumo, capítulo II sobre la responsabilidad del vendedor y derechos del consumidor y usuario, capítulo III del ejercicio de derechos por el consumidor y usuario, y el capítulo IV que regula la garantía comercial adicional, las obligaciones de documentación y los servicios posventa.

3) Libro III, *«responsabilidad civil por bienes o servicios defectuosos»:*

Título I sobre «disposiciones comunes en materia de responsabilidad» que contiene el capítulo I que desarrolla las disposiciones generales en esta materia y el capítulo II bajo el epígrafe de responsabilidad.

Título II de «disposiciones específicas en materia de responsabilidad», contiene el capítulo I sobre daños causados por pr oductos, y el capítulo II acerca de los daños causados por otros bienes y servicios.

4) Libro IV sobre *«viajes combinados»*, es el último de todos, y contiene:

Título I de «disposiciones generales», compuesto por el capítulo I con el ámbito de aplicación, el capítulo II sobre información precontractual y formalización del contrato, el capítulo III acerca de otros derechos del consumidor y usuario, y el capítulo IV sobre la modificación del contrato.

Título II de disposiciones relativas a la resolución del contrato y responsabilidades, que incluye el capítulo I sobre la resolución del contrato o cancelación y el capítulo II, incumplimiento, responsabilidad y garantías.

8.3. Valoración. La nueva LCU destaca, como se ha visto, por tratarse de un texto refundido que pretende articular en un solo cuerpo legal diversas materias, en cierto modo homogéneas, para lo cual se han escogido los ingredientes de cinco leyes importantes (una general y cuatro sectoriales) en materia de protección al consumidor y se ha elaborado un producto final con sus luces y sus sombras.

No se adivinan a comprender los motivos por los que *han sido excluidos* de la «refundición» materias tan propias del derecho de consumo como el crédito al consumo, los servicios financieros a distancia[66], los servicios de la información y el comercio electrónico, las ventas de bienes inmuebles a los consumidores (viviendas) y el aprovechamiento por turno compartido de inmuebles vacacionales (cuya ley reguladora prohíbe que se denomine multipropiedad, como todo el mundo la conoce), entre otros contenidos.

Respecto de la técnica de refundición usada la doctrina ha criticado que ciertos aspectos de la nueva LCU no tienen una explicación lógica y sí una falta de «armonía interna entre las distintas modalidades contractuales sobre las que había de practicarse la refundición, que han permanecido con el mismo nivel de disparidad que padecían antes de la refundición». Pero se añade que, alguna ventaja como el interesante artículo 60 LCU «que unifica las normas preexistentes y uniformiza la clase de información que debe darse en la contratación con consumidores»[67].

Finalmente, se ha escrito, que la «valoración acerca de la calidad de ésta –refundición– es positiva, tanto en su sistemática como en buena parte de las modificaciones introducidas. No se detectan, además, omisiones relevantes ni "efectos secundarios" imprevistos. En definitiva, para esta doctrina que se glosa, la nueva LCU «mejora la situación legislativa anterior (Ley de 1984 y las leyes especiales que ahora se refunden)»[68].

---

[66] FERNÁNDEZ PÉREZ, Núria, *El nuevo régimen de la contratación a distancia con consumidores: especial referencia a servicios financieros*, editorial La Ley, Madrid, 2009.

[67] CARRASCO PERERA, Ángel, «Texto refundido de la Ley General para la defensa de los consumidores y usuarios (Real Decreto Legislativo 1/2007). Ámbito de aplicación y alcance de la refundición», *Aranzadi Civil*, número 1, año 2008, páginas 2215-2225.

[68] CAVANILLAS MÚGICA, S., «El Real Decreto Legislativo 1/2007 por el que se aprueba el texto refundido de la Ley General para la Defensa de los Consumidores y Usuarios y otras leyes complementarias», *Aranzadi civil*, número 1, año 2008, págs. 2133-2166.

CAPÍTULO III. LOS DERECHOS BÁSICOS DE LOS CONSUMIDORES

SUMARIO: 1. Catálogos normativos de los derechos básicos del consumidor. 1.1. Derecho internacional. 1.2. Derecho comunitario. 1.3. Derecho comparado. 1.4. Derecho constitucional español. 1.5. Derecho autonómico. 1.6 Derecho estatal. 2. Clasificaciones doctrinales de los derechos del consumidor. 3. Eficacia jurídica de los derechos básicos del consumidor. 3.1. Como principios rectores. 3.2. Carácter programático. 3.3. Falta de protección prioritaria en los «bienes de uso común». 4. Valoración crítica del listado de derechos básicos del consumidor.

1. Catálogos normativos de los derechos básicos del consumidor

1.1. Derecho internacional. Tal vez, la primera formulación de un listado básico de derechos del consumidor, en un texto de gran relevancia y repercusión, fue la que hizo el Presidente de los Estados Unidos, John Fitzgerald Kennedy, en su Mensaje especial al Congreso sobre protección de los intereses de los consumidores de 15 de marzo de 1962[69], donde, tras acuñar su famosa frase de que «consumidores somos todos», que dio la vuelta al mundo, enunció los cuatro siguientes: el derecho a la seguridad, el derecho a ser informado, el derecho a elegir y el derecho a ser oído.

La trascendencia del discurso de Kennedy supuso que la fecha del mismo fuera tomada como el *Día Mundial del Consumidor* que, desde entonces, se celebra cada 15 de marzo en la mayoría de los países occidentales.

Este primer catálogo de derechos del consumidor tuvo luego una gran repercusión en diversos organismos internacionales, siendo decisiva al respecto la influyente Resolución de la Asamblea General de las Naciones Unidas, de 9 de abril de 1985, sobre Directrices para la protección de los consumidores en la que se contuvieron aquellos derechos.

1.2. Derecho comunitario. Seguramente, también, por influencia de aquel discurso del malogrado presidente norteamericano JFK los organismos supranacionales del viejo continente adoptaron importantes instrumentos donde se recogían los derechos de los consumidores siendo relevante la Resolución 543/73 de la Asamblea Consultiva del Consejo de Europa, sobre una Carta de Protección de los Consumidores.

---

[69] *Special Message to the Congress on Protecting the Consumers Interest*, donde se contiene el texto del discurso presidencial, recogido por VON HIPPEL, *Verbrauchersschutz*, Tübingen, 1986, pp. 281 y ss. Está accesible este discurso a través de internet, en el website sobre John F. Kennedy: «Special Message to the Congress on P rotecting the Consumer Interest», March 15, 1962. Online by Gerhard Peters and John T. Woolley, *The American Presidency Project*, en la dirección única: *http://www.presidency.ucsb.edu/ws/?pid=9108*.

Pero, será de esencial importancia la Resolución del Consejo de la CEE de 14 de abril de 1975 (Programa Preliminar de la Comunidad Económica Europea para una política de protección e información a los consumidores)[70], de gran repercusión en nuestro derecho de consumo, al ser el antecedente inmediato tanto del artículo 51 de la Constitución española de 1978, como luego del texto del antiguo artículo 2.1 de la Ley 26/1984, de 19 de julio, General para la Defensa de los Consumidores y Usuarios, que agrupaba cinco categorías de derechos fundamentales del consumidor[71], Ley que fue derogada en 2007 por el texto refundido de la vigente LCU.

La Resolución del mismo Consejo, de 19 de mayo de 1981 (Segundo Programa para una Política de Protección e Información del Consumidor), contiene, sin alteración alguna, el mismo catálogo de derechos que la Resolución anterior[72].

1.3. Derecho comparado. Ha de advertirse, como apunta la doctrina, que no es práctica habitual en la legislación comparada que se contengan en las leyes de protección de los consumidores listas enumerando los derechos de éstos, tal vez debido, muchas veces, a la ausencia de leyes generales de protección global de los consumidores, por existir una, quizás más eficaz, legislación específica de carácter sectorial sobre diversas materias donde se contiene aquella protección[73].

También Portugal, en su Ley de 22 de agosto de 1981, ha optado, al igual que España, por incluir un listado de derechos del consumidor. Sin embargo, no han seguido el mismo criterio en sus respectivas leyes, Japón (1968), Méjico (1975), Austria (1979), Israel (1981), ni Luxemburgo (1983), ni Argentina (1993)[74], que no incluyen estos catálogos generales de derechos.

1.4. Derecho constitucional español. El artículo 51 de la Constitución española de 27 de diciembre de 1978 (CE), sienta las bases fundamentales

[70] Diario Oficial de las Comunidades Europeas (*DOCE*), nº 92, de 25 de abril de 1975.

[71] a) derecho a la protección de su salud y su seguridad; b) derecho a la protección de sus intereses económicos; c) derecho a la reparación de los daños; d) derecho a la información y a la educación; e) derecho a la representación o derecho a ser escuchado.

[72] *DOCE*, núm. 133, de 3 de junio de 1981.

[73] MARTÍNEZ DE AGUIRRE Y ALDAZ, C., «Comentario al artículo 2», en BERCOVITZ, R. Y SALAS, J., (coordinadores), *Comentarios a la Ley General para la Defensa de los Consumidores y Usuarios*, Civitas, Madrid, 1992, pág. 46.

[74] Para ver con más detalle la situación legislativa sobre leyes generales de protección de los consumidores en el ámbito internacional, BOURGOIGNIE, *Eléments pour une théhorie du Droit de la Consommation*. Bruxelles, Louvain-la Neuve, 1988.

de toda la protección constitucional, legislativa y reglamentaria de los consumidores en nuestro país, extrayéndose además del mismo, el conjunto de derechos básicos que más tarde serán desarrollados en toda la legislación estatal y autonómica. Afirma este decisivo art. 51 CE lo siguiente:

«1. Los poderes públicos garantizarán la defensa de los consumidores y usuarios, protegiendo, mediante procedimientos eficaces, la salud, la seguridad y los legítimos intereses económicos de los mismos.

2. Los poderes públicos promoverán la información y la educación de los consumidores y usuarios, fomentarán sus organizaciones y oirán a éstas en las cuestiones que puedan afectar a aquéllos, en los términos que la ley establezca.

3. En el marco de lo dispuesto por los apartados anteriores, la ley regulará el comercio interior y el régimen de autorización de productos comerciales».

Como se contempla, los dos primeros apartados de este precepto, que son los que recogen los derechos de los consumidores y se inspiran directamente en el citado Programa Preliminar de la Comunidad Económica Europea para una política de protección y de información a los consumidores, de 14 de abril de 1975, que seguía el Informe de la Organización para la Cooperación y el Desarrollo Económico (OCDE) sobre la Política de Protección de los consumidores en los Estados miembros del año 1972.

La circunstancia del reconocimiento del carácter de *básicos* a estos derechos de los consumidores viene, probablemente, más justificada por el hecho de hallarse en el texto constitucional transcrito que en las leyes estatal o autonómicas donde también se relacionan (y repiten)[75].

1.5. Derecho autonómico. El primer texto legal que contenía un catálogo general de derechos del consumidor se aprobó antes que la primera Ley estatal de defensa del consumidor de 1984 y fue el Estatuto del Consumidor del País Vasco, adoptado por la Ley 10/1981, de 18 de noviembre, de aquella Comunidad Autónoma[76], por lo que no es extraño que desplegara alguna influencia sobre el que adoptarían luego las demás leyes.

El artículo 3 de la norma vasca recoge una enumeración de los derechos

[75] MARTÍNEZ DE AGUIRRE Y ALDAZ, C., «Comentario al artículo 2», *ob. cit.*, pág. 49, que otorga este carácter de derechos básicos *por derivación*, no virtualidad propia, por estar recogidos dentro de los principios de la política social y económica que se contienen en el artículo 39 y siguientes de la Constitución.

[76] Boletín Oficial del País Vasco *(BOPV)*, de 2 de marzo de 1983.

del consumidor, donde no se adjetivan de *básicos* sino que los reconoce como «derechos del consumidor y usuario»: el derecho a la protección de su salud y seguridad, a la de sus intereses económicos, a la información y educación, a crear sus propias organizaciones a que éstas sean oídas, y el derecho a la protección jurídica y a la reparación de daños.

Las práctica totalidad de la leyes de protección de los consumidores de las diferentes Comunidades Autónomas recogieron catálogos de derechos básicos de los consumidores como ha sido el caso de Andalucía[77], Aragón[78], Asturias[79], Baleares[80], Canarias[81], Cantabria[82], Castilla–La Mancha[83], Castilla León[84], Cataluña[85], Extremadura[86], Galicia[87], Madrid[88], Murcia[89], Navarra[90], País Vasco[91] y Valencia[92].

1.6 Derecho estatal. El artículo 8 LCU efectúa una enumeración de

[77] Artículo 4 de la Ley 13/2003, de 17 de diciembre, de defensa y protección de los consumidores y usuarios de Andalucía.

[78] Artículo 4 de la Ley 16/2006, de 28 de diciembre, de protección y defensa de los consumidores y usuarios de Aragón.

[79] Artículo 3 de la Ley 11/2002, de 2 de diciembre, de los consumidores y usuarios, del Principado de Asturias.

[80] Artículo 4 de la Ley 1/1998, de 10 de marzo, del Estatuto de los consumidores y usuarios de la Comunidad de las Islas Baleares.

[81] Ley 3/2003, de 12 de febrero, del Estatuto de los consumidores y usuarios de la Comunidad Autónoma de Canarias.

[82] Artículo 3 de la Ley 1/2006, de 7 de marzo, de defensa de los consumidores y usuarios de Cantabria.

[83] Artículo 7 de la Ley 11/2005, de 15 de diciembre, del Estatuto del consumidor de Castilla–La Mancha.

[84] Artículo 3.1 de la Ley 11/1998, de 5 de marzo, de defensa de los consumidor de los consumidores y usuarios de Castilla–León.

[85] Artículo 121.2 de la Ley 22/2010, de 20 de julio, del Código de consumo de Cataluña.

[86] Artículo 3 de la Ley 6/2001, de 24 de mayo, del Estatuto de los consumidores de Extremadura.

[87] Artículo 3 de la Ley 12/1984, de 28 de diciembre, del estatuto del consumidor y usuario de la Comunidad de Galicia.

[88] Artículo 3 de la Ley 11/1998, de 9 de julio, de protección de los consumidores y usuarios de la Comunidad de Madrid.

[89] Artículo 3 de la Ley 4/1996, de 14 de junio, del Estatuto de consumidores y usuarios de la Región de Murcia.

[90] Artículo 5 de la Ley Foral de Navarra 7/2006, de 20 de junio, de defensa de los consumidores y usuarios.

[91] Artículo 4 de la Ley 6/2003, de 22 de diciembre, de Estatuto de las personas consumidoras y usuarias del País Vasco.

[92] Artículo 4 de la Ley 2/1987, de 9 de abril, del Estatuto de consumidores y usuarios de la Comunidad de Valencia.

carácter amplio, denominándolos «derechos básicos de los consumidores y usuarios», donde se incluyen, en la actualidad[93], los *derechos a la:*

a) Protección contra los riesgos que afecten a su *salud* o *seguridad.*

b) Protección de sus legítimos *intereses económicos y sociales*; en particular frente a las *prácticas* comerciales desleales y frente a la inclusión de *cláusulas abusivas* en los contratos que se celebren con ellos.

c) Indemnización por daños y *reparación* de los perjuicios sufridos.

d) Información correcta sobre los bienes o servicios y a la *educación* y *divulgación*, para facilitar el adecuado uso, consumo o disfrute.

e) Audiencia en consulta, *participación* en la elaboración de normas generales que les afectan directamente y *representación* de sus intereses, mediante sus asociaciones, agrupaciones, federaciones y confederaciones.

f) Protección de sus derechos a través de *procedimientos eficaces*, en especial, ante las situaciones de inferioridad, subordinación e indefensión.

Según lo expuesto, al margen de la eficacia, virtualidad o deficiencias técnicas que se aprecian en el enunciado del precepto estatal, podrían extraerse, a grandes rasgos, y de manera algo más *resumida*, los siguientes derechos básicos del consumidor:

a) Protección por riesgos contra la salud y la seguridad;
b) Protección de los legítimos intereses económicos y sociales;
c) Reparación por los daños y perjuicios sufridos;
d) Información adecuada sobre los productos y servicios;
e) Educación y divulgación en materia de consumo;
f) Audiencia y representación de sus asociaciones;
g) Protección jurídica y técnica en situaciones de debilidad.

2. Clasificaciones doctrinales de los derechos del consumidor

Como ha advertido la doctrina científica, la anterior relación se puede dividir en dos clases de derechos diferenciados, 1) de un lado los *derechos*

93 El listado del art. 8 de la vigente LCU muy parecido al listado de derechos del Programa Preliminar de la CEE de 1975 e idéntico del art. 2.1 de la derogada Ley de 1984.

básicos o esenciales, con sustantividad propia y una protección directa más eficaz), entre los que se encuentran el derecho a la salud, la seguridad y los intereses económicos; y 2) de otro, los *derechos instrumentales* –que se requieren para hacer efectivos los primeros–, que incluye al derecho a la información, educación y asociación[94].

No obstante, el derecho a la reparación de daños y perjuicios resulta de difícil adscripción a una categoría u otra, pues dependerá si se considera que tal derecho añade un nuevo ámbito de protección (sería esencial) o si se trata de un mecanismo de protección en vía resarcitoria del derecho a la salud, a la seguridad o a los intereses económicos (en cuyo caso sería considerado instrumental).

Otra clasificación de estos derechos los distingue entre: a) derechos debidos por los poderes públicos a todo el pueblo, que habrían de ser reconocidos y amparados por l as *normas de derecho público*; y b) l os derechos del consumidor individual, la protección debida a cada consumidor en sus actos y contratos, protección que centra en *normas de derecho privado*, manifestándose sobre todo en normas sobre la contratación[95].

La doctrina diferencia, en la protección de estos derechos económicos: a) intereses de *carácter primario* como los derechos a la salud, la seguridad y la información del consumidor; y b) i ntereses *carácter secundario*, de segundo grado o derecho de resarcimiento, de contenido económico[96].

Pero, también se ha distinguido entre: a) la *acción tutelar directa* del consumidor, como conjunto de medidas dirigidas a garantizar la defensa de la salud, la seguridad y los intereses económicos de los consumidores; y b) la *acción tutelar indirecta* que se basa en el fomento de las asociaciones de consumidores, así como la educación y representación de éstos.

---

[94] BERCOVITZ RODRÍGUEZ-CANO, A., «La protección de los consumidores, la Constitución española y el Derecho mercantil», en Alberto y Rodrigo BERCOVITZ, *Estudios jurídicos sobre protección de los consumidores*, Madrid, 1987 pá g. 26. BERCOVITZ RODRÍGUEZ-CANO, A., «La protección de los consumidores, la Constitución española y el Derecho mercantil», en Alberto y Rodrigo BERCOVITZ, *Estudios jurídicos sobre protección de los consumidores*, Madrid, 1987 pág. 26.

[95] DE CASTRO Y BRAVO, F., «Notas sobre las limitaciones intrínsecas de la autonomía de la voluntad. La defensa de la competencia. El orden público. La protección del consumidor», *Anuario de Derecho Civil*, 1982, Vol. IV, págs. 987 y ss.

[96] DUQUE, Justino, «La protección de los derechos económicos y sociales en la Ley General para la Defensa de los Consumidores», *Estudios sobre Consumo* nº 3, 1984, p. 52.

3. Eficacia jurídica de los derechos básicos del consumidor

Examinado el enunciado contenido del artículo 8 LCU cabe preguntarse por la eficacia, si es que la tiene, que se puede atribuir a estos derechos, habiendo llegando la doctrina a algunas conclusiones interesantes[97] que se resumen en las siguientes líneas.

3.1. Como principios rectores. Siendo claro que casi todos los «derechos básicos» de la LCU ya estaban reconocidos en el artículo 51 CE, habrá que convenir que, una vez «legalizados» gozarán de la eficacia normativa que se desprende de tal precepto constitucional, pues, como todos los recogidos en el artículo 39 y siguientes de la CE, funcionan como «principios rectores de la política social y económica» y su eficacia como derechos básicos procede más del hecho de hallarse consagrados en la CE que por haber sido enunciados en la LCU.

La eficacia de los principios rectores reconocidos constitucionalmente, en ausencia de normas que lo desarrollen, suponen, según el artículo 53 CE que habrá de *informar la práctica judicial y la actuación de los poderes públicos*, aunque no llegando tampoco al carácter de derecho subjetivos.

Realmente podrían situarse en una *posición intermedia*, de manera que, aunque *no constituyan derechos subjetivos* directamente accionables ante los tribunales ordinarios (salvo cuando una norma de desarrollo lo reconozca de manera expresa), pero sí que *pueden ser alegados* en cualquier proceso judicial dirigido a lograr la tutela jurídica de otro derecho subjetivo que sí está reconocido por la ley o un interés legítimo digno de protección legal.

3.2. Carácter programático. También se viene atribuyendo al listado del artículo 8 LCU un marcado carácter programático, lo que implica que:

1) para alcanzar su plena eficacia precisan de un *desarrollo normativo*;

2) a través de estos derechos se establecen los objetivos a conseguir por una *política de protección* jurídica de los consumidores, indicándose, de una parte, el programa a seguir, y de otra, los mecanismos para conseguirlo; y

3) proporcionan un *marco de referencia* teórica a las actuaciones de los poderes públicos dirigidas a conseguir tales objetivos y a sus concretas plasmaciones normativas.

La lógica consecuencia de lo expuesto determina que diversas normas

---

[97] MARTÍNEZ DE AGUIRRE Y ALDAZ, C., *ob. cit.* pág. 49.

estatales y autonómicas ha puesto en práctica el desarrollo efectivo de los derechos reconocidos constitucional y legalmente.

Así, el derecho a la protección de la salud y seguridad se traduce, generalmente, en la aprobación y publicación de muchas reglamentaciones administrativas de carácter técnico, dirigidas a los fabricantes de ciertos productos (alimentos, limpieza, medicamentos o juguetes, por ejemplo), reglamentaciones que protegen de manera efectiva la salud o la seguridad pero que no e ngendran derechos subjetivos a su favor que puedan sean exigibles al empresario.

Pero además, también se están desarrollando numerosas disposiciones, en diversos sectores donde se hace más necesaria la protección del consumidor como condiciones generales de la contratación, crédito al consumo[98], viajes combinados, comercio minorista, aprovechamiento por turno de bienes inmuebles, entre otras; unas veces con rango legal como las citadas y otras de carácter meramente reglamentario, que desarrollan con detalle los derechos reconocidos en el artículo 8 LCU convirtiéndolos en derechos subjetivos, plenamente exigibles por el consumidor ante los tribunales.

3.3. Protección prioritaria en los «bienes de uso común». La LCU además del reconocimiento de los derechos del consumidor, pretende establecer una protección especial, de carácter preferente, cuando el consumo se refiera bienes o servicios de uso habitual o común por parte de los ciudadanos que tengan la cualidad de consumidores.

El artículo 9 LCU, sobre «Bienes y servicios de uso común», establece que «los poderes públicos protegerán prioritariamente los derechos de los consumidores y usuarios cuando guarden relación directa con bienes o servicios de uso o consumo común, ordinario y generalizado».

La propia LCU se refiere a los bienes de uso o consumo común, ordinario o generalizado en el apartado «a» de su artículo 43 sobre la «cooperación en materia de control de la calidad» y, además, se remite a la legislación anterior, declarando vigente algunos preceptos sobre a) la regulación del régimen de *bienes de primera necesidad*; b) el derecho de las asociaciones de consumidores al beneficio de *justicia gratuita* en los procesos judiciales

---

[98] AGUIRREZABAL GRÜNSTEIN, Maite [et al.], *Protección de los consumidores e inversores, arbitraje y proceso*, editorial Reus, Madrid, 2009; ÁLVAREZ VEGA, María Isabel, *La protección jurídica del consumidor sobreendeudado e insolvente*, Civitas, Madrid 2010.

acerca de estos productos; y c) especial régimen de *responsabilidad civil* respecto de bienes y servicios de consumo o uso masivo[99].

Sigue vigente, además, el Real Decreto 1507/2000, de 1 de septiembre[100], por el que se actualizan los catálogos de productos y servicios de uso o consumo común, ordinario y generalizado y de bienes de naturaleza duradera, a efectos del artículo 8 LCU[101], en cuyo Anexo I contiene una relación extensa de estos bienes y servicios[102].

---

[99] Disposición Transitoria Segunda LCU 2007. «Productos de naturaleza duradera. En tanto no se concreten por el Gobierno los productos de naturaleza duradera, se entenderá que tales productos son los enumerados en el anexo II del Real Decreto 1507/2000, de 1 de septiembre, por el que se actualizan los catálogos de productos y servicios de uso o consumo común, ordinario y generalizado y de bienes de naturaleza duradera, a efectos de lo dispuesto, respectivamente, en los *artículos 2, apartado 2, y 11, apartados 2 y 5*, de la Ley General para la Defensa de los Consumidores y Usuarios (de 1984) y normas concordantes».

[100] Si bien ha sido actualizado por la Orden SCO/453/2008, de 14 de febrero, por la que se modifica el Real Decreto 1507/2000, de 1 de septiembre, por el que se actualizan los catálogos de productos y servicios de uso o consumo común, ordinario y generalizado y de bienes de naturaleza duradera.

[101] *BOE* núm. 219, de 12 de septiembre de 2000.

[102] «*A. Productos alimenticios y alimentarios*: 1. Carnes frescas. 2. Carnes de aves de corral. 3. Carnes de caza silvestre. 4. Carnes de conejo doméstico y de caza de granja. 5. Derivados cárnicos. 6. Pescados y derivados. 7. Mariscos, crustáceos, moluscos y derivados. 8. Huevos y ovoproductos. 9. Leche y derivados. 10. Aceite y demás grasas comestibles. 11. Cereales. 12. Leguminosas. 13. Tubérculos y derivados. 14. Harinas y derivados. 15. Hortalizas y verduras. 16. Frutas y derivados. 17. Edulcorantes naturales y derivados. 18. Salsas y demás condimentos y especias. 19. Café y demás alimentos estimulantes y derivados. 20. Conservas animales y vegetales. 21. Platos preparados, productos dietéticos y de régimen. 22. Agua y hielo. 23. Helados. 24. Bebidas no alcohólicas. 25. Bebidas alcohólicas. 26. Aditivos. *B. Productos no alimenticios:* 1. Medicamentos y productos sanitarios. 2. Productos de perfumería, cosméticos e higiene personal. 3. Abonos y fertilizantes de uso doméstico. 4. Flores, plantas y semillas de uso doméstico. 5. Plaguicidas de uso doméstico. 6. Disolventes, pegamentos, pinturas, barnices, tintes o similares. 7. Detergentes y productos de limpieza del hogar. 8. Instrumentos y material de óptica, fotografía, relojería y música. 9. Bisutería y monedas. 10. Herramientas, cuchillería, cubertería y otras manufacturas metálicas comunes, de uso doméstico. 12. Muebles, artículos de menaje, accesorios y enseres domésticos. 13. Aparatos eléctricos, electrotécnicos, electrónicos e informáticos, su software y accesorios de uso domésticos. 14. Vehículos automóviles, motociclos, velocípedos y accesorios. 15. Encendedores y cerillas. 16. Combustibles. 17. Bombonas de gas. 18. Juguetes, juegos, artículos para recreo y deportes. 19. Vivienda. 20. Artículos para vestido y calzado y sus accesorios. 21. Artículos de viaje. 22. Libros, revistas y periódicos. 23. Material didáctico o escolar. *C. Servicios:* 1. Servicios de suministros de agua, gas, electricidad y calefacción. 2. Arrendamiento de vivienda. 3. Servicios sanitarios: Médicos, hospitalarios, farmacéuticos y veterinarios. 4. Servicios de residencia y atención a personas mayores o con minusvalía. 5. Servicios de atención a la infancia y guarderías. 6. Transporte de servicio público. 7. Comunicaciones: Correos, teléfonos, telégrafos y otros servicios de telecomunicaciones que tengan incidencia directa

Tal norma reglamentaria es de aplicación de todo el territorio español, al dictarse en desarrollo de las competencias exclusivas del Estado en materia de materia de legislación procesal, mercantil y civil, de acuerdo con el artículo 149.1, apartados 6 y 8, de la Constitución.

Sin embargo, pese a las referencias a estos productos de uso o consumo generalizado, el citado catálogo del Real Decreto 1507/2000 contiene deficiencias notorias hasta el punto de ser ampliamente criticadas por lo que incluso no sería descabellado aconsejar la supresión y derogación del mismo dada la nula eficacia práctica de la «especial» protección.

4. Valoración crítica del listado de derechos básicos del consumidor

La valoración de la existencia de un c atálogo donde se enumeran los derechos básicos del consumidor, como la que se reconoce en el artículo 8 LCU, ha de ser, en principio, positiva, por cuanto es ventajoso disponer del mismo, aunque tenga cierto carácter programático, que ha de servir a los poderes públicos, en este caso regionales, para inspirar toda su política normativa y reglamentaria que pueda afectar al consumidor.

Sin embargo, es oportuno advertir que de bien poco servirá el mero reconocimiento de los derechos básicos que se contiene en el texto legal, si luego no s e establecen concretos y eficaces mecanismos de protección al consumidor desarrollando el ejercicio de tales derechos de manera que sean percibidos por aquél de manera palpable, no quedándose, como suele ocurrir muchas veces, en buenos principios, pues para la simple declaración, ya era suficiente el reconocimiento establecido en la legislación estatal.

---

en la prestación de servicios de uso general. 8. Enseñanza. 9. Servicios culturales. 10. Servicios de esparcimiento y deportes. 11. Servicios personales: Lavanderías, tintorerías y peluquerías. 12 S ervicios de limpieza y de recogida de basuras. 13. Servicios bancarios y financieros. 14. Seguros. 15. Turismo y hostelería. 16. Servicios de reparación, mantenimiento y garantía de aquellos bienes y servicios relacionados en el presente anexo que, por su naturaleza, puedan requerir de los mismos».

Capítulo IV. La protección de la salud y la seguridad

Sumario: 1. Planteamiento. 2. Derecho comunitario sobre salud y seguridad. 2.1. Los programas políticos de protección del consumidor. 2.2. Directivas comunitarias sobre salud y seguridad del consumidor. 2.3. Responsabilidad por los daños causados por productos defectuosos. 2.4. La prohibición de los productos de apariencia engañosa. 2.5. La seguridad general de los productos. 2.6. La seguridad de los productos importados. 3. La salud y la seguridad en la Constitución de 1978. 4. Contenido específico del derecho a la salud. 5. Contenido del derecho a la seguridad de los consumidores. 6. La protección de la salud en la Ley general de sanidad. 7. La protección de la salud y la seguridad en la LCU. 7.1. Deber general de seguridad. 7.2. Deber general de información de los riesgos. 7.3. Deberes específicos sobre salud y seguridad. 8. El Real Decreto de seguridad general de los productos. 8.1. Ámbito de aplicación. 8.2. Deberes de los productores. 8.3. Deberes de los distribuidores. 8.4. Otros deberes de productores y distribuidores. 8.5. Deberes de otros sujetos. 9. Reglamentos de bienes y servicios.

1. Planteamiento

Reconoce el artículo 51 CE el derecho a la protección de la salud y la seguridad de los consumidores y usuarios; además, la protección de la salud también se reconoce en el artículo 43 del propio texto constitucional. Este derecho se recogió en el artículo 2.1.a) de la derogada Ley 26/1984, de 19 de julio, General para la Defensa de los Consumidores y Usuarios, y ahora, se reconoce en el artículo 8 LCU y se desarrolla en sus artículos 11 al 16.

2. Derecho comunitario sobre salud y seguridad

La preocupación de las instituciones comunitarias por la defensa del derecho a la protección de la salud y la seguridad de los consumidores ha tenido, desde los orígenes del propio derecho comunitario, una importancia singular, pudiendo contemplarse desde dos planos diferentes: de una parte a través de la acción política, de carácter programático, y de otra, mediante las diversas normas comunitarias, sobre todo directivas, en las que se ha venido plasmando dicha política protectora, luego convertidas en leyes estatales.

2.1. Los programas políticos de protección del consumidor. En el ámbito comunitario, el Programa Preliminar de la CEE para una Política de Protección e Información de los Consumidores, aprobado mediante la Resolución del Consejo de las Comunidades Europeas el día 14 de abril de 1975[103], fue donde, por primera vez, se reconoce el carácter esencial de los derechos a la salud y la seguridad, al establecerse como objetivo primario asegurar la protección eficaz contra los riesgos susceptibles de afectar a la salud y seguridad de los consumidores. De manera expresa el Preámbulo de dicho texto considera que "la mejora cualitativa de las condiciones de vida

[103] Diario Oficial de las Comunidades Europeas *(DOCE)*, nº. 92, de 25 de abril de 1975.

es una de las misiones de la Comunidad que implica la protección de la salud, de la seguridad y de los intereses económicos del consumidor".

En este decisivo Programa Preliminar se fijaron una serie de principios y prohibiciones que deberían reflejarse en todas las actuaciones que se desarrollasen en esta materia por parte de las Administraciones públicas de los Estados miembros.

De otro lado, se configuró un régimen de protección especial para una serie productos que se consideraron de mayor interés entre los que se destacan los alimentos, detergentes, cosméticos, medicamentos, automóviles, textiles, juguetes, insecticidas, abonos, productos veterinarios y de nutrición animal, sustancias peligrosas y productos que pueden entrar en contacto con los alimentos[104].

Sin embargo, la realidad fue que este Primer Programa sólo sirvió para concienciar la población de los países miembros de la CEE, algo que, por otra parte, ya era un comienzo, razón por la que se elaboró el Segundo Programa para una Política de Protección e Información del Consumidor, aprobado mediante Resolución de 19 de mayo de 1981 del Consejo de Comunidades Europeas[105], que acordó proseguir los estudios iniciados sobre salud y seguridad en los productos ratificando el principio general de protección de la salud y la seguridad de los consumidores y usuarios[106].

La Resolución de 23 de junio de 1986 sobre futuras orientaciones de la política CEE para la protección y la promoción de los intereses de los consumidores de marcó como objetivo asegurar elevados niveles de protección en la salud y en la seguridad de los consumidores, incluyendo el *deseo* de que los bienes y servicios que se presten en el territorio de la CEE tengan el carácter de seguros.

---

[104] Apartado 16 del Anexo del citado Programa Preliminar de la Comunidad Económica Europea para una Política de Protección e Información de los Consumidores, en el que se determinó que estos sectores enumerados son los que «revisten una *importancia particular* para la protección de la salud y la seguridad de los consumidores».

[105] *DOCE*, núm. 133, de 3 de junio de 1975.

[106] La primera acción se contempla en el apartado 9 del Anexo de este Segundo Programa de la Comunidad Europea para una Política de Protección e Información de los consumidores, sobre Ejecución del Programa, es la: «Protección de los consumidores contra los riesgos que puedan afectar a su salud y seguridad», estableciéndose en los apartados 12 a 27 los principios de actuación, acciones prioritarias, armonización de legislaciones de los países miembros y mecanismos de intercambio de información, todo ello, en materia de los riesgos que puedan afectar a la salud y seguridad de los consumidores.

Mediante este Segundo Programa se establecieron las bases de la política comunitaria global de seguridad de los productos y que fueron:

a) Concretar una reglamentación con las exigencias que deben contener los productos en materia de seguridad y salud, propiciando la colaboración entre países miembros.

b) Establecer formas de intercambio de información entre los países de la CEE sobre medidas adoptadas sobre productos peligrosos.

c) Confeccionar una base de datos sobre accidentes ocasionados por productos peligrosos cuando afecten a bienes o servicios prestados al consumidor.

d) Propiciar campañas educativas y de información a los consumidores con la finalidad de prevenir los riesgos a los que se encuentra sometido.

Luego, la Comunidad Europea, ha venido trazando sus planes de actuación de protección de los consumidores mediante diversas resoluciones del Consejo, estableciendo la de 9 de noviembre de 1989, s obre futuras prioridades para el relanzamiento de la política de protección del consumidor[107], y luego a través del Plan Trienal de acción sobre la política de los consumidores para la etapa 1990-1992, determinadas propuestas normativas sobre seguridad de los productos y responsabilidad civil por los daños materiales que causen las prestaciones de servicios, disponiendo también reglamentaciones en el sector alimentario, en materia de medicamentos y sobre cosméticos.

Más tarde, la Resolución del Consejo de 13 de julio de 1992, s obre futuras prioridades del desarrollo de la política de protección de los consumidores[108] presentó el Plan de Acción 1993-1997, adoptó, en materia de salud y seguridad, algunas medidas concretas:

1) Incrementar la coordinación de las Administraciones de los países comunitarios en casos de emergencia donde pueda verse perjudicada la seguridad de los consumidores.

2) Armonizar las legislaciones de los Estados miembros en los sectores donde pueda verse afectada la salud y la seguridad de los consumidores.

3) Buscar la normalización de los productos en todo el territorio de la Comunidad, según la Organización Mundial para la Normalización (ISO).

---

[107] *DOCE*, núm. 294, de 22 de noviembre de 1989.

[108] *DOCE*, núm. 186, de 23 de julio de 1992.

El necesario recordar que, en el plano de la política comunitaria de protección de los consumidores, se ha acudido a los propios tratados constitutivos comunitarios que han sufrido diversas modificaciones que afectaron de manera decidida a la protección de la salud y la seguridad de los consumidores, considerando que esta materia se ha erigido como objetivo de las propuestas de la Comisión buscando un elevado nivel de protección de los consumidores y usuarios.

En el Acta Única Europea, firmada el 17 (en Luxemburgo) y el 28 (en La Haya) de febrero de 1986, y posteriormente, en el Tratado de Maastricht de 7 de febrero de 1992, se reflejaron los anteriores postulados.

El actual artículo 153.1 del Tratado de Roma, en su redacción aprobada por el Tratado de Ámsterdam, adoptado en esta ciudad el 2 de octubre de 1997, establece, como es sabido, que: «Para promover los intereses de los consumidores y garantizarles un *alto nivel de protección*, la Comunidad contribuirá a proteger *la salud, la seguridad* y los intereses económicos de los consumidores, así como a promover su derecho a la información, a la educación y a organizarse para salvaguardar sus intereses».

Desde un punto de vista crítico, si tuviéramos que enjuiciar de alguna manera esta actividad programática de las instituciones europeas cabría apuntar que, hasta la fecha, no se ofrece un panorama excesivamente alentador pues únicamente se preocupa de coordinar las metas propuestas pero sin lograr gran eficacia práctica, quizás debido a la falta de una Directiva europea que contenga la inmediata obligación de eliminar del mercado los bienes o servicios defectuosos, y también a la regulación sectorial descoordinada que se viene realizando, siendo también cierto que las organizaciones de consumidores participan bien poco en las decisiones que afectan a esta materia.

2.2. Directivas comunitarias sobre salud y seguridad del consumidor. Siendo evidente que aquella actividad política, de carácter programática, desplegada por las instituciones comunitarias, no ha surtido todos los efectos prácticos que hubieran sido deseables, no por ello ha sido completamente estéril, pues ha desembocado en la adopción de importantes instrumentos normativos concretos, en forma de Directivas del Consejo de las Comunidades Europeas, cuyo objetivo principal ha sido la armonización legislativa, por parte de los países miembros de la Comunidad, en materia de protección de la salud y seguridad del consumidor.

Las más importantes, y de gran repercusión, han sido la Directiva 85/374/CEE del Consejo, de 25 de julio de 1985; la Directiva 87/357/CEE del Consejo, de 25 de junio de 1987 s obre los productos de apariencia engañosa y la Directiva 2001/95/CE del Parlamento Europeo y del Consejo, de 3 de diciembre de 2001, relativa a la seguridad general de los productos. Estos instrumentos se glosan, escuetamente, en los siguientes epígrafes.

2.3. Responsabilidad por los daños causados por productos defectuosos. La Directiva 85/374/CEE del Consejo, de 25 de julio de 1985, es relativa a la aproximación de las disposiciones legales, reglamentarias y administrativas de los Estados miembros en materia de responsabilidad por los daños causados por produc tos defectuosos[109], más tarde modificada de forma parcial a través de la Directiva 1999/34/CE del Parlamento Europeo que alteró alguno de sus preceptos[110].

En esta norma se determina un *concepto de producto defectuoso* entendiendo por tal aquél que no ofrece la seguridad a la que legítimamente una persona tiene derecho[111]. Además, en esta Directiva se declara la *responsabilidad* del productor por los daños causados por los defectos de sus productos[112]; *definiendo al productor* como el que fabrica un producto, o una parte integrante del mismo y a quien se presente como productor en el etiquetado del mismo, siendo considerado productor el *suministrador* y también el *importador*, cuando aquéllos no pudieran ser identificados, salvo que informe acerca de quién se lo suministró una vez requerido para ello[113]; se establece la *obligación del perjudicado de probar* el daño, el defecto y el nexo causal entre el defecto y el daño[114]; se declara además la *responsabilidad solidaria* entre todos cuando sean varios los causantes del mismo[115]; y se determinan las *limitaciones de responsabilidad* y cuándo no cabe exigir responsabilidad alguna a los productores, aunque en tales casos se le imponen decisivas obligaciones probatorias[116].

Es decir, que la pretensión es el reconocimiento de una responsabilidad civil de carácter cuasi objetivo para el productor de un producto defectuoso,

---

[109] *DOL*, núm. 210, de 7 de agosto de 1985.
[110] En particular, el art. 2 y el 15.1.a).
[111] Artículo 2 de la Directiva 85/374/CEE.
[112] Artículo 1 de la Directiva 85/374/CEE.
[113] Artículo 3 de la Directiva 85/374/CEE.
[114] Artículo 4 de la Directiva 85/374/CEE.
[115] Artículo 5 de la Directiva 85/374/CEE.
[116] Artículo 7 de la Directiva 85/374/CEE.

o para el importador o el suministrador cuando no pueda identificarse al primero, imponiendo a los Estados miembros la obligación de establecer una regulación legal específica atendiendo lo dispuesto en tal régimen jurídico.

Las disposiciones recogidas en la Directiva 85/374/CEE, fueron introducidas en el derecho español, inicialmente, mediante la Ley 22/1994, de 6 de julio, de responsabilidad civil por los daños causados por productos defectuosos, que fue derogada, como se expuso al principio, e integrada, en el texto refundido de la LCU de 2007, en sus artículos 128 al 149.

2.4. La prohibición de los productos de apariencia engañosa. La Directiva 87/357/CEE del Consejo, de 25 de junio de 1987 se refiere a la aproximación de las legislaciones de los Estados miembros sobre los productos de apariencia engañosa que ponen en peligro la salud o la seguridad de los consumidores[117].

Mediante este instrumento comunitario se conmina a los Estados miembros a prohibir en sus legislaciones respectivas la comercialización, la importación la fabricación y la exportación de los productos que por su *apariencia engañosa* pongan en peligro la seguridad o la salud de los consumidores[118]. Los productos a los que se refiere dicha Directiva «son aquellos que, sin ser productos alimenticios, tengan una forma, un olor, un color, un aspecto, una presentación, un etiquetado, un volumen o un tamaño tales que sea previsible que los consumidores, en particular los niños, los confundan con productos alimenticios y por ello los lleven a la boca, los chupen o los ingieran pudiendo esta acción implicar riesgos de asfixia, de intoxicación, de perforación o de obstrucción del aparato digestivo»[119].

No sólo se exhorta a la prohibición en su normativa interna, antes expresada, sino que también se encomienda a los Estados miembros dos obligaciones concretas[120] en esta materia: la de realizar controles de los productos que se encuentren en el mercado para cerciorarse de que no se comercialicen los contemplados en el anterior precepto; y la de adoptar todas las medidas necesarias para que sus autoridades competentes retiren, o hagan retirar del mercado, cualquier producto de tales características.

---

[117] *DOL*, núm. 192, de 11 de julio de 1987.
[118] Artículo 2 de la Directiva 87/357/CEE.
[119] Artículo 1 de la Directiva 87/357/CEE.
[120] Artículo 3 de la Directiva 87/357/CEE.

Por lo que se refiere a la recepción en nuestro derecho interno, esta Directiva 87/357/CEE ha sido insertada en el Ordenamiento jurídico español a través del Real Decreto 820/1990, de 22 de junio, por el que se prohíbe la fabricación y comercialización de productos de *apariencia engañosa* que pongan en peligro la salud o la seguridad de los consumidores[121], cuyo artículo 1.1 establece una *prohibición general*: «se prohíbe la fabricación y comercialización, así como la importación y exportación de los productos que por su apariencia engañosa pongan en peligro la seguridad o la salud de las personas».

El *concepto legal* de *productos de apariencia engañosa* los identifica con «aquéllos que sin ser alimenticios, tienen una forma, un olor, un color, un aspecto, una presentación, un etiquetado, un volumen o un tamaño tales que sea previsible que los consumidores, en particular los niños, *los confundan con productos alimenticios*, y por ello los lleven a la boca, los chupen o los ingieran, pudiendo esta acción implicar riesgos de asfixia, de intoxicación, de perforación o de obstrucción del tubo digestivo»[122].

2.5. La seguridad general de los productos. La norma comunitaria vigente de carácter fundamental en esta materia es la Directiva 2001/95/CE del Parlamento Europeo y del Consejo, de 3 de diciembre de 2001, relativa a la seguridad general de los productos[123].

Se establece la *definición* comunitaria de *producto seguro* como:[124] «cualquier producto que, en condiciones de utilización normales o razonablemente previsibles, incluidas las condiciones de duración y, si procede, de puesta en servicio, instalación y de mantenimiento, no presente *riesgo* alguno o únicamente riesgos mínimos, compatibles con el uso del producto y considerados *admisibles* dentro del respeto de un nivel elevado de protección de la salud y de la seguridad de las personas, habida cuenta, en particular, de los siguientes *elementos*:

I) características del producto, entre ellas su composición, envase, instrucciones de montaje y, si procede, instalación y mantenimiento;

---

[121] Boletín Oficial del Estado *(BOE)*, núm. 153, de 27 de junio de 1990.

[122] Artículo 1.2 del Real Decreto 820/1990, de 22 de junio.

[123] Sustituye a la anterior Directiva 92/59/CEE, del Consejo de las Comunidades Europeas, de 29 de junio de 1992, sobre Seguridad de los Productos, que fue introducida en el ordenamiento jurídico español mediante el Real Decreto 44/1996, de 19 de enero, por el que se adoptan medidas para garantizar la seguridad general de los productos puestos a disposición del consumidor (derogado éste por el vigente Real Decreto 1801/2003).

[124] Artículo 2 b) de la Directiva 2001/95/CE.

II) efecto sobre otros productos cuando razonablemente se pueda prever la utilización del primero junto con los segundos;

III) presentación del producto, etiquetado, posibles avisos, instrucciones de uso y eliminación, así como cualquier otra indicación o información relativa al producto;

IV) categorías de consumidores que estén en condiciones de riesgo en la utilización del producto, en particular los niños y las personas mayores».

Se considerará «producto peligroso» el que no responda a tal definición.

La Directiva 2001/95/CE se desarrolla, dentro del ordenamiento interno español, en los artículos 11 a 16 de la LCU de 2007 y con más detalle a través del Real Decreto 1801/2003, de 26 de diciembre, sobre seguridad general de los productos (en adelante, RD 1801/2003)[125].

2.6. La seguridad de los productos importados. Ha de tenerse en cuenta el Reglamento CEE 339/93 del Consejo, de 8 de febrero de 1993, relativo a los controles de conformidad de productos importados de terceros países ajenos a la Europa comunitaria, respecto a las normas aplicables en materia de seguridad de los productos dentro del mercado comunitario.

Las autoridades aduaneras de los países comunitarios: «*suspenderán el levantamiento* –transporte y distribución– del producto, o del lote de productos, de que se trate e informarán sin demora a las autoridades nacionales competentes en materia de vigilancia del mercado», cuando «en el marco de los controles que efectúen sobre las mercancías declaradas para su despacho a libre práctica, aquellas autoridades comprueben:

a) «la presencia de un producto, o de un lote de productos, con características que puedan suscitar serias *sospechas en cuanto a la existencia de un peligro grave* e inmediato para la salud o la seguridad en caso de utilización del producto en condiciones normales y previsibles», y/o

b) «la *falta de un documento* que deba acompañar a un producto, o a un lote de productos, o la falta de un marcado, previstos por las normas comunitarias o nacionales aplicables *en materia de seguridad* de los productos y vigentes en el Estado miembro en que se solicite el despacho –para– a libre práctica»[126].

---

[125] *BOE* número 9, de 10 de enero de 2004.

[126] Artículo 2 del Reglamento CEE 339/93.

3. La salud y la seguridad en la Constitución de 1978

Como es bien sabido la Constitución española reconoce la protección de la salud en dos preceptos diferentes, de un lado, el artículo 51, qu e la configura como derecho legal básico contra los riesgos, o derecho a la salud y a la seguridad del consumidor, cuyo ámbito de aplicación tan sólo alcanza a los consumidores y usuarios que tengan tal consideración legal en virtud del concepto general que se establece en el artículo 3 de la vigente LCU.

De otro lado, también el art. 43 CE reconoce expresamente el derecho a la protección de la salud, reconocido como el derecho a las prestaciones básicas, con carácter gratuito, de asistencia sanitaria, cuya esfera de protección se extiende a toda la población, cuyo tenor indica:

«1. Se reconoce el derecho a la protección de la salud.
2. Compete a los poderes públicos organizar y tutelar la salud pública a través de medidas preventivas y de las prestaciones y servicios necesarios. La ley establecerá los derechos y deberes de todos al respecto.
3. Los poderes públicos fomentarán la educación sanitaria, la educación física y el deporte. Asimismo facilitarán la adecuada utilización del ocio».

Estos dos preceptos constitucionales (51.1 y 43), que son parte de los *Principios rectores de la política económica y social* que informan la actuación de los poderes públicos (art. 53.3 C E), han sido desarrollados legislativamente mediante dos importantes leyes de carácter estatal:

a) la LCU (arts. 11-16) desarrolla el derecho a la salud del art. 51 CE; y
b) la Ley 14/1986, de 25 de abril, General de Sanidad (LGS) vigente, que ha hecho lo propio con el art. 43 CE;
c) las Comunidades Autónomas han promulgado leyes autonómicas sobre salud y seguridad en sus respectivos ámbitos territoriales.

Con carácter clarificador, el artículo 1 LGS declara expresamente que el *principal objetivo* de dicha norma es «la regulación general de todas las acciones que permitan hacer efectivo el derecho a la protección de la salud reconocido en el artículo 43 y concordantes de la Constitución», derecho que también se reconoce en el artículo 51.1 CE, por lo que ambos preceptos constitucionales (43 y 51.1), y las leyes que lo desarrollan (LGS y LCU), se hayan conectados estrechamente, puesto que tales instrumentos tienen la misma finalidad, la protección de la salud de las personas.

Pero no se agota en estos artículos la preocupación de la Constitución por la salud, sino que también reconoce aspectos concretos relacionados directamente con la salud y la seguridad en *otros preceptos*, entre ellos:

a) el art. 45.2, referido a la protección y mejora de la calidad de vida;
b) el art. 50, sobre el derecho al bienestar de las personas de la tercera edad atendiendo sus problemas específicos de salud; o
c) el art. 15, sobre el derecho a la vida y a la integridad física y moral.

Es preciso recordar que *la salud es un bien absoluto* por lo que los consumidores que exijan su protección podrán invocar en su defensa, no sólo el artículo 51 CE, sino también, el artículo 43 CE que excede, con mucho, del estricto ámbito de aplicación de la LCU, pues dicho artículo equipara la noción de consumidor del servicio de salud a la de ciudadano. Es decir, que en materia de protección de la salud y la seguridad, se produce una ampliación del concepto de consumidor, identificándose con el de ciudadano pues quedarían protegidas todas las personas. Por otra parte, la doctrina ha establecido algunas acerca del tratamiento constitucional del específico derecho la protección de la salud[127].

4. Contenido específico del derecho a la salud

Se viene sosteniendo que un c oncepto amplio de salud podría aproximarse al que fue establecido por la OMS de un «estado completo de bienestar, físico, mental y social»[128], por lo que la protección al consumidor en esta materia podría ser el «derecho a gozar de tal estado, o m ejor, a disponer de la mayor protección posible para lograr tal situación, sin que ella pueda, en el estado actual de la ciencia y de la técnica, garantizarse de manera absoluta».

---

[127] Las *conclusiones doctrinales* advertidas han sido: 1º. Se entiende que estamos ante un derecho y una defensa de la salud pública desde un punto de vista muy amplio. 2º. La protección de la salud tiene un carácter de universalidad, es decir, es un derecho que se reconoce a todos los ciudadanos, sin exclusión. 3º. El reconocimiento del derecho se hace desde la más absoluta igualdad jurídica, pues a todos por igual se garantiza el derecho a la protección de su salud. 4º. Se optado por encomendar al legislador que determine el exacto contenido de la asistencia sanitaria, sin que la CE haya querido delimitarlo (GONZÁLEZ MORÁN, L., «Introducción al Derecho a la asistencia sanitaria», en J. GAFO (coordinador), *El derecho a la asistencia sanitaria y la distribución de recursos*, Madrid, 1999.

[128] La Organización Mundial de la Salud (OMS) viene a *definir la salud* adoptando el concepto aprobado en la Conferencia Internacional de la Salud celebrada en Nueva York en julio de 1946: «la salud es un estado de completo bienestar físico, mental y social, y no solamente la ausencia de enfermedades y dolencias».

Ello significa que la salud *no puede entenderse como un derecho subjetivo* de los que se pueden reclamar directamente ante los tribunales de justicia, sino más bien el derecho a exigir la protección de los riesgos que puedan amenazarla, es decir, el derecho del ciudadano a ser protegido frente a los ataques, de cualquier índole, que puedan producirse contra su salud, teniendo, en tal caso, un carácter preventivo.

Por su parte, el contenido del *derecho a la salud* que reconoce el art. 43.1 CE es *diferente de la obligación* que tienen encomendados los poderes públicos, por mandato constitucional, de *proteger la salud* de los ciudadanos ordenado en el art. 43.2 CE. También el derecho a la salud es diferente del derecho a la *asistencia médica*, reconocido a todos los ciudadanos en el mismo art. 43.2 CE, pues es el derecho a la salud, como *derecho a no sufrir atentados contra la misma*, está reconocido tan sólo a los consumidores en el art. 51 CE.

La protección de la salud que garantiza la CE ha de contener tanto la adopción de las medidas preventivas para gozar de buena salud, como la más amplia asistencia médica para recuperar la salud cuando se pierda, y también el deber del Estado de impedir que ningún ciudadano pueda sufrir alguna alteración de la salud como consecuencia del uso o c onsumo de productos.

Se ha expresado una diferencia importante en esta materia al definirse la salud, de una parte, como estado de plenitud psicofísica o como óptimo vital de las personas, que señala el objetivo al que deben encaminarse las acciones públicas en la materia; y por otra parte, la salud como estado de normalidad orgánica y funcional, tanto en lo físico como en lo mental, que permite una integración social a través de una actividad de trabajo y de relación, y que reclama la protección defensiva por el derecho[129].

Si bien las normas sobre protección de los consumidores tan sólo alcanzan, en la mayoría de los casos, tan sólo a quienes tengan la condición jurídica de tales[130], sin embargo, las específicas sobre la salud alcanzan a

[129] PEMÁN GAVIN, J., *Derecho a la salud y la Administración sanitaria*, Bolonia, 1989, pág. 31.

[130] El artículo 3 LCU restringe la condición jurídica de consumidor únicamente a «las personas físicas o jurídicas que actúan en un *ámbito ajeno a una actividad empresarial* o profesional».

totalidad de las personas[131], por ello, la noción de consumidor, en estos casos, viene a coincidir con la de ciudadano, produciéndose una universalización subjetiva de la protección de la salud[132].

Se ha definido la *salud pública* como «la ciencia y el arte de: primero, impedir las enfermedades; segundo, prolongar la vida, y, tercero, fomentar la salud y la eficiencia mediante el esfuerzo realizado de la Comunidad para el saneamiento del medio; el control de las enfermedades transmisibles; la educación de los individuos en higiene personal; la organización de los servicios médicos y de enfermería para el diagnóstico temprano y el tratamiento preventivo de las enfermedades, y el desarrollo de un mecanismo social que asegure a cada uno un nivel de vida adecuado para la conservación de la salud, organizando estos beneficios de modo que cada ciudadano se encuentre en términos de gozar de su derecho natural a la salud y a la longevidad»[133].

5. Contenido del derecho a la seguridad de los consumidores

De otro lado, aunque no puede dudarse la evidente conexión que tiene la seguridad con la salud en los textos normativos de protección a los consumidores, y que algún caso en tales normas pueden llegar a confundirse ambos conceptos, lo cierto es que se trata de dos figuras diferentes. La propia LCU en su artículo 8 a), menciona literalmente «salud o seguridad», dando a entender que se trata de los mismos conceptos.

Sin embargo, el artículo 51 CE, y también, tanto el Programa Preliminar de 1975, c omo el Segundo Programa de la CEE para una Política de Protección e Información de los Consumidores de 1981, distinguen expresamente la salud y la seguridad, mencionándolos por s eparado, quedando claro que se trata de bienes jurídicos diferentes aunque referidos ambos a la integridad de la persona.

---

[131] El artículo 1.2 LGS toma como destinatario de las normas sobre protección de la salud y beneficiarios de las mismas a *todas las personas*.

[132] BERCOVITZ RODRÍGUEZ-CANO, A., «La protección de los legítimos intereses económicos de los consumidores», en Alberto y Rodrigo BERCOVITZ, *Estudios jurídicos sobre protección de los consumidores*, Tecnos, Madrid, 1987 págs. 142-145.

[133] Esta definición de WINSLOW fue invocada en los debates parlamentarios constitucionales como consecuencia de la elaboración del artículo 43.2 según expresa GONZÁLEZ MORÁN, L, «Protección de la salud y la seguridad de los consumidores y usuarios», en VV.AA, «Protección de la salud y de la seguridad de los consumidores y usuarios», en *Derechos de los consumidores y usuarios*, coordinado por A. DE LEÓN ARCE y L.Mª. GARCÍA GARCÍA, Valencia, 2000, pág. 679.

El artículo 51 CE habla expresamente de «consumo o uso seguros», por lo que no cabe duda se está refiriendo a un concepto de seguridad física y material, es decir, que el contenido de este derecho estará determinado por el principio de previsibilidad del riesgo cuya principal misión, a efectos de otorgar una adecuada protección, será dotar a los consumidores de gran confianza de manera que los productos o servicios ofrecidos en el mercado no ofrezcan riesgos para la salud.

El contenido del derecho a la seguridad a la que se refiere este derecho básico del consumidor, *persigue un uso o consumo seguro*, de manera que las personas han de ser conscientes de que los servicios o bienes que se ponen a su disposición, en condiciones normales, siguiendo sus instrucciones e indicaciones, y *haciendo un correcto uso o consumo* de ellos, no pueden llevar aparejado, bajo ningún concepto, riesgo alguno para su integridad física ni para su salud.

Parece, por tanto, que la seguridad en el consumo de bienes o en el uso de servicios va referida *más bien a su aspecto preventivo* respecto de la protección de la salud e integridad física de los consumidores y usuarios.

La *seguridad*, se ha dicho, debe ser entendida como seguridad física y material, que viene a ser, en definitiva, un *principio de previsibilidad del riesgo*[134], por ello, esta referencia a un uso o consumo seguros, no puede significar, en ningún caso, riesgo para la salud o integridad física del consumidor y se refiere al *aspecto preventivo* de la salud e integridad física de los consumidores o usuarios[135].

Algún sector doctrinal también ha aportado algún *concepto diferente de seguridad*, más bien referido a la regulación del funcionamiento del mercado interior, relativo a la regularidad y la normalidad en el abastecimiento de bienes y servicios a la población, que harían posible un consumo o uso seguro, lo que debería ser garantizado por una política abastecimiento mínimos por parte de los poderes públicos[136].

---

[134] QUINTELA GONÇÁLVEZ, Mª T., *La protección de los consumidores y usuarios y la Constitución española de 1978,* Madrid, 1986, pág. 99.

[135] GARCÍA AMIGO, M., «La defensa de los consumidores desde el Derecho Privado», *Revista de Derecho Privado*, mayo 1985, pág. 399.

[136] CAZORLA PRIETO, L., «Comentario al artículo 51», en *Comentarios a la Constitución* (dir. F. Garrido Falla), Madrid, 1980, pág. 856.

6. La protección de la salud en la Ley general de sanidad

Como ya se anticipó, los ciudadanos que tengan la condición jurídica de consumidores disponen de dos vías, con amparo constitucional y legal diferente, para reclamar la protección de su salud: la del art. 51 CE que desarrolla la LCU, y la del art. 43 CE que se materializa mediante la LGS.

El artículo 1.1 LGS expresa que la misma «tiene por objeto la regulación general de todas las acciones que permitan hacer efectivo el derecho a la protección de la salud reconocido en el artículo 43 y concordantes de la Constitución». El apartado 2 determina que «son titulares del derecho a la protección de la salud y a la atención sanitaria todos los españoles y los ciudadanos extranjeros que tengan establecida su residencia en el territorio nacional», lo que supone, como se ha dicho, la práctica universalización subjetiva del derecho a la protección de la salud. Este extremo se aclara aún más en el artículo 3.2 LGS al decir que: «la asistencia sanitaria pública se extenderá a toda la población española».

Y el artículo 3.1 LGS determina que «los medios y actuaciones del sistema sanitario estarán orientados prioritariamente a la promoción de la salud y a la prevención de la enfermedad», añadiendo el apartado 3 que el «acceso y las prestaciones sanitarias se realizarán en condiciones de igualdad» y, finalmente, el apartado 4, que «la política de salud estará orientada a la superación de los desequilibrios territoriales y sociales».

Por otra parte, el artículo 6 LGS especifica los objetivos hacia los que se orientarán las actuaciones de las Administraciones públicas sanitarias[137] y el artículo 26 LGS autoriza, en casos de riesgo extraordinario para la salud, a las Autoridades Sanitarias a adoptar medidas preventivas gran trascendencia para evitar o a minorar daños en la salud de los ciudadanos[138], debiendo tenerse en cuenta, para llevar a cabo tales medidas preventivas de los riesgos

[137] Tales *objetivos* tenderán a: 1º. La promoción de la salud. 2º. Promover el interés individual, familiar y social por la salud mediante la adecuada educación sanitaria de la población. 3º. Garantizar que cuantas acciones sanitarias se desarrollen estén dirigidas a la prevención de las enfermedades y no sólo a la curación de las mismas. 4º. Garantizar la asistencia sanitaria en todos los casos de pérdida de la salud. 5º. Promover las acciones necesarias para la rehabilitación funcional y reinserción social del paciente.

[138] Establece el precepto las siguientes *medidas*: 1ª. La incautación e inmovilización de los productos peligrosos para el consumo. 2ª. La suspensión de actividades peligrosas o el cierre temporal de empresas. 3ª. La intervención de medios materiales y personales para atender situaciones graves. 4ª. Otras medidas que estén sanitariamente justificadas para proteger la salud de los ciudadanos.

contra la salud una serie de principios de actuación[139].

7. La protección de la salud y la seguridad en la LCU

7.1. Deber general de seguridad. El artículo 11 LCU establece la obligación general de seguridad de todos los productos al determinar que: «los bienes o servicios puestos en el mercado d*eben ser seguros*».

Se *definen como seguros* «los bienes o servicios que, en condiciones de uso normales o razonablemente previsibles, incluida su duración, no presenten riesgo alguno para la salud o s eguridad de las personas, o únicamente los riesgos mínimos compatibles con el uso del bien o servicio y considerados admisibles dentro de un nivel elevado de protección de la salud y seguridad de las personas»[140].

7.2. Deber general de información de los riesgos. Se impone a los empresarios, también, una obligación general de información a los consumidores y usuarios sobre los riesgos de los bienes o servicios.

Así, «los empresarios pondrán en conocimiento previo del consumidor y usuario, por medios apropiados, *los riesgos* susceptibles de provenir de una *utilización previsible* de los bienes y servicios, habida cuenta de su naturaleza, características, duración y de las personas a las que van destinados»[141].

Además, los *productos químicos* y todos los artículos que en su composición lleven sustancias clasificadas como peligrosas «deberán ir envasados con las debidas garantías de seguridad y llevar de forma visible las oportunas indicaciones que adviertan el riesgo de su manipulación»[142].

---

[139] Tales *principios de actuación* son: a) Preferencia de la colaboración voluntaria con las autoridades sanitarias. b) No se podrán ordenar medidas obligatorias que conlleven riesgo para la vida. c) Las limitaciones sanitarias deberán ser proporcionadas a los fines que en cada caso se persigan. d) Se deberán utilizar las medidas que menos perjudiquen al principio de libre circulación de las personas y de los bienes, la libertad de empresa y cualesquiera otros derechos afectados.

[140] Artículo 11.2 LCU. Ello supone que *riesgo permitido* será el riesgo asumible y, por tanto, el que ha de soportarse necesariamente, incluyéndose aquellos riesgos previsibles que se deriven del uso o consumo de bienes y servicios, en condiciones normales, cuando: a) los riesgos estén previstos en los reglamentos; b) sean admitidos como usuales; c) los venga asumiendo la costumbre, a tenor del art. 1.3 CC.

[141] Artículo 12.1 LCU.

[142] Artículo 12.2 LCU.

*7.3. **Deberes específicos sobre salud y seguridad***. Se añaden en el artículo 13 LCU otras obligaciones específicas para la protección de la salud y seguridad de los consumidores y usuarios.

Todo *empresario* que intervenga en la puesta a disposición de bienes y servicios a los consumidores y usuarios estará obligado, dentro de los límites de su actividad respectiva, a *respetar las siguientes reglas*:

a) La prohibición de tener o almacenar productos reglamentariamente no permitidos o prohibidos, en los locales o instalaciones de producción, transformación, almacenamiento o transporte de alimentos o bebidas.

b) El mantenimiento del necesario control para que pueda comprobarse con rapidez y eficacia el origen, distribución, destino y utilización de los bienes potencialmente inseguros, los que contengan sustancias clasificadas como peligrosas o los sujetos a obligaciones de trazabilidad.

c) La prohibición de venta a domicilio de bebidas y alimentos, sin perjuicio del reparto, distribución o suministro de los adquiridos o encargados por los consumidores y usuarios en establecimientos comerciales autorizados para venta al público, y del régimen de autorización de ventas directas a domicilio que vengan siendo tradicionalmente practicadas en determinadas zonas del territorio nacional.

d) El cumplimiento de la normativa de las entidades locales y las comunidades autónomas sobre los casos, modalidades y condiciones en que podrá efectuarse la venta ambulante de bebidas y alimentos.

e) La prohibición de suministro de bienes que carezcan de las marcas de seguridad obligatoria o de los datos mínimos que permitan identificar al responsable del bien.

f) La obligación de retirar, suspender o recuperar de los consumidores, mediante procedimientos eficaces, cualquier bien o servicio que no se ajuste a las condiciones y requisitos exigidos o que, por cualquier otra causa, suponga un riesgo previsible para la salud o seguridad de las personas.

g) La prohibición de importar productos que no cumplan lo establecido en esta norma y disposiciones que la desarrollen.

h) Las exigencias de control de los productos manufacturados susceptibles de afectar a la seguridad física de las personas, prestando a este respecto la debida atención a los servicios de reparación y mantenimiento.

i) La prohibición de utilizar ingredientes, materiales y demás elementos susceptibles de generar riesgos para la salud y seguridad de las personas. En particular, la prohibición de utilizar tales materiales o elementos en la construcción de viviendas y locales de uso público.

8. El Real Decreto de seguridad general de los productos

8.1. Ámbito de aplicación. Al margen de otros antecedentes, el citado Real Decreto 1801/2003, de 26 de diciembre, sobre seguridad general de los productos (en adelante, RD 1801/2003), que determina los deberes para garantizar la seguridad general de los productos.

El objetivo del RD 1801/2003, según su art. 1 es: «garantizar que los productos que se pongan en el mercado *sean seguros*» y se aplicarán a «todo producto destinado al consumidor, incluidos los ofrecidos o pu estos a disposición de los consumidores en el marco de una prestación de servicios para que éstos los consuman, manejen o ut ilicen directamente o que , en condiciones razonablemente previsibles, pueda ser utilizado por e l consumidor aunque no le esté destinado, que se le suministre o se ponga a su disposición, a título oneroso o gratuito, en el marco de una actividad comercial, ya sea nuevo, usado o reacondicionado».

No obstante, cuando para un produ cto exista una *normativa específica* que tenga el mismo objetivo y que regule su seguridad, el RD 1801/2003 sólo se aplicará con *carácter supletorio* a aquellos riesgos, categorías de riesgos o aspectos no regulados por dicha normativa.

8.2. Deberes de los productores. Como primera obligación, «los productores tienen el deber de poner en el mercado *únicamente productos seguros*». Además *deben informar* «a los consumidores o us uarios por medios apropiados de los riesgos que no sean inmediatamente perceptibles sin avisos adecuados y que sean susceptibles de provenir de una utilización normal o pre visible de los productos, habida cuenta de su naturaleza, sus condiciones de duración y las personas a las que van destinados»[143].

Además, «dentro de los límites de sus respectivas actividades y en función de las características de los productos, *los productores deberán*[144]:

1. Mantenerse informados de los riesgos que dichos productos puedan presentar e informar convenientemente a los distribuidores. Con este fin, registrarán y estudiarán aquellas reclamaciones de las que pudiera deducirse la existencia de un riesgo y, en su caso, realizarán pruebas por muestreo de

[143] Artículo 4 RD 1801/2003.
[144] Artículo 5 RD 1801/2003.

los productos comercializados o establecerán otros sistemas apropiados.

2. Cuando la forma de cumplir este deber esté determinada *en los reglamentos específicos*, se estará a lo que éstos prevean.

3. Cuando descubran o tengan indicios suficientes de que han puesto en el mercado productos que presentan para el consumidor riesgos incompatibles con el deber general de seguridad, *adoptar*, sin necesidad de requerimiento de los órganos administrativos competentes, las *medidas adecuadas para evitar los riesgos*, incluyendo informar a los consumidores mediante, en su caso, la publicación de avisos especiales, retirar los productos del mercado o recuperarlos de los consumidores.

4. Indicar, en el producto o en su envase, los *datos de identificación* de su empresa y de la referencia del producto o, si procede, del lote de fabricación, salvo en los casos en que la omisión de dicha información esté justificada. Los datos que se relacionan con el lote de fabricación deberán conservarse por el productor, para cualquier producto, durante tres años. En los productos con fecha de caducidad o consumo preferente, este plazo podrá reducirse al de un año a partir del final de esa fecha».

8.3. Deberes de los distribuidores. Los distribuidores deberán distribuir *sólo productos seguros*, por l o que *no suministrarán productos* cuando sepan, o debieran saber, por la información que poseen y como profesionales, que no cumplen tal requisito.

Los distribuidores deberán *actuar con diligencia* para contribuir al cumplimiento de los requisitos de seguridad aplicables, en particular, durante el almacenamiento, transporte y exposición de los productos.

Y finalmente, «dentro de los límites de sus actividades respectivas, *participarán en la vigilancia de la seguridad* de los productos puestos en el mercado, en concreto, de las siguientes maneras[145]:

1. *Informando* a los órganos administrativos competentes y a los productores sobre los riesgos de los que tengan conocimiento.

2. *Conservando*, durante un plazo de tres años después de haber agotado las existencias de los productos, y proporcionando la documentación

[145] Artículo 5 RD 1801/2003.

necesaria para averiguar el origen de los productos, en particular la identidad de sus proveedores, y, en caso de no s er minoristas, su destino, y proporcionando aquélla, en su caso, a las autoridades que la soliciten.

3. Colaborando eficazmente en las actuaciones de los productores y los órganos administrativos competentes para evitar los riesgos.

8.4. Otros deberes de productores y distribuidores. Se establece para todos los productores y distribuidores las siguientes obligaciones[146]:

1ª) Comunicar a las autoridades administrativas competentes sobre consumo de la Comunidad Autónoma afectada, cualquier situación que conozcan sobre productos puestos en circulación por ellos para los consumidores cuando presenten riesgos incompatibles con el deber general de seguridad.

El *contenido* de esta comunicación incluirá, al menos: a) Los datos que permitan identificar con precisión el producto o lote de productos. b) Una descripción completa del riesgo que presentan los productos. c) Toda la información disponible que sea útil para localizar el producto. d) Una descripción de la actuación emprendida con el fin de prevenir los riesgos para los consumidores.

2ª) Colaborar con los órganos administrativos competentes, a petición de éstos, en las actuaciones emprendidas *para evitar los riesgos* que presenten los productos que suministren o hayan suministrado. En particular, deberán *facilitar toda la información* pertinente que se les demande.

3ª) Mantener bajo estricto control los *productos sometidos a medidas restrictivas*, absteniéndose de disponer de ellos en cualquier forma hasta la autorización de los órganos administrativos competentes.

8.5. Deberes de otros sujetos. El art. 16.5 de la Ley 21/1992, de 16 de julio, de Industria, determina que los *organismos de control* de los productos de toda clase de fábricas e industrias, deberán facilitar a la órganos públicos competentes «la información que éstos le requieran sobre los *protocolos, auditorías, actas, informes o certificados* que hayan emitido en el desarrollo de sus actividades en el ámbito de la seguridad de los productos»[147].

---

[146] Artículo 6 RD 1801/2003.

[147] Artículo 7 RD 1801/2003.

9. Reglamentos de bienes y servicios

Por otra parte, la propia LCU establece que *los reglamentos que se elaboren* para regular los aspectos de cada uno de los diferentes bienes y servicios que lo precisen (reglamentaciones técnicas de los productos), y con el objetivo de asegurar la salud y seguridad de los consumidores y usuarios, deberán disponer de un *contenido* que incluya, en todo caso, lo siguiente[148]:

a) Conceptos, definiciones, naturaleza, características y clasificaciones.
b) Las condiciones las instalaciones y del personal cualificado.
c) Los procedimientos o tratamientos usuales de fabricación, distribución y comercialización, permitidos, prohibidos o sujetos a autorización previa.
d) Las reglas específicas sobre etiquetado, presentación y publicidad.
e) Los requisitos esenciales de seguridad, composición y calidad.
f) Los métodos oficiales de análisis, toma de muestras, control de calidad e inspección.
g) Las garantías, responsabilidades, infracciones y sanciones.
h) El régimen de autorización, registro y revisión de los productos.

[148] Artículo 14 LCU.

Capítulo V. La protección de los intereses económicos

Sumario: 1. Importancia de los derechos económicos del consumidor. 1.1. Planteamiento. 1.2. Diferencias con el derecho a la salud y seguridad. 2. Contenido de la protección de los intereses económicos. 2.1. Ámbito concreto. 2.2. Momentos. 3. Derecho comunitario.3.1. Derecho originario. 3.2. Programa Preliminar de la CEE. 3.2.1. Principios comunitarios de protección. 3.2.2. Acciones prioritarias. 3.3. Directivas comunitarias básicas. 4. Derecho estatal español. 4.1. De carácter general. 4.2. De carácter sectorial. 5. Derecho autonómico. 6. Caracteres de la protección económica del consumidor. 6.1. Concurrencia de normas. 6.2. Complejidad normativa. 6.3. Principios de aplicación. 6.3.1. Principio de concurrencia. 6.3.2. Principio de protección absoluta del consumidor. 6.3.3. Principio de responsabilidad solidaria del profesional. 6.3.4. Principio de responsabilidad objetiva del fabricante. 6.3.5. Principio de desplazamiento de normas. 6.3.6. Principio de libre elección normativa por el consumidor. 6.4. Aplicabilidad directa. 6.5. Fases de protección. 6.6. Ámbito territorial. 7. Contenido de la protección económica del consumidor. 7.1. Principio general. 7.2. Prácticas comerciales. 7.3. Información obligatoria en la oferta comercial a consumidores. 7.4. Prácticas desleales engañosas con consumidores. 7.5. Contenido del régimen de comprobación en los contratos. 7.6. Servicios de atención al cliente. 7.6.1. Constancia. 7.6.2. Atención personal. 7.6.3. Información para reclamar. 7.6.4. Obligación de responder. 7.6.5. Información de adhesión a los sistemas extrajudiciales. 8. El derecho a la información del consumidor.8.1. Derecho y obligación. 8.2. Regulación específica. 8.3. Regulación general: etiquetado y presentación. 8.3.1. Principio básico. 8.3.2. Especialidades. 8.3.3. Información esencial. 8.3.4. Información en castellano. 8.3.5. Crítica del sistema. 9. Derecho a la formación y educación de los consumidores. 9.1. Contenido. 9.2. Medios de comunicación públicos.

1. Importancia de los derechos económicos del consumidor

1.1. Planteamiento. Obligado es resaltar la especial relevancia que tiene en derecho de consumo la protección de los intereses económicos y sociales de los consumidores pues es en el mercado de bienes y servicios donde su posición se ve más necesitada de amparo y, también, donde más fácilmente puede otorgársele de manera directa, y ejercer ellos mismos sus derechos.

La inclusión de la protección de los intereses económicos del consumidor como derecho básico se viene justificando por la *débil situación* que ocupa aquél dentro del engranaje del mercado y la economía.

Generalmente, el consumidor «es alguien que compra o alquila bienes para uso o consumo privado», como se indica en el *Molony Roport*, ya que, en definitiva, «el consumidor es ante todo un comprador», y dado que hoy casi toda actividad económica se basa en el acto de compra o alquiler de bienes y servicios, es clara su importancia[149].

Además se trata de un derecho sustantivo, es decir, no meramente instrumental, lo que supone que puede ejercerse directa e individualmente

---

[149] El Informe Molony consideraba consumidor a «todo el mundo, todo el tiempo». Véase el *Report of the Committe on Consumer Protection*, Presented to Parliament by the President of the Board Trade by Command of the Mayesy, July, 1962, London, p. 1, nº 2.

por el consumidor, como derecho subjetivo, que tiene su regulación en el derecho privado, siendo de carácter estatal[150].

1.2. Diferencias con el derecho a la salud y seguridad. Las normas sobre el derecho a la salud y la seguridad, catalogado como derecho instrumental del consumidor, tienen un carácter bien diferente de estas que regulan la protección de los intereses económicos y sociales, por ello es muy interesante observar las *diferencias* existentes entre ambos regímenes jurídicos advertidas por la doctrina (Alberto Bercovitz), ya que explican, de manera sencilla y comparativa, la importancia práctica que tiene el reconocimiento legal de este derecho, de carácter sustantivo, a la protección de los intereses económicos y sociales del consumidor:

1ª. Son muy desiguales los cuerpos normativos de procedencia y, por ende, el *tiempo de su aparición*, así, el derecho sanitario, concebido como una parte del derecho administrativo, ya existía en todos los países antes de la aparición de la normativa protectora de los consumidores, más reciente.

2ª. Las normas tienen *diferente carácter*, pues la regulación del derecho a la salud pertenece al ámbito del derecho público (derecho administrativo), y las que protegen de los intereses económicos y sociales del consumidor, al campo del derecho privado (derecho civil y mercantil).

3ª. La *forma de protección* también es diferente, si en el primer caso ésta la realizan los poderes públicos con prestaciones de la Administración, en el segundo, se lleva a cabo mediante acciones individuales.

4ª. El *ámbito subjetivo* de aplicación tampoco coincide, las normas sobre salud van destinadas a todos los ciudadanos, mientras que los intereses económicos defendidos únicamente son los de los consumidores.

5ª. Desde el punto de vista *objetivo* es diversa la protección que otorga el ordenamiento jurídico, ya que la salud, como valor absoluto, se protege en todo caso, mientras que los intereses económicos y sociales de los consumidores no se protegen siempre, sino sólo y exclusivamente cuando tales intereses puedan ser caracterizados como «legítimos».

---

[150] GUILLÉN CATALÁN, Raquel, *El régimen jurídico de la oferta contractual dirigida a consumidores*, Colegio de Registradores de la Propiedad, Mercantiles y de Bienes Muebles de España, Madrid, 2010; y SIRVENT GARCÍA, Jorge, *La oferta en los contratos con consumidores*, editorial Tirant lo Blanch, Valencia, 2009.

6ª. Respecto del *coste económico* que precisa cada tipo de soluciones es evidente que para su eficacia, la protección de la salud requiere de una intervención administrativa previa acompañada de inversiones públicas de cierta entidad, sin embargo, la protección de los económica de los consumidores sólo precisa de la mera publicación en el *Boletín Oficial del Estado*, es decir, de simples pronunciamientos legislativos o reglamentarios.

2. Contenido de la protección de los intereses económicos

2.1. Ámbito concreto. Al configurarse constitucional y legalmente la protección de los legítimos intereses económicos y sociales del consumidor como uno de sus *derechos básicos de carácter sustantivo*, cabe preguntarse cuál es, en concreto, el derecho individual que se está reconociendo, pues desde una visión administrativista, podría parecer que esta protección se circunscribe, en exclusiva, a una simple intervención de terceros (los poderes públicos) para proteger tales intereses mientras que el consumidor amparado solo tendría que permanecer en un estado meramente pasivo.

Pero no es así, pues el contenido esencial tal protección será el derecho del consumidor a *participar en los contratos en condiciones equitativas*, de *igualdad*, como adquirente o usuario de bienes y servicios, respecto del profesional o empresario, siendo ésa la principal finalidad pretendida.

2.2. Momentos. Esta protección jurídica se realiza en diversas *fases* de la cadena de contratación, con diferente *contenido* en cada uno de ellas:

1º. En el momento *previo o anterior* al nacimiento del contrato, además de exigirse una información correcta, veraz, objetiva, y suficiente se protege la promoción y publicidad de la oferta, para evitar el fraude en ésta.

2º. En la *perfección* del contrato, asegurando la libertad de contratación, evitando las presiones que podrían ejercerse por el contratante profesional.

3º. También en ese momento, se le protege poniendo a disposición del consumidor el contenido y la entrega de los documentos necesarios.

4º. Igualmente aquí, tiene derecho a verse libre de cláusulas abusivas en las condiciones generales impuestas por el contratante más fuerte.

5º. En la *ejecución* del contrato, gozando de unas garantías mínimas de cumplimiento efectivo que no frustren sus razonables expectativas.

6º. En un *momento posterior*, disponiendo de los mecanismos necesarios para exigir la posible responsabilidad patrimonial al profesional o empresa.

3. Derecho comunitario

3.1. Derecho originario. A diferencia de las ventajas que concede la defensa de otros derechos básicos del consumidor, la protección de sus intereses económicos ha sido regulada en la práctica totalidad de los textos del derecho comparado y por supuesto en la normativa emanada de las instituciones europeas, muchas de ellas de carácter programático, pero que son imprescindible conocer para poder interpretar y aplicar de manera adecuada toda la legislación positiva protectora de los derechos de los consumidores.

Tras las diversas reformas del Tratado de Roma, constitutivo de la CEE (actual Unión europea), el nuevo artículo 153.1, en su redacción actual, indica sobre los derechos económicos, que: «para promover los intereses de los consumidores y garantizarles un alto nivel de protección, la Comunidad contribuirá a proteger la salud, la seguridad y *los intereses económicos de los consumidores*»[151].

3.2. Programa Preliminar de la CEE. El anteriormente citado y, desde luego, decisivo –en materia de derecho de consumo– *Programa Preliminar de la Comunidad Económica Europea para una política de protección e información de los consumidores*, aprobado mediante Resolución del Consejo de Ministros comunitario el 14 de abril de 1975, estableció como uno de los cinco objetivos de la política comunitaria con respecto a los consumidores, «una protección eficaz contra los riesgos capaces de perjudicar *los intereses económicos* de los consumidores».

Para ello se fijaron varios principios y otra serie concreta de acciones prioritarias, habiéndose aprobado, posteriormente, en ejecución de todo ello, un nutrido y eficaz número de resoluciones, decisiones, recomendaciones, reglamentos y directivas comunitarias, regulando cada uno de los sectores de actividad más sensibles –casi todos– en los que el consumidor precisa una mayor protección de sus legítimos intereses económicos y sociales.

[151] Y se añade, «así como a promover su derecho a la información, a la educación y a organizarse para salvaguardar sus intereses. 2. Al definirse y ejecutarse otras políticas y acciones comunitarias se tendrán en cuenta las exigencias de la protección de los consumidores. 3. La Comunidad contribuirá a que se alcancen los objetivos a que se refiere el apartado 1 mediante: a) medidas que adopte en virtud del artículo 95 en el marco de la realización del *mercado interior*; b) medidas que se apoyen, complementen y supervisen la política llevada a cabo por los Estados miembros».

3.2.1. Principios comunitarios de protección. Para alcanzar aquellos objetivos la CEE acordó en aquella Resolución que la protección de aquellos intereses deberá asegurarse mediante disposiciones legales y reglamentarias de los Estados miembros, ya sea armonizadas a escala comunitaria, ya sea adoptadas directamente en este ámbito, normativa de cada país que habrá de inspirarse en los siguientes *principios*:

1º. Los compradores de bienes o servicios deberán ser protegidos contra los *abusos* por parte del vendedor, en particular, contra los contratos tipo establecidos unilateralmente, la exclusión abusiva en los contratos de derecho básicos, las condiciones abusivas de crédito, la solicitud de pago de mercancías no solicitadas y los métodos de venta agresivos.

2º El consumidor deberá ser protegido contra los *perjuicios* que pueda causarle a sus intereses económicos un producto defectuoso o unos servicios insuficientes.

3º. La *presentación y promoción* de bienes o servicios –incluidos los servicios financieros– no deberán ser concebidos de forma que engañen, directa o indirectamente, a la persona a la que se le ofrecen o a través de la que se solicitan.

4º. Ninguna forma de *publicidad* –visual o auditiva– deberá inducir a error al cliente potencial del producto o servicio. Sean cuales fueren los soportes utilizados, el autor de cualquier tipo de publicidad deberá poder justificar la veracidad de lo que afirma por medios apropiados.

5º. Todas las informaciones suministradas en la *etiqueta*, tanto en el lugar de venta como en la publicidad, deberán ser exactas.

6º. El consumidor deberá poder beneficiarse de un *servicio postventa* satisfactorio cuando se trate de bienes de consumo duraderos, el cual deberá comprender la obtención de las piezas de recambio que sean necesarias para efectuar las reparaciones.

7º. La *gama de mercancías* puestas a disposición de los consumidores debería ser suficiente para que éstos vean que se les ofrece, en la medida de lo posible, una elección adecuada.

3.2.2. Acciones prioritarias. Además, en este *Programa Preliminar*, al objeto de lograr los objetivos propuestos se acordaron llevar a cabo las siguientes *acciones prioritarias* por parte de los órganos comunitarios:

1ª. Armonizar las condiciones generales relativas al *crédito al consumo*.

2 ª. Proteger al consumidor contra la *publicidad falsa o engañosa*.

3ª. Protegerlos contra las *prácticas comerciales abusivas*.

4ª. Armonizar el derecho sobre la *responsabilidad* de los productos.

5ª. Mejorar la gama y *calidad* de los servicios a los consumidores.

6ª. Promover sus *intereses económicos* más generales.

3.3. Directivas comunitarias básicas. Desde entonces, tanto el Consejo de las Comunidades Europeas como el Parlamento Europeo han dictado importantes Directivas desarrollando los principios y acciones que se establecieron en el Programa Preliminar de 1975 en materia de protección de los legítimos intereses económicos y sociales de los consumidores[152].

4. Derecho estatal español

4.1. De carácter general. Como ya es bien sabido la Constitución recoge, en su artículo 51, entre los derechos básicos de los consumidores, la protección de *«los legítimos intereses económicos y sociales»*.

Tal enunciado se repite, prácticamente, se repite en el artículo 8 LCU, al incluirlo como uno d e los derechos básicos que luego será desarrollado específicamente por el capítulo V, del título I, en sus artículos 19 a 21, sin perjuicio de la ulterior regulación que se contiene en los artículos 59 a 168

---

[152] Aunque sin carácter exhaustivo, entre las más relevantes, por orden de aprobación, *pueden destacarse*, las siguientes: Directiva 84/450/CEE del Consejo, de 10 de septiembre de 1984, sobre publicidad engañosa comparativa; Directiva 85/374CEE del Consejo, de 25 de julio de 1985, relativa a la aproximación de las disposiciones legales, reglamentarias y administrativas de los Estados miembros en materia de responsabilidad por los daños causados por productos defectuosos; Directiva 85/577/CEE del Consejo, de 20 de diciembre de 1985, referente a la protección de los consumidores en el caso de contratos negociados fuera de los establecimientos comerciales; Directiva 87/102/CEE del Consejo, de 22 de diciembre de 1986, relativa a la aproximación de las disposiciones legales, reglamentarias y administrativas de los Estados miembros de crédito al consumo, modificada por la Directiva 90/88/CEE del Consejo, de 22 de febrero de 1990; Directiva 90/314/CEE del Consejo, de 13 de junio de 1990, relativa a los viajes combinados, las vacaciones combinadas y los circuitos combinados; Directiva 93/13/CEE del Consejo, de 5 de abril de 1993, sobre las cláusulas abusivas en los contratos celebrados con consumidores; Directiva 94/47/CE del Parlamento Europeo y del consejo, de 26 de diciembre de 1994, relativa a l a protección de los adquirentes en lo relativo a determinados aspectos de los contratos de adquisición de un derecho de utilización de inmuebles en régimen de tiempo compartido; Directiva 97/7/CE del Parlamento Europeo y del Consejo, de 20 de mayo de 1997, relativa a la protección de los consumidores en materia de contratos a d istancia; Directiva 98/7/CE del Parlamento Europeo y del Consejo, de 16 de febrero de 1998, que modifica la Directiva 87/102/CEE, relativa a la aproximación de las disposiciones legales, reglamentarias y administrativas de los Estados miembros en materia de crédito al consumo; Directiva 98/27/CE del Parlamento Europeo y del Consejo, de 19 de mayo de 1998, relativa a las acciones de cesación en materia de protección de los intereses de los consumidores; Directiva 99/44/CE del Parlamento Europeo y del Consejo, de 25 de mayo de 1999, sobre determinados aspectos de la venta y las garantías de los bienes de consumo, entre otras.

LCU, que como se comprueba, supone la mayor parte de la norma legal más importante en materia de derecho de consumo en España.

El apartado b) del vigente artículo 8 LCU reconoce, de manera literal, como uno de los «derechos básicos de los consumidores y usuarios» la «protección de sus legítimos intereses económicos y sociales; en particular frente a las prácticas comerciales desleales y la inclusión de cláusulas abusivas en los contratos»[153].

Al margen de las normas contenidas en la LCU, la protección de los legítimos intereses económicos y sociales se arbitra, básicamente, a través de normas de derecho civil y mercantil, en especial las contenidas en el Código civil y el Código de comercio.

4.2. De carácter sectorial. Además, de manera específica, se han ido aprobando, sectorialmente, cierto número de disposiciones *legales* y una cantidad extraordinaria de normas *reglamentarias* que, en sintonía con la normativa comunitaria, pretenden depurar tal protección.

Entre otras muchas, deben resaltarse, por su extraordinaria importancia una serie fundamental de *leyes* –entre otras– que configuran el *cuerpo legal básico*, nunca exhaustivo, junto con la LCU[154], que conforman el esqueleto o la columna vertebral de la protección de los legítimos intereses económicos y sociales de los consumidores y usuarios en España:

a) Ley 16/2011, de 24 de junio, de contratos de *crédito al consumo*.
b) Ley 22/2007, de 11 de julio, sobre comercialización a distancia de

[153] La redacción original del artículo 2.1.b) de la Ley 26/1984, de 19 de julio, General para la defensa de los consumidores y usuarios, determinaba que es un derecho básico de los consumidores y usuarios «la protección de sus legítimos intereses económicos y sociales», habiéndose mantenido en su integridad dicho texto, pero al que se añadió, mediante el apartado 1 de la disposición adicional 1ª de la Ley 7/1998, de 13 de abril, sobre *Condiciones Generales de la Contratación*, la siguiente expresión «en particular, frente a la inclusión de cláusulas abusivas», dicción que se ha reproducido en la vigente LCU de 2007.

[154] Como ya se expuso, el texto refundido de la vigente LCU, aprobado mediante el Real Decreto Legislativo 1/2007, de 16 de noviembre, supuso la derogación, e integración de su contenido en ella, de las siguientes normas: Ley 26/1984, de 19 de julio, General para la Defensa de los Consumidores y Usuarios; Ley 26/1991, de 21 de noviembre, sobre Contratos celebrados fuera de los Establecimientos Mercantiles; Ley 22/1994, de 6 de julio, de Responsabilidad Civil por los daños causados por Productos Defectuosos; Ley 21/1995, de 6 de julio, reguladora de los Viajes Combinados y la Ley 23/2003, de 10 de julio, de Garantías en la Venta de Bienes de Consumo.

servicios financieros destinados a los consumidores.

c) Ley 44/2006, de 29 de diciembre, de *mejora de la protección* de los consumidores y usuarios.

d) Ley 59/2003, de 19 de diciembre, de *firma electrónica.*

e) Ley 47/2002, de 19 de diciembre, de reforma de la Ley 7/1996, de 15 de enero, de ordenación del comercio minorista, para la transposición de la Directiva 97/7/CE, en materia de *contratos a distancia.*

f) Ley 40/2002, de 14 de noviembre, reguladora del contrato de *aparcamiento de vehículos.*

g) Ley 39/2002, de 28 de octubre, de transposición al ordenamiento jurídico español de diversas directivas comunitarias en materia de protección de los *intereses de los consumidores* y usuarios.

h) Ley 34/2002, de 11 julio, de servicios de la sociedad de la información y de *comercio electrónico.*

i) Ley 42/1998, de 15 de diciembre, sobre derechos de aprovechamiento por *turno de bienes inmuebles* de uso turístico y normas tributarias.

j) Ley 28/1998, de 13 de julio, de *venta a plazos* de bienes muebles.

k) Ley 7/1998, de 13 abril, de *condiciones generales* de la contratación.

l) Ley 7/1996, de 15 de enero, de ordenación del *comercio minorista.*

m) Ley 3/1991, de 10 enero, de *competencia desleal.*

n) Ley 34/1988, de 11 de noviembre, general de *publicidad.*

Complementan la anterior relación, ya con *carácter reglamentario*, una serie de *Reales Decretos* del Gobierno de la Nación, de ámbito estatal, donde se regulan, también de manera sectorial, numerosas materias sobre protección de los derechos e intereses económicos de los consumidores[155].

---

[155] Real Decreto 231/2008, de 15 de febrero, por el que se regula el Sistema Arbitral de Consumo; Real Decreto 894/2005, de 22 de julio, por el que se regula el Consejo de Consumidores y Usuarios; Real Decreto 1801/2003, de 26 de diciembre, sobre seguridad general de los productos; Real Decreto 1507/2000, de 1 septiembre, por el que se actualiza los catálogos de productos y servicios de uso o consumo común, ordinario y generalizado y de bienes de naturaleza duradera, a efectos de lo dispuesto en los artículos 2.2, 11.2 y 11.5, de la Ley general para la defensa de los consumidores y usuarios y normas concordantes; Real Decreto 1906/1999, de 17 de diciembre, por el que se regula la contratación telefónica o electrónica con condiciones generales, en desarrollo del artículo 5.3 de la Ley 7/1998, de 13 de abril, de condiciones generales de la contratación; Real Decreto 1828/1999, de 3 de diciembre, por el que se aprueba el Reglamento del Registro de condiciones generales de la contratación; Real Decreto 825/1990, de 22 de junio, sobre el derecho de representación, consulta y participación de los consumidores y usuarios a través de sus asociaciones; Real Decreto 820/1990, de 22 de junio, por el que se prohíbe la comercialización y fabricación de los productos de apariencia engañosa que pongan en peligro la salud o seguridad de los consumidores; Real Decreto 515/1989, de 21 de abril, sobre protección de los consumidores en cuanto a la información a suministrar en la compraventa y arrendamiento de viviendas;

5. Derecho autonómico

Las Comunidades Autónomas, en desarrollo de sus competencias en materia de protección de los consumidores, en especial, sobre los legítimos intereses económicos y sociales de aquéllos, han reconocido este derecho con carácter básico en sus respectivas leyes o estatutos autonómicos de protección del consumidor.

Pero al margen de aquel reconocimiento, todas las Comunidades Autónomas, sin excepción, han dictado gran número de normas de *carácter autonómico*, leyes y decretos, en muchas materias con el objetivo, directo e indirecto, de la protección de los legítimos intereses económicos y sociales de los consumidores y usuarios en sus respectivos territorios. Tales normas autonómicas se vienen refiriendo, básicamente, a *diversas materias*, como:

a) La ordenación de la actividad comercial, el comercio interior, las estructuras, equipamientos y superficies comerciales; *b)* las agencias de viaje y los servicios turísticos; *c)* las Cajas de Ahorro; *d)* los horarios comerciales y la apertura en días festivos; *e)* sobre la disciplina de mercado, sobre ventas especiales, la venta ambulante y la venta con rebajas, el comercio no sedentario y la prestación de servicios a domicilio; *f)* el deber de expedir y entregar factura al consumidor o adquiriente; *g)* la calidad agroalimentaria *h)* la publicidad engañosa, la publicidad del tabaco y la del alcohol; *i)* sobre el urbanismo y la vivienda; *j)* los espectáculos públicos y las actividades recreativas; *k)* los juegos de azar; *l)* la ordenación farmacéutica; *m)* la artesanía; *n)* las ferias y los mercados interiores.

6. Caracteres de la protección económica del consumidor

6.1. Concurrencia de normas. El artículo 19.1 LCU determina, como «principio general», que los legítimos intereses económicos y sociales de los consumidores y usuarios deberán ser respetados en los términos establecidos en la LCU, «aplicándose, además, lo previsto en las normas civiles, mercantiles y las demás normas comunitarias, estatales y autonómicas que

---

Real Decreto 1468/1988, de 2 de diciembre, por el que se aprueba el reglamento de etiquetado, presentación y publicidad de los productos industriales destinados a su venta directa a los consumidores y usuarios; Real Decreto 1010/1985, de 5 de junio, de regulación del ejercicio de determinadas modalidades de venta fuera de establecimiento comercial permanente; y Real Decreto 1945/1983, de 22 de junio, por el que se regulan las infracciones y sanciones en materia de defensa del consumidor y de la producción agroalimentaria.

resulten de aplicación».

Según dicho precepto la LCU determina que para la protección de los legítimos intereses económicos y sociales de los consumidores se respetará lo dispuesto en la propia LCU, pero aplicándose, además, lo previsto en las normas civiles y mercantiles, comunitarias, estatales y autonómicas.

Esto presupone que ante la concurrencia, en un supuesto concreto, de disposiciones de la LCU con normas civiles o mercantiles, deberán aplicarse unas normas u otras, caso por caso, a partir del principio de condición más beneficiosa para el consumidor (*pro consumatore*), lo que implica, en la práctica, que el consumidor dispone de un conjunto de posibilidades de actuación jurídica para la defensa de sus intereses, entre las que podría elegir la más favorable (Martínez de Aguirre).

En definitiva, para la defensa de sus legítimos intereses económicos, el consumidor que ostente tal condición se beneficiará de lo establecido específicamente para tal fin en la LCU, aunque también podrá acudir, si obtiene mayores ventajas, a la regulación que se contiene en el CC y en el Código de comercio, así como en las demás leyes civiles y mercantiles que tengan aplicación al caso concreto.

6.2. Complejidad normativa. Más allá de la LCU, tal concurrencia de normas es una de las características propias del derecho de consumo que desemboca en una profusa *complejidad normativa* que es producto de la conjunción de tres *circunstancias* (Martínez de Aguirre):

1ª. La concurrencia de normas que tienen su origen en *diversas instancias legislativas*, a veces concurrentes entre sí, tal como se constata con la existencia de normas comunitarias, normas estatales y normas autonómicas.
2ª. La concurrencia de *normas de rango diverso*, sin que se conozca con nitidez su verdadera eficacia ni las relaciones que existen entre unas y otras, ya que existen directivas (de diferente eficacia), leyes, decretos, órdenes, etc.
3ª. La concurrencia de normas que se pueden encuadrar en las *disciplinas tradicionales* en que clasifica el derecho (civil, mercantil, penal, procesa, administrativo, etc.), tiene el problema añadido del *solapamiento* que se produce, en no pocas ocasiones, entre aquellas disciplinas, sobre todo en la regulación civil y administrativa de ciertas materias

6.3. Principios de aplicación. Las peculiaridades normativas expuestas, donde existen disposiciones legales de concurrente aplicación precisan de una serie de principios que han de tenerse presentes al aplicar las normas de protección de los intereses económicos y sociales de los consumidores. Aún a riesgo de repetir algunas de las ideas anteriores, cierta doctrina ha sistematizado tales principios en los siguientes (Fernández Gimeno):

6.3.1. Principio de concurrencia. La concurrencia de disposiciones legales aplicables en cada caso concreto, unas dirigidas expresamente al consumidor y otras establecidas con carácter general para todos los sujetos de derecho, antes expuesta, deberá resolverse, teniendo en cuenta el principio *pro consumatore* establecido en el artículo 51 CE, escogiendo la norma que más proteja al consumidor.

6.3.2. Principio de protección absoluta del consumidor. Consecuencia del anterior y complemento del mismo, reiterándolo, significa la diversidad normativa aplicable obligará a que siempre se adopte la solución que otorgue una mayor protección al consumidor.

6.3.3. Principio de responsabilidad solidaria del profesional. Según éste, y en los casos previstos, cuando intervengan varios empresarios o profesionales en la cadena y se produzca un daño al consumidor, se invierte el principio general de responsabilidad mancomunada del artículo 1137 CC y se aplica el principio de solidaridad, como en el artículo 113 LCU.

6.3.4. Principio de responsabilidad objetiva del fabricante. Ante la existencia de un daño al consumidor, según el artículo 132 LCU, será el fabricante o importador quienes deberán demostrar que obraron con toda la diligencia exigible, respondiendo conjuntamente, en otro caso, por el importe total del daño ocasionado al perjudicado por el producto.

6.3.5. Principio de desplazamiento de normas. Según éste, el habitual carácter dispositivo de las leyes civiles y mercantiles (que permite a los contratantes pactar un régimen diferente al establecido en dichas leyes) se convierte en *imperatividad normativa* (y por tanto en inderogables por la voluntad de los contratantes) siempre que estas normas se refieran o afecten de manera protectora a los legítimos intereses económicos y sociales de los consumidores y usuarios (Font Galán).

6.3.6. Principio de libre elección normativa por el consumidor. La LCU resulta, sin duda, ventajosa para el consumidor «en la medida que sin privarle de los mecanismos útiles para su defensa que pudieran existir en la normativa preexistente, dispone de otros nuevos (por lo general más adecuados), entre los que puede elegir el que le resulte más conveniente en el caso concreto» (Martínez de Aguirre).

6.4. Aplicabilidad directa. Especialmente importante, dentro de la LCU, son las normas de protección de los intereses económicos, como se ha visto, al ser *directamente aplicables* sus preceptos, sin que sea preciso ningún desarrollo legislativo ni reglamentario posterior, al contrario de lo que ocurre con otros derechos, sobre todo los de carácter instrumental, que no gozan de la misma eficacia al precisar tal desarrollo o actividades públicas.

Ello, como se ha dicho, es consecuencia del *carácter sustantivo* de estos preceptos, al contrario que ocurre en los derechos de carácter instrumental (derecho a la información, derecho a la educación y derecho a ser oído) que se articulan fundamentalmente mediante programas públicos de actuación administrativa, teniendo como destinatarios a los consumidores en general, conceptuados como ciudadanos, pero no le otorgan derechos que pueda ejercitar de manera individual, en los derechos denominados sustantivos, y especialmente en el de protección de los legítimos intereses económicos de los consumidores, se conceden a sus titulares peculiares instrumentos de defensa individual de aquellos intereses.

6.5. Fases de protección. La protección de los intereses económicos se recoge en la LCU en tres *fases* claramente diferenciadas de la contratación en la que intervenga un consumidor, dedicando a cada una de ellas diversos preceptos específicos (Gómez Calero):

1ª) Se protege al consumidor en la *fase previa* al contrato, antes de haberse suscrito, al regular la oferta, la promoción y la publicidad.
2ª) En la *fase intermedia*, mediante normas imperativas sobre el contenido de los contratos, en especial regulando las condiciones generales.
3ª) En la *fase posterior*, se le protege al reglamentar el régimen de comprobación, reclamación y garantía en beneficio del consumidor.

6.6. Ámbito territorial. En la práctica, el carácter civil y mercantil de las normas de la LCU en esta materia, implica su vigencia y aplicación *en todo el territorio español*, al tratarse de normas básicas del Estado, pues casi siempre están referidas a materias de contratos, al derecho mercantil y al comercio exterior (artículo 149.1, reglas 6ª y 8ª CE), respecto de las cuales el Tribunal Constitucional viene reiterando que son de aplicación estatal, pues sólo el Estado tiene competencias legislativas sobre obligaciones contractuales y responsabilidad extracontractual, correspondiendo el resto de la actuación administrativa a las Comunidades Autónomas.

El artículo 1 LCU determina que dicha Ley «tiene por objeto establecer el régimen jurídico de protección de los consumidores y usuarios en el ámbito de las *competencias del Estado*»[156].

7. Contenido de la protección económica del consumidor

7.1. Principio general. Como ya se adelantó, «los legítimos intereses económicos y sociales de los consumidores y usuarios deberán ser respetados en los términos establecidos –en la LCU–, aplicándose, además, lo previsto en las normas civiles, mercantiles y las demás normas comunitarias, estatales y autonómicas que resulten de aplicación»[157].

7.2. Prácticas comerciales. Para la protección de los legítimos intereses económicos y sociales de los consumidores y usuarios, las prácticas comerciales de los empresarios dirigidas a los consumidores están sujetas a lo dispuesto en las siguientes normas: a) la LCU; b) la Ley de Competencia Desleal; y c) la Ley de Ordenación del Comercio Minorista.

Se consideran legalmente *prácticas comerciales* de los empresarios con los consumidores y usuarios «todo acto, omisión, conducta, manifestación o comunicación comercial, incluida la publicidad y la comercialización, directamente relacionada con la promoción, la venta o el suministro de un bien o servicio a los consumidores y usuarios, con independencia de que sea realizada antes, durante o después de una operación comercial»[158].

Por el contrario, no tienen la consideración de prácticas comerciales *las relaciones de naturaleza contractual*, que se regirán conforme a lo previsto en la LCU sobre contratos celebrados con consumidores[159].

---

[156] Se añade que «en todo caso, la defensa de los consumidores y usuarios se hará en el marco del sistema económico diseñado en los artículos 38 y 128 de la Constitución y con sujeción a lo establecido en el artículo 139».

[157] Artículo 19.1 LCU.

[158] Artículo 19.2. LCU.

[159] «*Las normas previstas en esta Ley en materia de prácticas comerciales* y las que regulan las prácticas comerciales en materia de medicamentos, etiquetado, presentación y publicidad de los productos, indicación de precios, aprovechamiento por turno de bienes inmuebles, crédito al consumo, comercialización a d istancia de servicios financieros destinados a l os consumidores y usuarios, comercio electrónico, inversión colectiva en valores mobiliarios, normas de conducta en materia de servicios de inversión, oferta pública o admisión de cotización de valores y seguros, incluida la mediación y cualesquiera otras

*7.3. **Información obligatoria en la oferta comercial a consumidores.*** Las «prácticas comerciales» –es decir, cualquier acto, omisión, conducta, manifestación o comunicación comercial, incluida la publicidad antes o después de una operación comercial con consumidores– que, de un modo adecuado al medio de comunicación utilizado, *incluyan información sobre las características del bien o servicio y su precio*, posibilitando que el consumidor o usuario tome una decisión sobre la contratación, y siempre que no se desprenda claramente del contexto, *deberá contener*, al menos, y en todo caso, la siguiente *información*:

a) Datos identificativos: nombre, razón social y domicilio completo del empresario responsable de la oferta comercial y, en su caso, nombre, razón social y dirección completa del empresario por cuya cuenta actúa.

b) Características esenciales del bien o servicio de una forma adecuada a su naturaleza y al medio de comunicación utilizado.

c) Precio final completo, incluidos los impuestos, desglosando, en su caso, el importe de los incrementos o descuentos que sean de aplicación a la oferta y los gastos adicionales que se repercutan al consumidor o usuario[160].

d) Procedimientos de pago, plazos de entrega y ejecución del contrato y el sistema de tratamiento de las reclamaciones, cuando se aparten de las «exigencias de la diligencia profesional», definida legalmente[161].

---

normas que regulen aspectos concretos de las prácticas comerciales desleales previstos en normas comunitarias *prevalecerán en caso de conflicto sobre la legislación de carácter general* aplicable a las prácticas comerciales desleales», artículo 19.4 LCU.

[160] «En el resto de los casos en que, debido a la naturaleza del bien o servicio, no pueda fijarse con exactitud el precio en la oferta comercial, deberá informarse sobre la base de cálculo que permita al consumidor o usuario comprobar el precio. Igualmente, cuando los gastos adicionales que se repercutan al consumidor o usuario no puedan ser calculados de antemano por razones objetivas, debe informarse del hecho de que existen dichos gastos adicionales y, si se conoce, su importe estimado».

[161] Según dispone el artículo 4.1 de la Ley 3/1991, de 10 de enero, de Competencia Desleal, al que, para tal finalidad, se remite el artículo 20.1.d) LCU: «Se reputa *desleal* todo *comportamiento* que resulte objetivamente *contrario a las exigencias de la buena fe*. En las relaciones con consumidores y usuarios se entenderá contrario a las exigencias de la buena fe el comportamiento de un empresario o profesional *contrario a la diligencia profesional*, entendida ésta como el nivel de competencia y cuidados especiales que cabe esperar de un empresario conforme a las prácticas honestas del mercado, *que distorsione o pueda distorsionar de manera significativa el comportamiento económico del consumidor medio* o del miembro medio del grupo destinatario de la práctica, si se trata de una práctica comercial dirigida a un grupo concreto de consumidores. A los efectos de esta Ley se entiende por *comportamiento económico del consumidor* o usuario toda decisión por la que éste opta por actuar o por abstenerse de hacerlo en relación con: a) La selección de una oferta u oferente. b) La contratación de un bien o servicio, así como, en su caso, de qué manera y en qué

e) La existencia del derecho de desistimiento, cuando lo hubiere.

7.4. Prácticas desleales engañosas con consumidores. En aquellos casos en que el empresario o profesional *incumplieren* sus deberes legales sobre el contenido mínimo de la información que debe contener su oferta, antes expuestos, su conducta será considerada en todo caso como «práctica desleal por engañosa», en iguales términos a «la exhibición de un sello de confianza o de calidad o de un distintivo equivalente, sin haber obtenido la necesaria autorización», que tiene la consecuencia jurídica, en todo caso, de calificarse legalmente como una *práctica comercial desleal por engañosa*»[162].

7.5. Contenido del régimen de comprobación en los contratos. Los contratos celebrados con los consumidores y usuarios *deberán contener un régimen* de comprobación, reclamación, garantía y posibilidad de renuncia o devolución que les permita:

a) asegurarse de toda la *información* suficiente sobre la naturaleza, características, condiciones y utilidad o finalidad del bien o servicio;

b) *reclamar* con eficacia en caso de error, defecto o deterioro;

c) hacer efectivas las *garantías* de calidad o nivel de prestación ofrecidos;

d) obtener la *devolución* equitativa del precio de mercado del bien o servicio, total o parcialmente, en caso de incumplimiento o cumplimiento defectuoso. La devolución del precio del producto habrá de ser total en el caso de falta de conformidad del producto con el contrato, en los términos previstos en los artículos 115 a 126 LCU sobre garantías de la venta.

7.6. Servicios de atención al cliente. ***7.6.1. Constancia***. Las oficinas y servicios de información y atención al cliente que las empresas pongan a disposición de los consumidores y usuarios deberán asegurar que éstos tengan *constancia de las quejas y reclamaciones* que interpongan[163].

---

condiciones contratarlo. c) El pago del precio, total o parcial, o cualquier otra forma de pago. d) La conservación del bien o servicio. e) El ejercicio de los derechos contractuales en relación con los bienes y servicios. Igualmente, a los efectos de esta Ley se entiende por *distorsionar de manera significativa el comportamiento económico del consumidor medio*, utilizar una práctica comercial para mermar de manera apreciable su capacidad de adoptar una decisión con pleno conocimiento de causa, haciendo así que tome una decisión sobre su comportamiento económico que de otro modo no hubiera tomado».

[162] Artículo 20.2 LCU que se remite al artículo 21.2 de la Ley 3/1991, de 10 de enero, de Competencia Desleal.

[163] Artículo 21.2 LCU.

7.6.2. ***Atención personal***. Si tales servicios utilizan la *atención telefónica o electrónica* para llevar a c abo sus funciones deberán garantizar una atención personal directa, y la posibilidad de utilizar complementariamente otros medios técnicos al alcance de las empresas, sin embargo, tales medios automáticos no pueden excluir la atención personalizada[164].

7.6.3. ***Información para reclamar***. En todo caso, los prestadores de servicios están obligados a poner a disposición de los consumidores y usuarios la información sobre su *dirección postal, número de teléfono y número de fax* o dirección de *correo electrónico* en la que el consumidor o usuario, cualquiera que sea su lugar de residencia, *pueda interponer* sus *quejas y reclamaciones o solicitar información* sobre el servicio ofertado o contratado. Los prestadores comunicarán su dirección legal si esta no coincide con su dirección habitual para la correspondencia[165].

7.6.4. ***Obligación de responder***. Los prestadores de servicios deberán dar respuesta a las reclamaciones recibidas en el plazo más breve posible y en todo caso *en el plazo máximo de un mes* desde la presentación de la reclamación. Si en dicho plazo no hubiera sido resuelta satisfactoriamente, los prestadores de servicios adheridos a un s istema arbitral facilitarán al usuario el acceso al mismo cuando éste reúna los requisitos previstos[166].

7.6.5. ***Información de adhesión a los sistemas extrajudiciales***. Los empresarios adheridos a los «códigos de conducta, incluidos los elaborados a escala comunitaria», o s ean «miembros de asociaciones u org anismos profesionales que ofrezcan sistemas extrajudiciales de resolución de conflictos» (generalmente, el sistema arbitral de consumo), *deberán indicar en las ofertas comerciales* que presenten –sobre todo en la publicidad comercial y en la oferta de sus productos– de forma detallada:

a) el sistema extrajudicial de resolución de conflictos del consumidor;
b) el modo de obtener información sobre sus características; y
c) la forma de acceder a dicho sistema extrajudicial[167].

---

[164] Artículo 21.2 *in fine* LCU.

[165] Artículo 21.3 LCU.

[166] Recomendación 98/257/CE de la Comisión, de 30 de marzo relativa a los principios aplicables a los órganos responsables de la solución extrajudicial de los litigios en materia de consumo y Recomendación 2001/310/CE de la Comisión, de 4 de abril de 2001, relativa a los principios aplicables a los órganos extrajudiciales de resolución consensual de litigios en materia de consumo, así como cualquier otra normativa que resulte de aplicación.

[167] Artículo 21.4 LCU.

8. El derecho a la información del consumidor en la LCU

8.1. Derecho y obligación. El suministro de información al consumidor le sitúa en las condiciones más ventajosas para poder ejercer todos sus derechos, tanto para efectuar la mejor elección de los bienes y servicios que se ponen a su disposición en el mercado, como para conocer, comprobar, exigir y reclamar si tales productos se ajustan a los niveles de protección que el ordenamiento jurídico le brinda.

La información, además de un derecho del consumidor, se configura a la vez, *una obligación* de los profesionales y empresarios que viene impuesta por el derecho de consumo y será exigible por los poderes públicos.

8.2. Regulación específica. El artículo 51.2 CE establece que «los poderes públicos promoverán la *información* y educación de los consumidores y usuarios», pero el derecho a la información va más allá del de educación, puesto que también forma parte del resto de los derechos a la salud, la seguridad y los legítimos intereses de los consumidores.

Por ello, casi todas las normas de derecho de consumo comienzan por indicar cuál ha de ser la información que habrá de ofrecerse. Se constata lo anterior, de una lado, en el artículo 12 LCU se refiere a la «información a los consumidores y usuarios sobre los riesgos de los bienes o servicios»; y de otro, en el art. 60 LCU sobre la «información previa al contrato».

Será, por tanto, en la regulación de cada institución jurídica, o cada sector de actividad, donde las diferentes normas de protección del consumidor, se encargarán de establecer qué información concreta habrá de prestar todo oferente de bienes y servicios de consumo, lo que, a la par, se convierte en derechos subjetivos específicos exigibles por los consumidores, tanto a la información misma, como a la cabal materialización de su contenido.

8.3. Regulación general: etiquetado y presentación. Contiene, el artículo 18 LCU, las normas sobre información de *carácter general* que siempre habrán de cumplir los empresarios y profesionales (importadores, fabricantes, distribuidores, prestadores de servicios, comercio minorista y cualesquiera otras personas físicas y jurídicas) que ofrezcan bienes y servicios destinados a consumidores y usuarios, tanto en la *presentación* como en el *etiquetado* de tales productos.

8.3.1. Principio básico. El etiquetado y la presentación de toda clase de bienes y servicios, así como las modalidades de realizarlo, «deberán ser de tal naturaleza que *no induzca a error* al consumidor y usuario»[168].

8.3.2. Especialidades. Las características del etiquetado y presentación de los productos y las maneras de efectuarlo, tampoco podrán inducir a error al consumidor, de manera especial, en los siguientes aspectos:

a) Sobre las *características* del bien o servicio y, en particular, sobre su naturaleza, identidad, cualidades, composición, cantidad, duración, origen o procedencia y modo de fabricación o de obtención.
b) Atribuyendo al bien o servicio efectos o propiedades *que no posea*.
c) Sugiriendo que éstos poseen *características particulares*, cuando todos los bienes o servicios similares posean estas mismas características.

8.3.3. Información esencial. Los productos que se pongan a disposición de los consumidores y usuarios deberán incorporar, acompañar o permitir de forma clara y comprensible, *información veraz, eficaz y suficiente* sobre sus *características esenciales*, en particular sobre las siguientes[169]:

a) Nombre y dirección completa del productor (fabricante o importador).
b) Naturaleza, composición y finalidad (salvo que sea innecesaria).
c) Calidad, cantidad, categoría o nombre usual o comercial, si lo tienen.
d) Fecha de producción o suministro y lote (cuando sea exigible[170]), plazo recomendado para el uso o consumo, o fecha de caducidad.
e) Instrucciones, o indicaciones, para un correcto uso o consumo del producto, así como todas las advertencias necesarias y el riesgo previsible.

8.3.4. Información en castellano. Dispone el artículo 18.3 LCU[171] que todas las indicaciones obligatorias del etiquetado y presentación de los productos, bienes o servicios, que sean «comercializados en España deberán figurar, al menos, *en castellano, lengua española oficial del Estado*».

Ello en consonancia con lo dispuesto en el artículo 3.1 CE que determina

---

[168] Artículo 18.1 LCU.

[169] Artículo 18.2 LCU. Todo lo anterior, además de las exigencias concretas que se puedan establecer reglamentariamente.

[170] Generalmente serán las reglamentaciones técnico-sanitarias de cada producto, cuando existan, las que determinen la necesidad de establecer tales exigencias (imprescindible, por ejemplo, establecer estas fechas en los medicamentos, pero innecesaria en un martillo).

[171] «Sin perjuicio de las excepciones previstas legal o reglamentariamente».

que: «el castellano es la lengua española oficial del Estado. Todos los españoles tienen el deber de conocerla y el derecho a usarla».

8.3.5. Crítica del sistema. Ante la evidente claridad que se desprende de la LCU, sobre lo que hemos calificado en algún epígrafe de más arriba como «información esencial», y en concreto, a la vista del artículo 18.2.a) LCU que exige «información veraz, eficaz y suficiente», entre otros aspectos decisivo, como acerca del «nombre y dirección completa del productor», cabe preguntarse si se viene cumpliendo tal exigencia con normalidad.

Y es que, en las estanterías de todos los supermercados españoles, es muy habitual encontrar productos alimenticios, por señalar tan solo algún sector de cierta sensibilidad (que afecta tanto a los derechos a la salud y seguridad, como a los intereses económicos del consumidor), sobre todo en los envases y presentación de las llamadas marcas blancas donde, por toda información del citado apartado a) del artículo 18.2 LCU, se indica: «Fabricado en la UE por NIF A087…», sin marca alguna, salvo las tres letras de la cadena que lo comercializa[172]; o también, más grave aún: «Envasado por A130…», sin otra indicación más allá de una marca completamente desconocida[173], así como la dirección de internet con las cuatro letras de esta otra cadena y «.com».

¿Se cumplen en estos ejemplos cotidianos las exigencias de facilitar el «nombre y dirección completa del productor» en productos alimenticios, en este caso tan sensibles y perecederos, como derivados lácteos refrigerados, con la simple impresión de un «NIF»[174] en el primer caso, o en el segundo, de la letra «A» seguida de ocho cifras, sin más dato complementario, ni tan siquiera precedida de los acrónimos «NIF» o «CIF»?

A nuestro juicio, lo anterior suponen una flagrante, gravísima, y habitual, infracción del derecho esencial del consumidor a conocer la procedencia (no ha de bastar indicar que procede de la UE, ni que se importa por xx para la UE) de los productos de los que se alimenta y vive, no solo a efectos de una hipotética reclamación, sino por derecho de conocer, para poder elegir con plena conciencia y libertad, el país, la región, la ciudad y el nombre de la empresa que fabrica productos tan esenciales para el consumidor actual.

---

[172] «Queso fundido rallado para gratinar». Marca blanca de tres letras.

[173] «Burgos fresco. Queso blanco pasteurizado desnatado». Cadena de cuatro letras.

[174] Según la normativa tributaria el «NIF» es el número de identificación fiscal de las personas físicas, y el de las personas jurídicas, sociedades y otras entidades jurídicas, sería el «CIF»: código de identificación fiscal. Nada más indican sobre el fabricante o vendedor.

9. Derecho a la formación y educación de los consumidores

9.1. Contenido. La formación y educación de los consumidores son derechos instrumentales, es decir, que sirven para desarrollar y coadyuvar al ejercicio de los llamados derechos materiales o sustantivos.

Expresa el artículo 51.2 CE, con carácter muy amplio, que «los poderes públicos promoverán la información y la educación de los consumidores y usuarios», por lo que habrán de ser las diversas Administraciones públicas las que deberán encargarse de ejecutar políticas diseñadas para cumplir tal finalidad, previo desarrollo legislativo del mandato constitucional.

Cumpliendo la previsión anterior, ha dispuesto la LCU que *los poderes públicos*, en el ámbito de sus respectivas competencias[175]:

a) fomentarán la *formación y educación* de los consumidores y usuarios;
b) asegurarán que los consumidores dispongan de la información precisa *para el eficaz ejercicio de sus derechos*; y
c) velarán para que se les preste la información comprensible sobre el *adecuado uso y consumo* de los bienes y servicios puestos a su disposición.

9.2. Medios de comunicación públicos. Contiene la LCU un mandato, dirigido expresamente a los medios de comunicación púbicos de titularidad estatal (en la actualidad, Radiotelevisión Española, los sitios de internet de la Administración del Estado y las publicaciones estatales), que incluye actuaciones concretas en espacios y *programas no publicitarios*:

1º) sobre la información y educación de los consumidores y usuarios;
2ª) facilitar el acceso o participación de las asociaciones de consumidores y usuarios representativas y los demás grupos o sectores interesados[176].

---

[175] Artículo 17.1 LCU.
[176] Artículo 17.2 LCU.

Capítulo VI. Los contratos con consumidores y la garantía

Sumario: 1. Aspectos generales de la contratación con consumidores. 1.1. Justificación normativa. 1.2. Concepto. 1.3. Ámbito de aplicación. 1.4. Duración y terminación del contrato. 1.5. Documentación de los contratos. 1.6. Prohibición de comparecencia personal. 2. La información precontractual. 2.2. La información en materia de vivienda. 2.2.1. Regulación. 2.2.2. Información general obligatoria sobre la vivienda. 2.2.3. Información en la promoción de viviendas para su venta. 2.2.4. Deberes de información sobre el precio. 2.2.5. Contrato de compra o arrendamiento de vivienda. 3. Veracidad e integración contractual. 3.1. Principio de veracidad. 3.2. Vinculación contractual de la publicidad. 3.2.1. Concepto. 3.2.2. Creación jurisprudencial. 3.2.3. Reconocimiento legal. 3.3. Principio de integración del contrato. 3.4. Efectos jurídicos. 4. El derecho de desistimiento del consumidor. 4.1. Concepto y contenido. 4.2. Información y documento de desistimiento. 4.3. Ausencia de formalidades. 4.4. Plazo de ejercicio. 4.5. Prueba, gastos y lugar. 4.6. Efectos. 4.6.1. Restitución y reembolso. 4.6.2. Imposibilidad de devolución. 4.6.3. Devolución del empresario del importe recibido. 4.6.4. Contratos vinculados. 4.7. Derecho de desistimiento contractual. 5. Condiciones generales de los contratos. 5.1. Antecedentes. 5.2. Regulación legal. 5.3. Conceptos. 5.4. La Ley de condiciones generales de la contratación. 5.4.1. Precisiones terminológicas. 5.4.2. Características esenciales. 5.4.3. Ámbito de aplicación. 5.4.4. Requisitos de validez e interpretación. 5.5. Cláusulas no negociadas individualmente. 5.5.1. Requisitos de las cláusulas no negociadas individualmente. 5.5.2. Empresas públicas. 5.5.3. Información por notarios y registradores. 6. Las cláusulas abusivas.6.1. Definición legal. 6.2. Régimen jurídico. 6.3. Efectos e integración. 6.4. Cláusulas abusivas previstas en la Ley. 6.4.1. Por vincular el contrato a la voluntad del empresario. 6.4.2. Por limitar los derechos básicos del consumidor. 6.4.3. Por falta de reciprocidad. 6.4.4. Sobre garantías. 6.4.5. Que afectan al perfeccionamiento y ejecución del contrato. 6.4.6. Sobre competencia y derecho aplicable. 7. La garantía de los productos de consumo. 7.1. El sistema del Código civil. 7.2. Regulación específica. 7.3. Principios generales. 7.4. Supuestos protegidos y excluidos. 7.5. Requisitos de conformidad. 7.6. Responsabilidad del vendedor y exenciones. 7.7. Acciones incompatibles. 7.8. Derechos del consumidor por falta de conformidad. 7.9. Opción entre reparación y sustitución. 7.10. Reglas de la reparación o sustitución. 7.11. Rebaja del precio y resolución del contrato. 7.12. Criterios para la rebaja del precio. 7.13. Ejercicio de derechos por el consumidor. 7.13.1. Plazo de manifestación de la disconformidad. 7.13.2. Presunciones. 7.13.3. Plazo de prescripción de las acciones. 7.13.4. Justificación documental. 7.13.5. Obligación del consumidor. 7.14. Acción contra el productor. 8. La garantía comercial adicional. 8.1. Definición legal. 8.2. Lengua y forma. 8.3. Contenido obligatorio. 8.4. Prescripción. 9. La reparación y los servicios de posventa. 9.1. Derechos. 9.2. Precios. 9.3. Recuperación y entrega.

1. Aspectos generales de la contratación con consumidores

1.1. Justificación normativa. En el sistema de contratación desarrollado durante la vigencia del modelo liberal plasmado en los códigos civil y de comercio, la presunción de la igualdad entre los sujetos contratantes unida a la absoluta libertad para contratar o no, de la que gozaban ambas partes, oferente o empresario y adquiriente o consumidor, gracias al axioma de la autonomía privada, permitía que fuera el propio mercado, basado en la libre competencia, el que garantizase de manera natural la acertada elección del adquirente, en base a la denominada *justicia contractual*.

Sin embargo, el complejo mercado actual, donde existen situaciones de monopolio, niveles de escasa competencia en ciertos sectores, deficiencias en la información sobre los productos, falta de transparencia del propio mercado, mecanismos agresivos de distribución y venta, etc., que dinamitan aquella pretendida igualdad y limitan, cuando no anulan, la libertad contractual, impidiendo al consumidor, en muchas ocasiones, percibir con claridad y valorar con acierto las diferentes opciones, cuando existen, y configurar de manera adecuada su consentimiento contractual, que siempre ha sido, y sigue siendo, elemento esencial del contrato[177].

Tales situaciones aconsejan cierta intervención legal en el libre mercado mediante la articulación diversos instrumentos y mecanismos, precisamente regulando aspectos fundamentales de la contratación, que restringen el principio de la autonomía de la voluntad, con la finalidad de equilibrar las posiciones entre empresarios y consumidores, estimulando los derechos de éstos últimos, mecanismos que, como ya se ha dicho, son una de las piedras angulares del derecho de consumo y los que justifican su propia existencia.

Tal regulación normativa sobre algunos aspectos esenciales del contrato con los consumidores es la que se desarrolla en las siguientes páginas.

1.2. Concepto. Se definen con suma simplicidad en la LCU al determinar que «son contratos con consumidores y usuarios *los realizados entre un consumidor o un usuario y un empresario*»[178].

1.3. Ámbito de aplicación. Los contratos con consumidores y usuarios se regirán, en primer lugar, por lo establecido en la LCU; en segundo lugar, por las leyes especiales que les afecten; y en tercer lugar, en todo lo no previsto en tales casos, les serán de aplicación las normas sobre contratos civiles y mercantiles, contenidas en el Códigos civil y el Código de comercio.

Cuando los contratos celebrados con consumidores y usuarios incorporen condiciones generales de la contratación se les aplicará, además, la Ley 7/1998, de 13 de abril, sobre condiciones generales de la contratación. En cualquier caso, toda la regulación sectorial de los contratos con los consumidores, deberá respetar el nivel mínimo de protección de la LCU.

1.4. Duración y terminación del contrato. *A*. En la contratación con consumidores y usuarios debe constar de forma inequívoca su voluntad de contratar o, en su caso, de poner fin al contrato.

B. Se prohíben, en los contratos con consumidores y usuarios, las

[177] PAÑOS PÉREZ, Alba, *Derechos y garantías del consumidor en el ámbito contractual*, Universidad de Almería, 2010; ROSILLO FAIRÉN, Alejandro, *La configuración del contrato de adhesión con consumidores*, editorial La Ley, Madrid, 2010.

[178] Artículo 59 LCU. Ámbito de aplicación.

cláusulas que impongan obstáculos onerosos o de sproporcionados para el ejercicio de los derechos reconocidos al consumidor en el contrato.

C. En particular, en los contratos de prestación de servicios o suministro de productos de tracto sucesivo o continuado se prohíben las cláusulas que establezcan plazos de duración excesiva o l imitaciones que excluyan u obstaculicen el derecho del consumidor y usuario a poner fin al contrato.

D. El consumidor y usuario podrá ejercer su derecho a poner fin al contrato en la misma forma en que lo celebró, sin ningún tipo de sanción o de cargas onerosas o d esproporcionadas, tales como la pérdida de las cantidades abonadas por adelantado, el abono de cantidades por servicios no prestados efectivamente, la ejecución unilateral de las cláusulas penales que se hubieran fijado contractualmente o la fijación de indemnizaciones que no se correspondan con los daños efectivamente causados.

E. Los contratos de prestación de servicios o suministro de productos de tracto sucesivo o c ontinuado deberán contemplar expresamente el procedimiento a través del cual el consumidor y usuario puede ejercer su derecho a poner fin al contrato[179].

1.5. Documentación de los contratos. Bajo un epígrafe que se denomina «confirmación documental de la contratación realizada», establece la LCU que en los contratos que se celebren con consumidores y usuarios, el empresario o profesional «entregará *recibo justificante, copia o documento* acreditativo con las condiciones esenciales de la operación, incluidas las condiciones generales de la contratación, aceptadas y firmadas por e l consumidor y usuario, cuando éstas sean utilizadas en la contratación».

La formalización del contrato «será gratuita para el consumidor», cuando legal o reglamentariamente deba documentarse éste escrito o en cualquier otro soporte de naturaleza duradera, «salvo lo previsto legalmente para los contratos que deban formalizarse en escritura pública»[180].

En el caso de viviendas se facilitará además la documentación prevista en la Ley de Ordenación de la Edificación o norma autonómica aplicable[181].

---

[179] Artículo 62 LCU. Contrato.

[180] Artículo 63 LCU. Confirmación documental de la contratación realizada.

[181] Artículo 64 LCU. Documentación complementaria en la compraventa de viviendas. Es aplicable solo en los casos en cuya primera transmisión se efectúe después de la entrada en vigor de la propia LCU, que fue el 1º de diciembre de 2007.

1.6. Prohibición de comparecencia personal. Dispone expresamente la LCU sobre la posible exigencia por el empresario o profesional de la comparecencia personal del consumidor y usuario, que «en la contratación con consumidores y usuarios no se podrá hacer obligatoria la comparecencia personal del consumidor y usuario para realizar *cobros, pagos o trámites similares*, debiendo garantizarse, en todo caso, la constancia del acto realizado»[182], pudiendo, por tanto, apoderarse a cualquier persona a tal fin.

2. La información precontractual

2.1. Información previa al contrato. Con carácter previo a la celebración del contrato con consumidores, «el empresario deberá poner a disposición del consumidor y usuario de forma clara, comprensible y adaptada a las circunstancias la *información relevante*, veraz y suficiente», y en todo caso, gratuita sobre: 1) «las características esenciales del contrato»; 2) sus «condiciones jurídicas y económicas; 3) las características de «los bienes o servicios objeto» del contrato»[183].

Se consideran *relevantes* las obligaciones de información sobre los bienes o servicios establecidas en la LCU y normas aplicables, y además estas:

a) Nombre, razón social y domicilio completo del responsable de la oferta contractual y, en su caso, el nombre, razón social y la dirección completa del comerciante por cuya cuenta actúa.

b) Precio completo, incluidos los impuestos, o presupuesto, en su caso. En toda información al consumidor sobre el precio de los bienes o servicios, incluida la publicidad, se informará del *precio final completo*, desglosando los incrementos o descuentos aplicables, de los gastos que se repercutan al consumidor y usuario, y de los gastos adicionales por servicios accesorios, financiación u otras condiciones de pago similares.

c) Fecha de entrega, ejecución del contrato y duración del mismo.

d) Procedimiento que tiene el consumidor para poner fin al contrato.

e) Garantías ofrecidas por el productor, importador o vendedor.

f) Lengua o lenguas en las que podrá formalizarse el contrato, cuando sea diferente de la ofrecida en la información previa a la contratación.

g) Existencia del derecho de desistimiento del contrato que pueda corresponder al consumidor y usuario, el plazo y la forma de ejercitarlo.

---

[182] Artículo 66 LCU.

[183] Artículo 60 LCU.

h) La dirección completa en la que el consumidor o us uario puede presentar sus quejas y reclamaciones, así como, en su caso, la información sobre el sistema extrajudicial de resolución de conflictos: el arbitraje.

2.2. La información en materia de vivienda. Para la inmensa mayoría de los consumidores la vivienda constituye el bien de mayor valor y más alto precio que adquieren a lo largo de toda su vida. Por ello, el acceso a la vivienda, mediante compra o a través del arrendamiento, se ha convertido en una actividad jurídica de gran trascendencia que aconseja la regulación del derecho a la información del consumidor en los contratos que celebre que tengan por objeto tan preciados bienes raíces.

2.2.1. Regulación. La LCU dedica un solo precepto a lo que denomina «Documentación complementaria en la compraventa de viviendas», disponiendo que, «en el caso de viviendas cuya primera transmisión se efectúe después de la entrada en vigor de esta norma, se facilitará además la documentación prevista en la Ley de Ordenación de la Edificación o norma autonómica que resulte de aplicación»[184].

Sin embargo para ampliar el parco régimen jurídico establecido en materia de entrega de la documentación obligatoria para los casos de viviendas de primera transmisión, se promulgó una norma de gran importancia, pero, infelizmente, no muy conocida, pese a estar plenamente vigente, el Real Decreto 515/1989, de 21 de abril, sobre Protección de los Consumidores en cuanto a la información a suministrar en la compraventa y arrendamiento de viviendas[185] que surge ante la necesidad de regular de forma sistemática un aspecto de especial trascendencia para el consumidor o usuario, como es la información que el profesional o empresario debe suministrarle en la adquisición o arrendamiento de una vivienda.

Este Real Decreto se aplica a la oferta, promoción y publicidad que se realice para la venta o arrendamiento de viviendas que se efectúe en el marco de una actividad empresarial o prof esional, siempre que aquellos actos vayan dirigidos a consumidores (según la definición legal de la LCU), no siendo de aplicación a l as ventas que se efectúen mediante subasta pública, judicial o administrativa, ni a las que se realicen cuando el adquirente o arrendatario tenga la condición de empresario o profesional.

---

[184] Artículo 64 LCU. Documentación complementaria en la compraventa de viviendas.
[185] BOE núm. 117, de 17 de mayo de 1989.

2.2.2. Información general obligatoria sobre la vivienda. Establece este Real Decreto, como primer deber del vendedor y del arrendador de viviendas al público, la obligación legal de tener a disposición de cualquier consumidor interesado en ellas, la información básica siguiente[186]:

1º. Datos identificativos, con domicilio e inscripción registral, si es una sociedad, del vendedor o arrendador.

2º. Plano de emplazamiento y plano de la vivienda, con descripción de los trazados de agua, gas, calefacción y elementos contra incendios.

3º. Descripción de la vivienda, superficie útil y descripción del edificio, con expresión de las zonas comunes y servicios accesorios.

4º. Expresión de los materiales empleados en la construcción, incluidos los aislamientos térmicos y acústicos.

5º. Instrucciones sobre uso y mantenimiento de las instalaciones, así como las de evacuación del inmueble en caso de emergencia.

6º. Identificación registral del inmueble, o expresión de no hallarse inscrito en el Registro de la Propiedad.

7º. Precio total de venta de la vivienda, o renta si es alquiler, y de los accesorios, y forma de pago.

2.2.3. Información en la promoción de viviendas para su venta. En todos los casos de promoción de viviendas destinadas para su venta, deberán ponerse a disposición del público los siguientes documentos e información sobre la vivienda[187]:

1º. Copia de las autorizaciones administrativas, en especial la cédula urbanística o certificación acreditativa de las circunstancias urbanísticas de la finca, con referencia al cumplimiento de las operaciones reparcelatorios o compensatorias, así como de la licencia para la utilización u ocupación de la vivienda, zonas comunes y servicios accesorios, o acto equivalente.

2º. Los Estatutos y normas de funcionamiento de la Comunidad de Propietarios, así como información de los contratos de servicios y suministros de la comunidad. Si la comunidad de propietarios ya esta funcionando se facilitará un extracto de cuentas y obligaciones de la vivienda objeto de la venta.

3º. Información sobre los tributos de cualquier clase que se está obligado a pagar por la propiedad, alquiler o uso de la vivienda.

4º. Forma en que está previsto documentar el contrato, así como sus

[186] Artículo 4 del Real Decreto 515/1989, de 21 de abril.
[187] Artículo 5 del Real Decreto 515/1989, de 21 de abril.

condiciones generales y especiales, haciendo constar de modo especialmente legible lo siguiente: a) que el consumidor no s oportará los gastos de titulación (notaría y registro de la propiedad) le correspondan al vendedor; b) la obligación del vendedor de otorgar escritura pública al comprador; c) el derecho de libre elección de notario que corresponde al consumidor.

5º. Fecha de entrega de la vivienda y zonas comunes, y expresión de la fase en que se encuentra la edificación, si no está completamente construida.

6º. En la primera transmisión, nombre y domicilio del Arquitecto, así como los datos precisos del constructor.

2.2.4. Deberes de información sobre el precio. La información sobre el precio de venta será clara y detallada, debiendo ponerse a d isposición del público una nota explicativa con los siguientes datos e información[188]:

1º. Precio completo de la vivienda, entendiéndose que incluye los honorarios del Agente o intermediario, y el Impuesto sobre el Valor Añadido, o el Impuesto Transmisiones Patrimoniales y Actos Jurídicos Documentados, cuando proceda.

2º. Forma de pago del precio, con descripción del interés aplicable, en caso de aplazamiento, importe por principal e intereses y fechas de vencimiento.

3º. Si se prevé la subrogación del consumidor en alguna operación de crédito no concertada por el, con garantía real sobre la propia vivienda se indicará con claridad el notario autorizante de la correspondiente escritura, fecha de esta, datos de su inscripción en el registro de la propiedad y la responsabilidad hipotecaria que corresponde a cada vivienda, con expresión de vencimientos y cantidades.

4º. Garantías que se exigen al comprador para pago del precio, o de parte de él, si se aplaza.

5º. Se hará constar, en la nota explicativa, que del importe total de la venta se deducirá cualquier cantidad entregada a cuenta por el adquirente o por cuenta del adquirente antes de la formalización de la operación.

2.2.5. Contrato de compra o arrendamiento de vivienda. El documento donde se formalice la el contrato de compraventa o arrendamiento de viviendas, deberá ir redactado con la debida claridad y sencillez, sin referencia o remisión a textos o documentos que no se faciliten previa o simultáneamente a la celebración del contrato.

Deberán responder a los principios de buena fe y justo equilibrio de las

[188] Artículo 6 del Real Decreto 515/1989, de 21 de abril.

contraprestaciones, lo que, entre otras, implica que en los contratos de compraventa de viviendas destinadas a los consumidores se establece la prohibición de cláusulas en el contrato que[189]:

a) No reflejen con claridad u omitan, en los casos de pago diferido, la cantidad aplazada, el tipo de interés anual sobre los saldos pendientes de amortización y las condiciones de amortización de los créditos concedidos y las cláusulas que de cualquier forma faculten al vendedor a incrementar el precio aplazado durante la vigencia del contrato.

b) Impongan un incremento del precio por servicios, accesorios, financiación, aplazamientos, recargos, indemnizaciones o penalizaciones que no correspondan a prestaciones adicionales efectivas que puedan ser libremente aceptadas o rechazadas por el comprador o arrendatario con independencia del contrato principal. A tales efectos:

1º. Las reformas en las obras motivadas en causas diligentemente no previsibles en el momento de la aprobación de los proyectos de urbanización o construcción que hayan de originar modificación del precio estipulado, serán previamente comunicadas a los adquirentes quienes deberán dar su conformidad a la cuantía exacta que la reforma produzca.

2º. Las reformas que propongan los adquirentes serán asimismo objeto de formalización documental que contendrá sucinta descripción de su contenido y concretas repercusiones que deriven en el precio y plazo de entrega que hubiesen sido pactados.

c) Supongan la repercusión al comprador o arrendatario de fallos, defectos o errores administrativos o bancarios que no les sean directamente imputables.

d) Impongan, en la primera venta de viviendas, la obligación de abonar los gastos derivados de la preparación de la titulación que por Ley o por naturaleza corresponden al vendedor (obra nueva, propiedad horizontal, hipotecas para financiar su construcción o su división o cancelación).

Además, a la firma del contrato todo adquirente de vivienda comprendido en el ámbito de aplicación de este Real Decreto, tiene derecho a recibir a costa del vendedor una copia de todos los documentos anteriores.

---

189 Artículo 10 del Real Decreto 515/1989, de 21 de abril.

3. Veracidad e integración contractual

3.1. Principio de veracidad. Determina el art. 61.1 LCU que «la oferta, promoción y publicidad de los bienes o s ervicios *se ajustarán* a su naturaleza, características, utilidad o finalidad y a las condiciones jurídicas o económicas de la contratación».

Lo anterior significa que, en la contratación con consumidores, cualquier forma de ofrecer o anunciar toda clase de productos destinados a aquéllos deberá cumplir con las siguientes obligaciones que garanticen la veracidad de la oferta, promoción y publicidad: a) ser conforme con la propia naturaleza del bien o s ervicio; b) ajustarse a las características de tal producto; c) acomodarse a la utilidad o finalidad de tales bienes y servicios; d) ajustarse a los requisitos jurídicos y económicos del contrato.

La publicidad comercial se regula en la Ley general de publicidad, donde se establece su *concepto legal* que la configura como «toda forma de comunicación realizada por una persona física o jurídica, pública o privada, en el ejercicio de una actividad comercial, industrial, artesanal o profesional, con el fin de promover de forma directa o indirecta la contratación de bienes muebles o inmuebles, servicios, derechos y obligaciones»[190].

3.2. Vinculación contractual de la publicidad. ***3.2.1. Concepto***. La vinculación contractual de la publicidad, es decir, el principio de integración publicitaria del contrato, no es otra cosa que considerar que la publicidad comercial que se ha realizado de un producto es parte del contenido del contrato y por tanto exigible como una cláusula más integrada en el mismo.

3.2.2. Creación jurisprudencial. La llamada integración publicitaria del contrato, o vinculación de la publicidad al contrato, tiene en España claros orígenes jurisprudenciales cuya pionera doctrina fue aplicada por el la Sala Primera, de lo Civil, del Tribunal Supremo, en dos espléndidas sentencias[191] cuyo audaz planteamiento jurídico se ha llegado a calificar incluso de «revolucionario», doctrina que, a falta de una legislación específica de protección de los consumidores como la actual, hubo de fundamentarse entonces con suma agudeza jurídica, en los artículos 7, 1256, 1258, 1282 y

---

[190] Artículo 2 de la Ley General de Publicidad.

[191] La primera de 14 de junio de 1976 y la segunda de 27 de enero de 1977, siendo ponente de ambas el magistrado Antonio Cantos Guerrero.

1283 del Código y 57 del Código de comercio.

Los citados pronunciamientos jurisprudenciales supusieron un giro copernicano en la línea interpretativa tradicional que venía considerando irrelevante a efectos contractuales la publicidad comercial de carácter engañoso o falaz, que se venía considerando tan sólo como un supuesto típico del llamado *dolus bonus*, desde luego insuficiente para viciar el consentimiento contractual y para atacar la plena validez del contrato.

Resulta muy interesante conocer los casos concretos y las consecuencias jurídicas, de las primeras sentencias del Tribunal Supremo, que versaron sobre una maquinaria que no daba el rendimiento anunciado[192], viviendas carentes de la insonorización y climatización prometida en unos folletos[193], otras sin las vistas panorámicas ofrecidas[194] y una urbanización carente de las zonas deportivas que sí aparecían en la publicidad comercial[195].

---

[192] La STS del4 de junio de 1976, fue la pionera y condenó a una empresa (Agro Industrial, SA) a retirar a su costa de manos de su cliente y comprador una determinada maquinaria industrial para la fabricación de harina de pescado, y a enviar a tal comprador otra máquina que se correspondiera, en sus características técnicas y rendimiento industrial, al tipo de maquinaria anunciada en los folletos publicitarios emitidos por el vendedor y que sirvieron de guía y base al comprador para celebrar el contrato. En concreto la publicidad gráfica de los folletos se afirmaba un rendimiento de 2.000 a 3.000 litros cada hora, demostrándose luego en los autos que la producción de la máquina no alcanzaba tales cifras por lo que la sentencia estimó que el vendedor había incumplido el contrato.

[193] La STS de 27 de enero de 1977, del mismo ponente, condena también a otra empresa vendedora de viviendas (Ahorro y Capitalización, SA) a instalar en el piso vendido un sistema de aire acondicionado y a realizar las obras precisas para lograr la adecuada insonorización de la vivienda, ya que tales elementos aparecían como propios de la vivienda en los folletos publicitarios que fueron distribuidos por la vendedora, y que sirvieron para atraer al consumidor y comprar el piso en cuestión. La sentencia desestima los argumentos de la empresa quien afirma que «un folleto de publicidad no es un contrato», ya que el adquirente confía en la buena fe del vendedor y además los planos de construcción contienen lo ofertado en aquella publicidad.

[194] La STS de 5 de enero de 1980, condenó a la empresa vendedora de un chalet, que se anunció como provisto de maravillosas vistas al mar, a la reducción del precio establecido en el contrato de compraventa, a causa de la posterior construcción por el mismo vendedor y demandado, de otras viviendas delante del chalet que eliminaron las vistas panorámicas, al haberse probado las aseveraciones del vendedor al comprador de que siempre conservaría aquellas vistas pues nunca construiría en el terreno delantero de tal chalet.

[195] La STS de 9 de febrero de 1981, condena a la empresa constructora de una urbanización de viviendas («Residencial San José») obligándola a ceder a los compradores de los pisos las zonas deportivas y recreativas, al entender que la intención de las partes contratantes debía ser interpretada –e integrada– de acuerdo con las declaraciones publicitarias, de las que se deducía la inclusión de tales elementos como zonas comunes de la urbanización.

3.2.3. Reconocimiento legal. La doctrina jurisprudencial sobre la vinculación contractual de la publicidad acabó plasmándose en el artículo 8 de la Ley de consumidores de 1984, que luego se ha sido refundido en el vigente artículo 62.2 LCU.

3.3. Principio de integración del contrato. Tras dejar sentado el principio de veracidad de la oferta, promoción y publicidad de los productos, actividades o servicios, como se ha expuesto, al exigir que se ajusten a su naturaleza, características, condiciones, utilidad o finalidad, el artículo 62.2. LCU se reconoce el principio de integración publicitaria del contrato, o de vinculación contractual de la publicidad, al afirmarse que «*el contenido* de la oferta, promoción o publ icidad, las prestaciones propias de cada bien o servicio, las condiciones jurídicas o económicas y garantías ofrecidas *serán exigibles* por los consumidores y usuarios, aún cuando no f iguren expresamente en el contrato celebrado o e n el documento o comprobante recibido y deberán tenerse en cuenta en la determinación del principio de conformidad con el contrato».

No obstante, cuando en el contrato celebrado existiesen estipulaciones más beneficiosas para el consumidor, prevalecerán éstas sobre el contenido de la oferta, promoción o publicidad, todo ello acorde con el principio *pro consumatore*, por l o que se determina que «si el contrato celebrado contuviese cláusulas más beneficiosas, estas prevalecerán sobre el contenido de la oferta, promoción o publicidad»[196].

Con carácter más amplio, se refiere de manera expresa la LCU a la que denomina *integración del contrato* cuando determina que «los contratos con los consumidores y usuarios se integrarán, en beneficio del consumidor, conforme al principio de *buena fe objetiva*, también en los supuestos de omisión de información precontractual relevante». Técnicamente, la *integración del contrato* significa concretar la aplicación de determinadas normas, de origen diverso, que globalmente regulan un contrato.

3.4. Efectos jurídicos. El principio consagrado en tales normas es de extraordinario alcance práctico para el consumidor, pues suponen que:

1º) El consumidor está legitimado para exigir al empresario o profesional las *prestaciones propias* de cada producto ofrecido, según la

---

[196] Artículo 61.3 LCU.

naturaleza del mismo, estén o no plasmadas en el contrato[197]. El artículo 1258 CC ya expresa que desde el momento de prestar el consentimiento los contratos «obligan no sólo al cumplimiento de lo expresamente pactado, sino también *a todas las consecuencias* que, según *su naturaleza*, sean conformes a la buena fe, *al uso* y a la ley».

2º) Puede el consumidor reclamar todo aquello que fue objeto de la publicidad, promoción u oferta, aunque no aparezca en el contrato. No sólo serán parte del contrato las normas civiles y mercantiles (en concreto la LCU y la LGP) en materia de oferta y publicidad aplicables al caso, sino que además, todas aquellas características, ventajas, cualidades, propiedades o atributos de los bienes y servicios que se hayan ofrecido en el mensaje publicitario, y que seguramente habrán servido de reclamo para atraer al consumidor, quedarán plenamente integradas en el contrato que celebre y se convertirán en cláusulas vinculantes para el empresario, aunque no figuren de manera expresa en el mismo. Se trata, en definitiva, en este apartado, de la integración publicitaria *por omisión* en el contrato.

3º) Se establece también una cláusula sobre el contenido prestacional más beneficioso para el consumidor[198], disponiéndose en ella la integración contractual publicitaria *por contradicción o divergencia* con el contenido del contrato. Las cláusulas del contrato o las prestaciones ofrecidas mediante la publicidad que resulte más favorables para los consumidores serán siempre exigibles: tanto si figuran expresamente o no en el contrato, como si figuran en éste, pero con alteraciones o divergencias respecto al contenido publicitario. Ello implica que el contrato se integra publicitariamente en beneficio del consumidor, es decir, que no procederá dicha integración publicitaria del contrato si de ella no se deriva un beneficio neto para el consumidor. La consecuencia lógica de lo anterior es que el empresario anunciante que ha predispuesto el contenido formal del contrato no podrá valerse de la integración para mejorar su posición en perjuicio del consumidor.

4. El derecho de desistimiento del consumidor

4.1. Concepto y contenido. Se define el derecho de desistimiento de un contrato en la LCU como «la facultad del consumidor y usuario de dejar sin efecto el contrato celebrado, notificándoselo así a la otra parte contratante en

[197] Artículo 61.2 LCU.
[198] Artículo 61.3 LCU.

el plazo establecido para el ejercicio de ese derecho, sin necesidad de justificar su decisión y sin penalización de ninguna clase»[199].

Se refuerza dicha figura legal declarándose «nulas de pleno de derecho las cláusulas que impongan al consumidor y usuario una penalización por el ejercicio de su derecho de desistimiento»[200].

No se trata de un derecho de carácter universal del consumidor en todos los contratos en los que sea parte, sino que el consumidor únicamente podrá ejercer el derecho de desistimiento: a) cuando exista una previstos legal o reglamentaria; y b) cuando así se le reconozca por el vendedor, empresario o profesional, en la oferta, promoción publicidad o en el propio contrato.

Es decir, que el derecho de desistimiento puede tener *carácter legal*, en cuyo caso se regirá por las normas que lo establezcan en cada caso y en su defecto por la LCU; y también puede ser de *carácter contractual o voluntario* ofrecido por el empresario o vendedor[201], rigiéndose entonces por lo que se disponga en la oferta o publicidad, y en su defecto, por la LCU.

4.2. Información y documento de desistimiento. Siempre que la ley atribuya el derecho de desistimiento al consumidor y usuario, «el empresario contratante deberá informarle por e scrito en el documento contractual, de manera clara, comprensible y precisa, del derecho de desistir del contrato y de los requisitos y consecuencias de su ejercicio, incluidas las modalidades de restitución del bien o servicio recibido»[202].

Además, deberá entregarle el denominado *documento de desistimiento*, que será identificado claramente con tal denominación «donde se expresará el nombre y dirección de la persona a quien debe enviarse y los datos de identificación del contrato y de los contratantes a que se refiere».

---

[199] BELUCHE RINCÓN, Iris, *El derecho de desistimiento del consumidor*, editorial Tirant lo Blanch, Valencia, 2009.

[200] Artículo 68.1 LCU.

[201] La mayoría de las grandes cadenas de supermercados, hipermercados y grandes almacenes ofrecen en las ventas presenciales –sin que tengan obligación legal– la posibilidad de recuperar el precio pagado devolviendo lo adquirido, durante un tiempo fijado, sin necesidad de explicar motivo alguno, por lo que se trata del reconocimiento por la empresa vendedora del derecho de desistimiento de carácter voluntario. En España pionera de tal política fue hace décadas la firma *El Corte Inglés* bajo la acuñada fórmula, ya clásica, que aún sigue publicitándose: «si no queda satisfecho, le devolvemos su dinero».

[202] Artículo 69 LCU. Obligación de informar sobre el derecho de desistimiento.

El empresario tiene la carga de probar el cumplimiento que ha informado al consumidor y que le ha entregado el documento de desistimiento.

4.3. Ausencia de formalidades. El ejercicio del derecho de desistimiento por parte de los consumidores y usuarios «no estará sujeto a formalidad alguna, bastando que se acredite en cualquier forma admitida en derecho».

La ley considera válidamente ejercitado el derecho de desistimiento por parte del consumidor mediante: a) el envío del documento de desistimiento al vendedor; o b) la devolución a éste de los productos recibidos»[203].

4.4. Plazo de ejercicio. El consumidor y usuario dispondrá de un «plazo mínimo de siete días hábiles» para ejercer el derecho de desistimiento. Será, a efectos del cálculo de las fechas, la «ley del lugar donde se ha entregado el bien objeto del contrato o donde hubiera de prestarse el servicio, la que determine los días que han de considerarse hábiles»[204].

La LCU hace depender el plazo para ejercer el derecho de desistimiento de la circunstancia de *si el empresario cumplió o no,* su obligación de informar al consumidor y entrega del «documento de desistimiento»:

a) Si el empresario cumplió, el plazo de siete días se computará desde la *recepción del bien* objeto del contrato, o desde la celebración del contrato si el objeto del contrato fuera la prestación de servicios.

b) Si no cumplió, el plazo para su ejercicio será de *tres meses* a contar desde que se entregó el bien contratado o se hubiera celebrado el contrato si el objeto de éste fuera la prestación de servicios. Si el deber de información y documentación se cumpliese durante estos tres meses, el plazo legalmente previsto (siete días) para el ejercicio del derecho de desistimiento empezará a contarse desde que se suministró tal información y documento.

En cualquier caso, la fecha a tener en cuenta para ejercitar el derecho de desistimiento será el día de expedición o envío por el consumidor, de la declaración de desistimiento, no la de su recepción por parte del empresario.

Sin embargo, la *falta de ejercicio* del derecho de desistimiento en el plazo fijado «no será obstáculo para el posterior ejercicio de las acciones de

---

[203] Artículo 70 LCU. Formalidades para el ejercicio del desistimiento.
[204] Artículo 71 LCU. Plazo para el ejercicio del derecho de desistimiento.

nulidad o resolución del contrato» cuando procedan conforme a derecho[205].

4.5. Prueba, gastos y lugar. Corresponderá al consumidor «probar que ha ejercitado su derecho de desistimiento» conforme a lo dispuesto en las normas de la LCU que aquí se examinan[206]. Ello supone que deberá hacer el envío y notificación en cualquier forma que luego le permita acreditarlo, debiendo conservar los oportunos resguardos de correos o transporte, o en su caso, de las notificaciones que haya efectuado a la empresa o profesional.

Además, según determina la propia Ley, el ejercicio de este derecho de desistimiento «no implicará gasto alguno para el consumidor y usuario»[207].

Sin embargo, ello no es cierto del todo puesto que, sobre todo en las ventas a distancia, siempre serán de cuenta del consumidor todos los gastos de transporte –imprescindibles– para el reenvío o devolución del bien adquirido a la empresa vendedora cuando su domicilio estuviese en otro lugar, ciudad o país, diferente del domicilio del consumidor adquiriente.

El lugar de cumplimiento del contrato, a efectos de este derecho, será el lugar donde el consumidor y usuario haya recibido la prestación. Significa esta previsión legal que la competencia territorial, en casos de litigios por tal asunto, será la de los juzgados y tribunales de la ciudad o partido judicial donde el consumidor recibió el producto, que coincidirá con su domicilio.

4.6. Efectos. 4.6.1. Restitución y reembolso. Agrupadas bajo el epígrafe de «consecuencias del ejercicio del derecho de desistimiento», una vez ejercido éste, la LCU establece las siguientes: 1ª) Las partes deberán restituirse recíprocamente las prestaciones de acuerdo con lo dispuesto en los artículos 1303 y 1308 CC; 2ª) El consumidor no tendrá que rembolsar cantidad alguna por la disminución del valor del bien por su uso conforme a lo pactado o a su naturaleza, ni por la utilización del servicio. 3ª) El consumidor tiene derecho al rembolso de los gastos necesarios y útiles que hubiera realizado en el bien devuelto[208].

4.6.2. Imposibilidad de devolución. Cuando al consumidor no le sea posible devolver la prestación objeto del contrato por la pérdida, destrucción

---

[205] Artículo 78 LCU. Acciones de nulidad o resolución.

[206] Art. 72 LCU. Prueba del ejercicio del derecho de desistimiento

[207] Art. 73 LCU. Gastos vinculados al desistimiento.

[208] Art. 74 LCU. Consecuencias del ejercicio del derecho de desistimiento.

u otra causa, no se le privará del ejercicio de su derecho de desistimiento[209].

A. Si la imposibilidad de devolución fuere *imputable al consumidor*, éste responderá del valor de mercado que hubiera tenido la prestación en el momento del ejercicio del derecho de desistimiento, salvo que dicho valor fuera superior al precio de adquisición, en cuyo caso responderá de éste.

B. Pero si el empresario hubiera *incumplido su deber de información* y documentación sobre el derecho de desistimiento, la imposibilidad de devolución sólo será imputable al consumidor y usuario cuando éste hubiera «omitido la diligencia que le es exigible en sus propios asuntos».

4.6.3. Devolución del empresario del importe recibido. Una vez que haya ejercido el consumidor el derecho de desistimiento, el empresario estará obligado a devolver las sumas abonadas por el consumidor y usuario sin retención de gastos, «lo antes posible y, en cualquier caso, en el plazo máximo de *30 días* desde el desistimiento», es decir, desde que lo recibió.

Si transcurriese dicho plazo sin que el consumidor y usuario haya recuperado la suma adeudada por el empresario, tendrá *derecho a reclamarla duplicada*, además de la indemnización de los daños y perjuicios que se le hayan causado –y acredite– en lo que excedan de dicha cantidad. El empresario deberá probar que devolvió la suma dentro del plazo[210].

4.6.4. Contratos vinculados. Cuando en el contrato para el que se ejercite el derecho de desistimiento el precio a abonar por el consumidor y usuario «haya sido total o parcialmente financiado mediante un crédito concedido por el empresario contratante o por parte de un tercero, previo acuerdo de éste con el empresario contratante» (contratos vinculados), el ejercicio del derecho de desistimiento del contrato implicará, también, la resolución del contrato de crédito vinculado sin penalización alguna para el consumidor[211].

4.7. Derecho de desistimiento contractual. Cuando no haya previsiones específicas en la oferta, promoción y publicidad del empresario, o en el contrato, el derecho de desistimiento reconocido contractualmente se ajustará a lo previsto en la LCU para el desistimiento de carácter legal.

En todo caso, el consumidor que ejercite el derecho de desistimiento

[209] Art. 75 LCU. Imposibilidad de devolver la prestación por parte del consumidor.
[210] Artículo 76 LCU. Devolución de sumas percibidas por el empresario.
[211] Artículo 77 LCU. Desistimiento de un contrato vinculado a financiación.

contractualmente reconocido no tendrá, en ningún caso, la obligación de indemnizar por el desgaste o deterioro del bien o por el uso del servicio debido exclusivamente a su prueba para tomar una decisión sobre su adquisición definitiva, por lo que no tendrá validez cualquier indicación en el reconocimiento del derecho de desistimiento que contradiga lo anterior.

En igual sentido, tampoco cabrá que el empresario pueda exigir anticipo del pago o prestación de garantías, incluso la aceptación de efectos para garantizar un eventual resarcimiento en su favor para el caso de que se ejercite el derecho de desistimiento[212]: tal exigencia carece de toda validez.

5. Condiciones generales de los contratos

5.1. Antecedentes. La amplia libertad reconocida por el sistema liberal en el Código civil propició que una de las partes del contrato, llamada *predisponente*, coincidiendo generalmente con las grandes empresas, bien organizadas y que celebran multitud de operaciones con un elevado número de personas, comenzaran a establecer de antemano (predisponer) el contenido del contrato, a través de una serie de estipulaciones iguales y ventajosas que introducían en todos sus contratos: técnica contractual que se denominó *condiciones generales de la contratación* en el Ordenamiento alemán e italiano y que vino a denominarse *contratos de adhesión* en los sistemas jurídicos francés e inglés[213].

A la otra parte, denominada *adherente*, no quedaba más opción que contratar aceptando las condiciones que se le imponían, o no contratar, sin tener la posibilidad de colaborar en la fijación de los términos o condiciones del clausulado del contrato. Esta situación, desarrollada hasta nuestros días, produce un evidente desequilibrio que desnaturaliza, en perjuicio de la parte más débil (el consumidor) el principio de la libertad de contratación.

Una interpretación literal del principio de igualdad de las partes del contrato posibilita la conclusión de relaciones contractuales entre partes que no gocen de la misma situación económica aún cuando alguna de ellas no ostente una manifiesta prevalencia sobre la otra, porque la concepción liberal del contrato se basa en la hipotética y teórica igualdad entre todos los

---

[212] Artículo 79 LCU. Derecho contractual de desistimiento.

[213] La Declaración de Derechos del Hombre y del Ciudadano de 1789, adoptada en París tras la Revolución Francesa, como desarrollo del principio *laisser faire, laisser passez*, postulaba la libertad absoluta de usar y cambiar bienes, lo que se plasmó posteriormente en el *Code civile* de Napoleón de 1804, protegiendo la propiedad y el contrato.

contratantes, con la particularidad de que, al estar desconectada de las relaciones económicas, consolida la *desigualdad real* mediante el empleo de la *igualdad formal* (Clavería Gosálbez).

Las grandes empresas, gracias a su situación de privilegio en el mercado que muchas veces se materializa en un sistema de monopolio, comenzaron a introducir en las condiciones generales de sus contratos *cláusulas abusivas* de todo orden, desde las de exoneración de su propia responsabilidad, a las de intereses excesivos o cargando gastos desproporcionados, imponiendo el contenido del contrato a todos los consumidores interesados en el bien o servicio ofrecido, desapareciendo la verdadera libertad contractual, pues quien pretenda acceder a tales productos está obligado a aceptar en su integridad las cláusulas impuestas por e l oferente, por de sorbitadas que fuesen, o en otro caso, renunciar a contratar y, por ende, verse privado de la posibilidad de acceder a aquellos bienes o servicios[214].

5.2. Regulación legal. Contra este práctica, y teniendo presente el artículo 51 C E que reconoce el derecho a la protección de los legítimos intereses económicos de los consumidores, hubo de reaccionar el Legislador, primero mediante la defensa de tales intereses en textos sectoriales y luego mediante una ley de carácter general aplicable a todo tipo de contratos en los que existan las llamadas condiciones generales de la contratación, aunque también se han introducido a tal efecto ciertas normas en la vigente LCU.

La Directiva 93/13/CEE de 5 de abril del Consejo de las Comunidades Europeas, sobre *Cláusulas abusivas* en los contratos celebrados con consumidores, adopta el propósito de aproximar las disposiciones legales, reglamentarias y administrativas de los estados miembros sobre las cláusulas abusivas en los contratos celebrados entre profesionales y consumidores, aunque no regula de manera específica las condiciones generales.

En desarrollo, y con retraso, de aquella Directiva, se aprobó en España la vigente Ley 7/1998, de 13 de abril, *sobre Condiciones Generales de la Contratación* (LCG) para proteger de la igualdad de los contratantes y la justicia de los contenidos contractuales buscando «proteger los legítimos

---

[214] Las ideas del *Code* fueron adoptadas en toda Europa a través de la codificación, plasmándose en nuestro Código civil, entre otros preceptos, en el artículo 1255, donde se establece la libertad de pactos o principio de autonomía de la voluntad, sin más límites que la ley, la moral o el orden público. No obstante, el artículo 1256 del mismo texto, atenúa la amplia, y casi absoluta, libertad para contratar, prohibiendo que se deje el cumplimiento de lo pactado a merced de la voluntad de una sola de las partes del contrato.

intereses de los consumidores y usuarios, pero también de cualquiera que contrate con una persona que utilice condiciones generales en su actividad contractual», según indica en su exposición de motivos.

No obstante, los artículos 80 a 91 de la LCU contienen un nutrido bloque de normas sobre condiciones generales de los contratos y cláusulas abusivas aplicables, de manera exclusiva, a los consumidores y usuarios.

5.3. Conceptos. En realidad, el *contrato de adhesión*[215] es un contrato que incluye *condiciones generales* de la contratación, aunque la finalidad práctica de ambas figuras contractuales viene a ser la misma. Pero, con mayor precisión, cabe referirse: a) al «contrato de adhesión» cuando se acentúa que el interesado en lo que se le ofrece no tiene más remedio que *adherirse* a dicho contrato donde las cláusulas le son impuestas; y b) a «las condiciones generales de la contratación», para destacar que tales cláusulas han sido elaboradas por el oferente de manera previa a la celebración del contrato y con el propósito de introducirlas en una *pluralidad de contratos*.

5.4. La Ley de condiciones generales de la contratación. Conviene hacer una somera aproximación a la LCG, pues, aunque su aplicación no se ciñe a los consumidores y usuarios, pues también protege la contratación entre profesionales, sin embargo, también aquéllos se benefician de sus normas.

5.4.1. Precisiones terminológicas. En el preámbulo de la exposición de motivos de la LCG se pretende distinguir las *cláusulas abusivas* de lo que son las llamadas condiciones generales de la contratación.

Así, «una cláusula es *condición general* cuando está predispuesta e incorporada a una pluralidad de contratos exclusivamente por una de las partes, y no tiene por qué ser abusiva. *Cláusula abusiva* es la que en contra de las exigencias de la buena fe causa en detrimento del consumidor un desequilibrio importante e injustificado de las obligaciones contractuales y puede tener o no el carácter de condición general, ya que también puede, darse en contratos particulares cuando no existe negociación individual de sus cláusulas, esto es, en contratos de adhesión particulares.

Las condiciones generales de la contratación se pueden dar tanto en las relaciones de *profesionales entre sí* como de *éstos con los consumidores*. En

---

215 ROSILLO FAIRÉN, Alejandro, *La configuración del contrato de adhesión con consumidores*, editorial La Ley, Madrid, 2010.

uno y otro caso, se exige que las condiciones generales formen parte del contrato, sean conocidas o –en ciertos casos de contratación no escrita– exista posibilidad real de ser conocidas, y que se redacten de forma transparente, con claridad, concreción y sencillez. Pero, además, se exige, cuando se contrata con un consumidor, que no sean abusivas.

El concepto de *cláusula contractual abusiva* tiene así su ámbito propio en la relación con los consumidores. Y puede darse tanto en *condiciones generales* como en cláusulas predispuestas para un *contrato particular* al que el consumidor se limita a adherirse. Es decir, siempre que no ha existido negociación individual»[216].

5.4.2. Características esenciales. Los rasgos característicos de la LCG más interesantes, desde un punto de vista elemental, podrían ser: 1º) Se trata de una ley de carácter general aplicable a todo tipo de situaciones y contratos y en todo el territorio nacional. 2º) Establece la diferencia legal entre cláusula abusiva y condición general de la contratación, definiendo ambos conceptos, pero refiriéndose además a las condiciones no generales o particulares predispuestas e impuestas. 3º) Amplía la protección más allá de la Directiva 93/13/CEE pues, además de los empresarios, incluye a los profesionales. 4º) Se aplica de manera plena siempre que una de las partes del contrato tenga la condición jurídica de consumidor, y de manera menos plena, a los contratos realizados por empresarios o profesionales entre sí.

5.4.3. Ámbito de aplicación. *A*. El *ámbito objetivo* sobre el cual se aplica la LCG viene determinado por el concepto que recoge el primer párrafo de su artículo 1º donde se determina que «son condiciones generales de la contratación, las cláusulas predispuestas cuya incorporación al contrato sea impuesta por una de las partes, con independencia de la autoría material de las mismas, de su apariencia externa, de su extensión y de cualesquiera otras circunstancias, habiendo sido redactadas con la finalidad de ser incorporadas a una pluralidad de contratos». La norma también será de aplicación a las

---

[216] Preámbulo de la exposición de motivos de la Ley 7/1998, de 13 de abril, *sobre Condiciones Generales de la Contratación* (LCG), que añade: «Esto no quiere decir que en las condiciones generales *entre profesionales* no pueda existir abuso de una posición dominante. Pero tal concepto se sujetará a las normas generales de nulidad contractual. Es decir, nada impide que también judicialmente pueda declararse la nulidad de una condición general que sea abusiva cuando sea contraria a la buena fe y cause un desequilibrio importante entre los derechos y obligaciones de las partes, incluso aunque se trate de contratos entre profesionales o empresarios. Pero habrá de tener en cuenta en cada caso las características específicas de la contratación entre empresas».

condiciones generales aunque algunas de las cláusulas se hayan negociado individualmente, siempre que se trate de un contrato de adhesión.

B. El *ámbito subjetivo* alcanza a todos aquellos contratos, que contengan condiciones generales, celebrados entre un profesional (predisponente) y cualquier otra persona física o jurídica (adherente), pudiendo ser éste último también un profesional[217]. Los dos sujetos que configuran el contrato sujeto a estas condiciones son predisponente y adherente.

El predisponente siempre habrá de ser un profesional (empresario público o privado, incluyendo a los industriales, agricultores y artesanos, además de a los profesionales liberales e incluso a las Administraciones públicas). Según la LCG «se entiende por profesional a toda persona física o jurídica que actúe dentro del marco de su actividad profesional o empresarial, ya sea pública o privada»[218].

Sin embargo, el adherente –sujeto protegido por la LCG– puede ser tanto un profesional descrito en los anteriores términos, como un consumidor, lo que supone que la Ley extiende su protección más allá de las relaciones contractuales con consumidores y es una de las características de la misma. No obstante, la *protección plena* solo se concede a los consumidores y es muy superior a la protección *menos plena* que se otorga a los profesionales cuando tengan la condición de adherentes.

Así, lo más destacado es que, sólo y exclusivamente los adherentes que gocen de la cualidad legal de consumidores, pueden beneficiarse de la protección regulada en materia de cláusulas abusivas.

C. El *ámbito territorial* de aplicación de la LCG se extiende a toda España, con carácter imperativo siempre que existían condiciones generales de los contratos sujetos a la legislación española. Hay que recordar que la Constitución española de 1978 en las reglas 6ª y 8ª de su artículo 149.1 otorga al Estado la competencia exclusiva en materia de derecho civil y mercantil, y en todo caso, las «bases de las obligaciones contractuales», siendo unánime y reiterada la doctrina del Tribunal Constitucional sobre la exclusiva competencia estatal en materia de contratos.

D. Han quedado *excluidos* de la aplicación de la LCG los contratos

---

[217] Artículo 2.1 LCG.
[218] Artículo 2.2 LCG.

administrativos, los de trabajo, de constitución de sociedades, los que regulan las relaciones familiares y los sucesorios[219].

5.4.4. Requisitos de validez e interpretación. Los presupuestos de incorporación al contrato, es decir, los requisitos que se precisan para que las condiciones generales tengan eficacia entre los contratantes y formen parte de las obligaciones exigibles que regulan el contrato, dependerán de la forma en que se celebre el contrato.

A. En los contratos *celebrados por escrito*, para que las condiciones generales incluidas en los mismos sean válidas, el profesional predisponente deberá cumplir los siguientes *requisitos* de carácter formal: 1º) Necesidad de referencia expresa en el contrato a las condiciones generales. 2º) Aceptación expresa de las mismas por el adherente. 3º) Firma por todas las personas o partes contratantes. 4º Información previa suministrada por el predisponente. 5º). Entrega al adherente de un ejemplar de las condiciones generales[220].

Además, la redacción de las condiciones generales deberá realizarse de manera que sean: a) transparentes, b) claras, c) concretas y d) sencillas[221].

B. Cuando el contrato *no se celebre por escrito*, el predisponente deberá entregar al adherente un resguardo de las prestaciones recibidas y además tendrá que cumplir necesariamente alguna las siguientes obligaciones formales: a) Anunciar las condiciones generales del contrato en un lugar visible del lugar o establecimiento donde se celebre el negocio. b) Insertarlas en la documentación del contrato que se entregue al adherente. c) Garantizar al adherente la posibilidad efectiva de conocer la existencia y contenido del contrato en el momento de su celebración.

C. En los casos de *contratación telefónica o electrónica* será necesario que conste la aceptación de todas y cada una de las cláusulas del contrato, sin necesidad de firma convencional. Además, se enviará inmediatamente al consumidor una *justificación escrita* de la contratación efectuada, donde constarán todos los términos de la misma[222].

5.5. Cláusulas no negociadas individualmente. Si en los párrafos de más

[219] Artículo 4 LCG.
[220] Artículo 5.1 LCG.
[221] Artículo 5.5 LCG.
[222] Artículo 5.4 LCG.

arriba se han indicado los requisitos de incorporación de las condiciones generales de la contratación aplicables tanto a profesionales como a los consumidores, en adelante nos ceñimos a la regulación contenida en la LCU sobre la materia pero en referencia exclusiva a quienes tengan al condición jurídica de consumidores o usuarios.

5.5.1. Requisitos de las cláusulas no negociadas individualmente. En los contratos celebrados con consumidores y usuarios que utilicen cláusulas que no hayan sido negociadas individualmente por parte de ambos contratantes, ya sean empresas privadas y profesionales, o Administraciones públicas y sus órganos o empresas dependientes, las referidas cláusulas habrán de cumplir necesariamente los siguientes requisitos[223]:

a) Concreción, claridad y sencillez en la redacción, con posibilidad de comprensión directa, sin reenvíos a textos o documentos que no se faciliten previa o simultáneamente a la conclusión del contrato, y a los que, en todo caso, deberá hacerse referencia expresa en el documento contractual.

b) Accesibilidad y legibilidad, de forma que permita al consumidor y usuario el conocimiento previo a la celebración del contrato sobre su existencia y contenido. En la contratación telefónica o electrónica con condiciones generales será necesario que conste la aceptación de todas y cada una de las cláusulas del contrato, sin necesidad de firma convencional. En este supuesto, se enviará inmediatamente al consumidor y usuario justificación de la contratación efectuada por escrito o, s alvo oposición expresa del consumidor y usuario, en cualquier soporte de naturaleza duradera adecuado a la técnica de comunicación a distancia utilizada, donde constarán todos los términos de la misma. La carga de la prueba del cumplimiento de esta obligación corresponde al predisponente. El cómputo del plazo para el ejercicio del derecho de desistimiento del consumidor y usuario en la contratación telefónica o electrónica con condiciones generales será el establecido en la LCU antes expuesto[224].

c) Buena fe y justo equilibrio entre los derechos y obligaciones de las partes, lo que en todo caso excluye la utilización de cláusulas abusivas. Si se ejerciten acciones individuales, en caso de duda sobre el sentido de una cláusula prevalecerá la interpretación más favorable al consumidor.

---

[223] Artículo 80 LCU. Requisitos de las cláusulas no negociadas individualmente.
[224] Artículo 71 LCU.

5.5.2. Empresas públicas. Las cláusulas, condiciones o e stipulaciones que utilicen las empresas públicas o c oncesionarias de servicios públicos, estarán sometidas a la aprobación y control de las Administraciones públicas competentes, cuando así se disponga como requisito de validez y con independencia de la consulta al Consejo de Consumidores y Usuarios prevista en esta u otras leyes. Todo ello sin perjuicio de su sometimiento a las disposiciones generales establecidas en la vigente LCU[225].

5.5.3. Información por notarios y registradores. «Los Notarios y los Registradores de la Propiedad y Mercantiles, en el ejercicio profesional de sus respectivas funciones públicas, informarán a los consumidores y usuarios en los asuntos propios de su especialidad y competencia»[226].

6. Las cláusulas abusivas

6.1. Definición legal. Se considerarán cláusulas abusivas «todas aquellas *estipulaciones* no negociadas individualmente y todas aquéllas *prácticas* no consentidas expresamente que, en contra de las exigencias de la buena fe causen, en perjuicio del consumidor y usuario, un *desequilibrio importante* de los derechos y obligaciones de las partes que se deriven del contrato»[227].

6.2. Régimen jurídico. No impedirá la aplicación de las normas sobre cláusulas abusivas al resto del contrato el simple hecho de que ciertos elementos de una cláusula o incluso que una cláusula aislada se haya negociado individualmente. El empresario que afirme que una determinada cláusula ha sido negociada individualmente, deberá probar tal hecho.

Al contrario que ocurre con las condiciones generales de los contratos que gozan de regulación protectora también para los profesionales y empresarios cuando contraten entre sí, las disposiciones sobre cláusulas abusivas se aplican estrictamente a los consumidores en sus relaciones contractuales con profesionales o empresarios.

Para apreciar el carácter abusivo de una cláusula se tendrá en cuenta: a) la naturaleza de los bienes o servicios objeto del contrato; b) las circunstancias concurrentes en el momento de su celebración; y c) las demás cláusulas del contrato, o de otro del que éste dependa.

---

[225] Artículo 81.1 LCU.
[226] Artículo 81.2 LCU.
[227] Artículo 82 LCU. Concepto de cláusulas abusivas.

6.3. Efectos e integración. Las cláusulas abusivas *serán nulas* de pleno derecho y se tendrán por no pue stas. Sin embargo, la parte del contrato afectada por la nulidad se *integrará* con arreglo a lo dispuesto por el artículo 1258 del Código Civil y al principio de buena fe objetiva.

El juez que declare la nulidad de dichas cláusulas integrará el contrato y dispondrá de *facultades moderadoras* de los derechos y obligaciones de las partes, cuando subsista el contrato, y de las consecuencias de su ineficacia en caso de perjuicio apreciable para el consumidor y usuario.

Sólo cuando las cláusulas subsistentes determinen una situación no equitativa en la posición de las partes que no pueda ser subsanada podrá el juez declarar la *ineficacia total* del contrato[228].

Los «Notarios y los Registradores de la Propiedad y Mercantiles, en el ejercicio profesional de sus respectivas funciones públicas, *no autorizarán ni inscribirán* aquellos contratos o negocios jurídicos en los que se pretenda la inclusión de cláusulas *declaradas nulas por abusivas* en sentencia inscrita en el Registro de Condiciones Generales de la Contratación»[229].

6.4. Cláusulas abusivas previstas en la Ley. Al margen del régimen expuesto, se considera que, en todo caso, son abusivas las cláusulas tasadas legalmente y que se enuncian, siendo desarrolladas, en los siguientes seis grupos de la LCU, que: 1) vinculen el contrato a la voluntad del empresario; 2) limiten los derechos del consumidor; 3) determinen la falta de reciprocidad en el contrato; 4) impongan al consumidor garantías –avales o fianzas– desproporcionadas o l e impongan indebidamente la carga de la prueba; 5) resulten desproporcionadas en relación con el perfeccionamiento y ejecución del contrato; 6) contravengan las reglas legales sobre la competencia y el derecho aplicable.

6.4.1. Por vincular el contrato a la voluntad del empresario. Las cláusulas que vinculen cualquier aspecto del contrato a la voluntad del empresario serán abusivas y, en todo caso, las siguientes[230]:

1. Las que reserven al empresario que contrata con el consumidor y

---

228 Artículo 83 LCU. Nulidad de las cláusulas abusivas e integración del contrato.
229 Artículo 84 LCU. Autorización e inscripción de cláusulas declaradas abusivas.
230 Artículo 85 LCU.

usuario un plazo excesivamente largo o insuficientemente determinado para aceptar o rechazar una oferta contractual o satisfacer la prestación debida.

2. Las que prevean la prórroga automática de un contrato de duración determinada si el consumidor y usuario no se manifiesta en contra, fijando una fecha límite que no permita de manera efectiva al consumidor y usuario manifestar su voluntad de no prorrogarlo.

3. Las que reserven a favor del empresario facultades de interpretación o modificación unilateral del contrato, salvo, en este último caso, que concurran motivos válidos especificados en el contrato[231].

4. Las que autoricen al empresario a resolver anticipadamente un contrato de duración determinada, si al consumidor y usuario no se le reconoce la misma facultad, o las que le faculten a resolver los contratos de duración indefinida en un plazo desproporcionadamente breve o sin previa notificación con antelación razonable[232].

5. Las que determinen la vinculación incondicionada del consumidor al contrato aún cuando el empresario no cumpliese con sus obligaciones.

6. Las que supongan la imposición de una indemnización desproporcionadamente alta, al consumidor que no cumpla sus obligaciones.

7. Las que supediten a una condición cuya realización dependa solo de la voluntad del empresario para el cumplimiento de las prestaciones, cuando al consumidor y usuario se le haya exigido un compromiso firme.

8. Las que supongan la consignación de fechas de entrega meramente indicativas condicionadas a la voluntad del empresario.

9. Las que determinen la exclusión o limitación de la obligación del empresario de respetar los acuerdos o compromisos adquiridos por sus mandatarios o representantes o supeditar sus compromisos al cumplimiento de determinadas formalidades.

10. Las que prevean la estipulación del precio en el momento de la entrega del bien o servicio, o las que otorguen al empresario la facultad de aumentar el precio final sobre el convenido, sin que en ambos casos existan razones objetivas y sin reconocer al consumidor el derecho a resolver el contrato si el precio final resulta muy superior al inicialmente estipulado[233].

11. Las que supongan la concesión al empresario del derecho a determinar si el bien o servicio se ajusta a lo estipulado en el contrato.

6.4.2. Por limitar los derechos básicos del consumidor. En todo caso serán abusivas las cláusulas que limiten o priven al consumidor de los

[231] Artículo 85.3 LCU.
[232] Artículo 85.4 LCU.
[233] Artículo 85.10 LCU.

derechos reconocidos por normas dispositivas o imperativas y, en particular, aquellas estipulaciones que prevean[234]:

1. La exclusión o limitación de forma inadecuada de los derechos legales del consumidor y usuario por incumplimiento total o parcial o cumplimiento defectuoso del empresario[235].
2. La exclusión o limitación de la responsabilidad del empresario en el cumplimiento del contrato, por los daños o por la muerte o por las lesiones causadas al consumidor y usuario por una acción u omisión de aquél.
3. La liberación de responsabilidad del empresario por cesión del contrato a tercero, sin consentimiento del deudor, si pueden mermar sus garantías.
4. La privación o restricción al consumidor y usuario de las facultades de compensación de créditos, retención o consignación.
5. La limitación o exclusión de la facultad del consumidor y usuario de resolver el contrato por incumplimiento del empresario.
6. La renuncia a la entrega de documento acreditativo de la operación.
7. Cualquier otra renuncia o limitación de los derechos del consumidor.

6.4.3. Por falta de reciprocidad. Son abusivas las cláusulas que determinen la falta de reciprocidad en el contrato, contraria a la buena fe, en perjuicio del consumidor y usuario y, en particular[236]:

1. La imposición de obligaciones al consumidor y usuario para el cumplimiento de todos sus deberes y contraprestaciones, aun cuando el empresario no hubiere cumplido los suyos.
2. La retención de cantidades abonadas por el consumidor por renuncia, sin contemplar la indemnización equivalente si renuncia el empresario.
3. La autorización al empresario para resolver el contrato discrecionalmente, si al consumidor no se le reconoce la misma facultad.
4. La posibilidad de que el empresario se quede con las cantidades abonadas en concepto de prestaciones aún no efectuadas cuando sea él mismo quien resuelva el contrato.
5. Las estipulaciones que prevean el redondeo al alza en el tiempo consumido o en el precio de los bienes o servicios o cualquier otra estipulación que prevea el cobro por productos o servicios no efectivamente

---

[234] Artículo 86 LCU.

[235] «En particular las cláusulas que modifiquen, en perjuicio del consumidor y usuario, las normas legales sobre conformidad con el contrato de los bienes o servicios puestos a su disposición o limiten el derecho del consumidor y usuario a la indemnización por los daños y perjuicios ocasionados por dicha falta de conformidad».

[236] Artículo 87 LCU.

usados o consumidos de manera efectiva.

6. Las estipulaciones que impongan obstáculos onerosos o desproporcionados para el ejercicio de los derechos reconocidos al consumidor en el contrato, en particular en los contratos de prestación de *servicios o suministro* de productos de *tracto sucesivo o continuado:*

a) la imposición de plazos de duración excesiva;

b) la renuncia o el establecimiento de limitaciones que excluyan u obstaculicen el derecho del consumidor a poner fin a estos contratos;

c) la obstaculización al ejercicio de este derecho a través del procedimiento pactado, cual es el caso de las que prevean la imposición de formalidades distintas de las previstas para contratar o la pérdida de las cantidades abonadas por adelantado;

d) el abono de cantidades por servicios no prestados efectivamente;

e) la atribución al empresario de la facultad de ejecución unilateral de las cláusulas penales que se hubieran fijado contractualmente; o

f) la fijación de indemnizaciones que no se correspondan con los daños efectivamente causados.

6.4.4. Sobre garantías. En todo caso se considerarán abusivas las cláusulas en los contratos con consumidores que supongan[237]:

1. La imposición de garantías[238] desproporcionadas al riesgo asumido. Se presumirá que no existe desproporción en los contratos de financiación o de garantías pactadas por entidades financieras según su normativa específica.

2. La imposición de la carga de la prueba en perjuicio del consumidor y usuario en los casos en que debería corresponder a la otra parte contratante.

3. La imposición al consumidor de la carga de la prueba sobre el incumplimiento, total o parcial, del empresario proveedor a distancia de servicios financieros de las obligaciones impuestas por su normativa.

6.4.5. Que afectan al perfeccionamiento y ejecución del contrato. En todo caso tienen la consideración de cláusulas abusivas[239]:

1. Las declaraciones de recepción o conformidad sobre hechos ficticios, y

[237] Artículo 88 LCU.

[238] Aquí el significado del término «garantía» se refiere a la solvencia patrimonial del deudor, siendo garantías patrimoniales de la deuda la fianza, el aval o la hipoteca, entre otras figuras. La expresión no debe confundirse con la «garantía» legal o comercial de los productos que han de ofrecer empresarios y profesionales durante un tiempo para responder de la calidad y ausencia de defectos del bien o servicio transmitido al consumidor.

[239] Artículo 89 LCU.

las declaraciones de adhesión del consumidor a cláusulas que no ha tenido la oportunidad de tomar conocimiento real antes de celebrar el contrato.

2. La transmisión al consumidor de las consecuencias económicas de errores administrativos o de gestión que no le sean imputables.

3. La imposición al consumidor de los gastos de documentación y tramitación que por ley corresponda al empresario. En particular, en la *compraventa de viviendas*:

a) La estipulación de que el consumidor ha de cargar con los gastos derivados de la preparación de la titulación que por su naturaleza correspondan al empresario (obra nueva, propiedad horizontal, hipotecas para financiar su construcción o su división y cancelación).

b) La estipulación que obligue al consumidor a subrogarse en la hipoteca del empresario o imponga penalizaciones en los supuestos de no subrogación.

c) La estipulación que imponga al consumidor el pago de tributos en los que el sujeto pasivo es el empresario.

d) La estipulación que imponga al consumidor los gastos derivados del establecimiento de los accesos a los suministros generales de la vivienda, cuando deba ser entregada en condiciones de habitabilidad.

4. La imposición al consumidor y usuario de bienes y servicios complementarios o accesorios no solicitados.

5. Los incrementos de precio por servicios accesorios, financiación, aplazamientos, recargos, indemnización o p enalizaciones que no correspondan a prestaciones adicionales susceptibles de ser aceptados o rechazados en cada caso expresados con la debida claridad o separación[240].

6. La negativa expresa al cumplimiento de las obligaciones o prestaciones propias del empresario, con reenvío automático a procedimientos administrativos o judiciales de reclamación.

7. La imposición de condiciones de crédito que para los descubiertos en cuenta corriente superen los límites legalmente establecidos[241].

8. La previsión de pactos de renuncia o transacción respecto al derecho del consumidor y usuario a la elección de fedatario competente según la ley para autorizar el documento público en que inicial o ulteriormente haya de formalizarse el contrato[242].

6.4.6. Sobre competencia y derecho aplicable. Son, asimismo, abusivas

240 Artículo 91 LCU. Contratos relativos a valores, instrumentos financieros y divisas».

241 El vigente artículo 89.7 LCU se remite a «los límites que se contienen en el artículo 19.4 de la Ley 7/1995, de 23 de marzo, de Crédito al Consumo», sin embargo, esta Ley ha sido derogada por la Ley 16/2011, de 24 de junio, de contratos de crédito al consumo.

242 El único fedatario competente al que se refiere el precepto es el notario.

las cláusulas que establezcan para los consumidores[243]:

1. La sumisión a arbitrajes distintos del arbitraje de consumo, salvo que se trate de órganos de arbitraje institucionales creados por normas legales para un sector o un supuesto específico.
2. La previsión de pactos de sumisión expresa a juez o tribunal distinto del que corresponda al domicilio del consumidor y usuario, al lugar del cumplimiento de la obligación o aquél en que se encuentre el bien si éste fuera inmueble.
3. La sumisión del contrato a un derecho extranjero con respecto al lugar donde el consumidor y usuario emita su declaración negocial o donde el empresario desarrolle la actividad dirigida a la promoción de contratos de igual o similar naturaleza.

7. La garantía de los productos de consumo

7.1. El sistema del Código civil. Desde la promulgación del Código civil, en el año 1889, el régimen tradicional de protección a los contratantes que adquieren bienes defectuosos o provistos de vicios ocultos, se regula en las normas sobre la compraventa contenidas en los artículos 1484 a 1499 CC, aún plenamente vigentes.

Es cierto, no obstante, que la regulación del saneamiento por vicios ocultos tropieza con importantes inconvenientes que, en la actualidad, hacen que aquella protección sea poco efectiva, entre otros, por los siguientes motivos: a) exiguo plazo de seis meses para reclamar; b) la posibilidad de pactar la renuncia previa en el contrato; c) las dificultades probatorias; d) es imprescindible acudir a los tribunales para hacer valer estos derechos.

7.2. Regulación específica. Para intentar corregir dicha situación, la Ley de ordenación del comercio minorista incluyó su artículo 12 LOCM sobre «Garantía y servicio postventa»[244] donde se estableció el principio general

---

[243] Artículo 90 LCU.

[244] Artículo 12. LOCM. Garantía y servicio postventa: «1. El vendedor de los bienes *responderá de la falta de conformidad* de los mismos con el contrato de compraventa, en los términos definidos por la legislación vigente. 2. Los productos puestos a la venta se podrán ofrecer acompañados de una garantía comercial que obligará a la persona que la ofrezca en las condiciones establecidas en el documento de garantía y en la correspondiente publicidad. La *garantía comercial adicional* ofrecida por el vendedor deberá en todo caso recoger las obligaciones que, en materia de garantías de bienes de consumo, vengan impuestas por Ley».

de responsabilidad del comerciante por la falta de conformidad con el contrato de los bienes hayan sido objeto de contrato de compraventa.

La Directiva 99/44/CE, del Parlamento Europeo y del Consejo, de 25 de mayo de 1999, sobre determinados aspectos de la venta y las garantías de los bienes de consumo se adoptó con el objetivo de armonizar las legislaciones de todos los Estados miembros estableciendo un «régimen básico sobre garantías mínimas de los consumidores en toda la Unión Europea».

Hoy en España, tras diversos cambios legislativos[245], los arts. 114 a 127 LCU regulan la garantía de los productos adquiridos por los consumidores.

7.3. Principios generales. En materia de contratos celebrados con consumidores se establecen dos principios generales básicos que suponen sendas obligaciones fundamentales del vendedor: 1) Los productos que se entreguen al consumidor deben ajustarse («ser conformes») a lo pactado en el contrato, lo que incluye a la oferta, la promoción y la publicidad; y 2) Responderá el vendedor ante el consumidor en todos los casos en que el producto no sea conforme con el contrato («falta de conformidad»).

Así lo establece la LCU al determinar que «el vendedor está obligado a entregar al consumidor y usuario productos que sean conformes con el contrato, respondiendo frente a él de cualquier falta de conformidad que exista en el momento de la entrega del producto»[246].

7.4. Supuestos protegidos y excluidos. Este régimen de protección *se aplica* todos «los contratos de compraventa de productos y los contratos de suministro de productos que hayan de producirse o fabricarse»[247].

Sin embargo, *no se aplica* en los siguientes casos: a) productos adquiridos mediante venta judicial[248]; b) al agua o al gas, no envasados para la venta[249]; c) la electricidad; d) productos de segunda mano adquiridos en

---

[245] Se aludía a la garantía en el artículo 11 de la Ley 26/1984, de 19 de julio, General para la Defensa de los Consumidores y Usuarios, pero fue la Ley 23/2003, de 10 de julio, de Garantías en la Venta de Bienes de Consumo, la que transpuso la Directiva 99/44/CE con una regulación exclusiva. Ambas leyes fueron derogadas y refundido su texto en la LCU.

[246] Artículo 114 LCU. Principios generales.

[247] Artículo 115 LCU. Ámbito de aplicación.

[248] El caso más común son las subastas de los Juzgados de bienes embargados.

[249] Se protege, en tal caso, el agua embotellada y las bombonas de gas butano.

una subasta administrativa personalmente por los consumidores[250].

*7.5. **Requisitos de conformidad***. Salvo que se logre probar lo contrario, a efectos de la garantía, «se entenderá que los productos *son conformes* con el contrato siempre que cumplan todos los *requisitos*» siguientes (salvo que alguno de ellos no sea aplicable al supuesto en cuestión):[251]

a) Se ajusten a la descripción realizada por el vendedor.
b) Posean las cualidades de la muestra o modelo presentados.
c) Sean aptos para la clase de uso a la que habitual y ordinariamente se destinen los productos de ese mismo tipo, clase o modalidad.
d) Sean aptos para un uso especial requerido por el consumidor cuando lo haya puesto en conocimiento del vendedor en el momento de celebración del contrato, siempre que el consumidor haya admitido su aptitud para tal uso.
e) Presenten la calidad y prestaciones habituales de un p roducto del mismo tipo «que el consumidor pueda fundadamente esperar» según: 1) «la *naturaleza* del producto» y en su caso, 2) «las *declaraciones* públicas» sobre las características concretas de los productos hechas por el vendedor, lo que incluye al productor y su representante, y a la publicidad o en el etiquetado.

*7.6. **Responsabilidad del vendedor y exenciones***. Como se indicó más arriba la LCU establece como principio general que responderá el vendedor ante el consumidor por «falta de conformidad» en todos los casos en que el producto no sea conforme con el contrato o la publicidad.

La falta de conformidad aparece cuando se incumple cualquiera de los requisitos de conformidad del producto con el contrato que se han visto.

Sin embargo, el vendedor *no quedará obligado* por sus declaraciones públicas, contenidas en el contrato, así como en la oferta, promoción, o en la publicidad, si demuestra alguno de estos hechos:

1) que *desconocía* tal declaración, y no cabía razonablemente esperar que conociera; 2) que dicha declaración había sido *corregida* en el momento de celebración del contrato; 3) que dicha declaración *no pudo influir* en la decisión de la compra por parte del consumidor.

Cuando la falta de conformidad sea por una *incorrecta instalación* del

[250] Por ejemplo, en una subasta de armas por la Guardia Civil.
[251] Artículo 116 LCU. Conformidad de los productos con el contrato.

producto se equiparará a la falta de conformidad del producto, y responderá el vendedor, siempre que: 1) la instalación esté incluida en el contrato de compraventa o suministro; 2) haya sido realizada por el vendedor o bajo su responsabilidad; y 3) la haya efectuado el consumidor pero la instalación defectuosa se deba a un error en las instrucciones de instalación.

Pero *no habrá lugar* a responsabilidad del vendedor por las faltas de conformidad siempre y cuando: a) el consumidor las conociera, o no hubiera podido fundadamente ignorar en el momento de contratar, o; b) tengan su origen en materiales suministrados por el consumidor y usuario.

7.7. Acciones incompatibles. El ejercicio de las *acciones por falta de conformidad* de los artículos 114-129 LCU es incompatible con el ejercicio de las acciones derivadas del *saneamiento por vicios ocultos* de la compraventa previstas en los artículos 1484-1499 CC.

Sin embargo, en todo caso, el consumidor y usuario tendrá derecho, de acuerdo con la legislación civil y mercantil, a ser indemnizado por los *daños y perjuicios* derivados de la falta de conformidad[252].

7.8. Derechos del consumidor por falta de conformidad. El consumidor y usuario, en relación con la responsabilidad del vendedor en los supuestos de falta de conformidad del producto con el contrato o las declaraciones públicas del vendedor, *tendrá derecho*: 1) a la reparación del producto, 2) a su sustitución, 3) a la rebaja del precio, o 4) a la resolución del contrato[253].

7.9. Opción entre reparación y sustitución. *A*. Se reconoce en la LCU al consumidor, cuando el producto no f uera conforme con el contrato, el derecho a optar entre: a) exigir su reparación; o b) la sustitución. Salvo que una de las opciones sea objetivamente imposible o desproporcionada.

B. El consumidor deberá *comunicar* al vendedor la opción elegida, y desde ese momento, ambas partes quedan obligados por tal decisión[254] (que no afecta a los derechos del consumidor cuando la reparación o l a sustitución no lograsen poner el producto en conformidad con el contrato)[255].

---

252 Artículo 117 LCU. Incompatibilidad de acciones.
253 Artículo 118 LCU. Responsabilidad del vendedor y derechos del consumidor.
254 Artículo 119 LCU. Reparación y sustitución del producto.
255 Cuyos derechos se reconocen y desarrollan en el artículo 120 LCU.

C. ¿Cuándo se considerará *desproporcionada* la forma de saneamiento (reparación o sustitución) en comparación con la otra? La LCU determina que hay desproporción cuando la opción elegida imponga al vendedor unos «costes que no sean razonables», teniendo *en cuenta*: a) el valor que tendría el producto si no hubiera falta de conformidad[256]; b) la relevancia de la falta de conformidad apreciada; y c) si la otra forma de saneamiento alternativa[257] se pudiese realizar sin inconvenientes mayores para el consumidor.

D. La LCU establece que los referidos «costes no son razonables», cuando *los gastos* correspondientes a la forma de saneamiento escogida, sean, considerablemente, *más elevados* que los gastos correspondientes a la otra forma de saneamiento[258].

7.10. Reglas de la reparación o sustitución. El régimen de la reparación y la sustitución del producto, en los casos de falta de conformidad con el contrato, se deberá ajustar a las siguientes reglas contenidas en la LCU[259]:

a) Serán *gratuitas* para el consumidor. Dicha gratuidad comprenderá los gastos necesarios realizados para subsanar la falta de conformidad de los productos con el contrato, especialmente los gastos de envío, así como los costes relacionados con la mano de obra y los materiales.

b) Deberán llevarse a cabo en un *plazo razonable* y sin mayores inconvenientes para el consumidor y usuario, habida cuenta de la naturaleza de los productos y de la finalidad que tuvieran para el consumidor y usuario.

c) La reparación *suspende el cómputo* de los plazos de la garantía[260]. El período de suspensión comenzará desde que el consumidor y usuario ponga el producto a disposición del vendedor y concluirá con la entrega al consumidor y usuario del producto ya reparado. Durante los seis meses posteriores a la entrega del producto reparado, el vendedor responderá de las faltas de conformidad que motivaron la reparación, presumiéndose que se trata de la misma falta de conformidad cuando se reproduzcan en el producto defectos del mismo origen que los inicialmente manifestados.

d) Si concluida la reparación y entregado el producto, éste sigue siendo no conforme con el contrato, el consumidor y usuario *podrá exigir la sustitución* del producto, salvo que esta opción resulte desproporcionada, la

---

256 La expresión resulta algo retorcida: «si no hubiera falta de conformidad» es lo mismo que afirmar «si hubiere conformidad», es decir, si el producto se ajustase al contrato.

257 La reparación o la sustitución, según el caso, respecto de la otra.

258 Lo mismo que en la nota anterior.

259 Artículo 120 LCU. Régimen jurídico de la reparación o sustitución del producto.

260 Establecidos en el artículo 123 LCU.

rebaja del precio o la resolución del contrato, en los términos de la LCU.

e) La *sustitución suspende* los plazos de garantía[261] desde el ejercicio de la opción por el consumidor y usuario hasta la entrega del nuevo producto. Al producto sustituto le será de aplicación los plazos legales fijados[262].

f) Si la sustitución no lograra poner el producto en conformidad con el contrato, el consumidor y usuario *podrá exigir la reparación* del producto, salvo que esta opción resulte desproporcionada, la rebaja del precio o la resolución del contrato en los términos que se expresan a continuación.

g) El consumidor y usuario no podrá exigir la sustitución en el caso de productos *no fungibles*, ni cuando se trate de bienes de *segunda mano*.

7.11. Rebaja del precio y resolución del contrato. Procederán «la rebaja del precio» y «la resolución del contrato», a elección del consumidor, en los siguientes casos: 1) cuando éste *«no pudiera exigir»* la reparación o la sustitución; y 2) en los casos en que éstas «no se hubieran llevado a cabo» en *plazo razonable* o sin mayores *inconvenientes* para el consumidor. Sin embargo, no procederá la resolución en aquellos casos en los que la falta de conformidad sea de escasa importancia[263].

7.12. Criterios para la rebaja del precio. Ante la falta de conformidad del producto, la cuantía de la rebaja del precio, cuando el consumidor optase por tal decisión en los casos que proceda, «será proporcional a la *diferencia* existente entre el valor que el producto hubiera tenido en el momento de la entrega de haber sido conforme con el contrato y el valor que el producto efectivamente entregado tenía en el momento de dicha entrega»[264].

El decir, el *importe de la disminución* del precio será el resultado de restar al valor del producto en perfecto estado –si no tuviere ningún defecto o cumpliese todas las características propias del mismo y anunciadas en el contrato o en la publicidad–, el valor del producto realmente entregado al consumidor tal como se encontrase –con sus defectos o carencias– en el momento de aquella entrega.

7.13. Ejercicio de derechos por el consumidor.

7.13.1. Plazo de manifestación de la disconformidad. El vendedor

---

[261] Del artículo 123 LCU.
[262] En el artículo 123.1 LCU, párrafo segundo.
[263] Artículo 121 LCU. Rebaja del precio y resolución del contrato.
[264] Artículo 122 LCU. Criterios para la rebaja del precio.

responde de las faltas de conformidad que se manifiesten en un plazo de *dos años* desde la entrega. En los productos de segunda mano, el vendedor y el consumidor y usuario podrán pactar un p lazo menor, que no p odrá ser inferior a *un año* desde la entrega[265].

7.13.2. Presunciones. Salvo prueba en contrario, se presumirá que las faltas de conformidad que se manifiesten en los *seis meses* posteriores a la entrega del producto, sea éste nuevo o de segunda mano, *ya existían* cuando la cosa se entregó, excepto cuando esta presunción sea incompatible con la naturaleza del producto o la índole de la falta de conformidad.

La fecha de la entrega se entiende hecha, salvo prueba en contrario, *el día que figure* en: a) la factura; b) el tique de compra; o c) en el albarán de entrega correspondiente, si éste fuera de fecha posterior.

7.13.3. Plazo de prescripción de las acciones. La acción para reclamar el cumplimiento de lo previsto en la LCU sobre la garantía legal prescribirá a los *tres años* desde la entrega del producto.

7.13.4. Justificación documental. El vendedor está obligado a entregar al consumidor o usuario que ejercite su derecho a la reparación o sustitución, *justificación documental de la entrega* del producto, donde conste la fecha de entrega y la falta de conformidad que origina el ejercicio del derecho.

Además, deberá el vendedor, entregar al consumidor, *junto con el producto reparado o sustituido*, justificación documental de la entrega en la que conste la fecha de ésta y, en su caso, la reparación efectuada.

7.13.5. Obligación del consumidor. En los casos de falta de conformidad del producto con el contrato, el consumidor deberá informar al vendedor en el plazo de *dos meses* desde que tuvo conocimiento de ella.

Sin embargo, el incumplimiento del deber de comunicación en tal plazo no supondrá la pérdida del derecho al saneamiento que corresponda al consumidor (reparación, sustitución, resolución o rebaja del precio). Pero el consumidor será responsable de los daños o perjuicios efectivamente ocasionados por e l retraso en la comunicación. Se entenderá que la comunicación del consumidor al vendedor ha tenido lugar dentro del plazo establecido, salvo prueba en contrario.

---

[265] Artículo 123 LCU. Plazos.

7.14. Acción contra el productor. En los casos en que al consumidor le resulte *imposible*, o le suponga una *carga excesiva*, dirigirse frente al vendedor por la falta de conformidad de los productos con el contrato, podrá reclamar directamente *frente al productor* con el fin de obtener la sustitución o reparación del producto[266] (no cabe la resolución ni la rebaja de precio).

La responsabilidad del productor cesará, a efectos de la garantía regulada en la LCU, en los plazos y condiciones establecidos para el vendedor. El productor responderá por la falta de conformidad cuando ésta se refiera al *origen, identidad o idoneidad* de los productos, de acuerdo con su naturaleza y finalidad y con las normas que los regulan.

Sin embargo, en todo caso, quien haya respondido frente al consumidor dispondrá del plazo de *un año* para *repetir* frente al responsable de la falta de conformidad. Este plazo se computa desde que terminó el saneamiento.

8. La garantía comercial adicional. ***8.1. Definición legal***. Se entiende, a efectos legales, por garantía comercial, la garantía que puede ofrecerse adicionalmente con carácter voluntario y que obliga a quien figure como garante en las condiciones establecidas en el documento de garantía y en la correspondiente publicidad[267].

8.2. Lengua y forma. La garantía comercial deberá formalizarse, al menos en castellano, y, a petición del consumidor y usuario, *por escrito* o en cualquier otro s*oporte duradero*, directamente disponible y accesible para el consumidor, y además, acorde con la técnica de comunicación empleada.

8.3. Contenido obligatorio. El documento escrito o s oporte duradero, donde conste la garantía comercial, deberá expresar necesariamente:

a) El bien o servicio sobre el que recaiga la garantía comercial.
b) El nombre y dirección del garante (empresa o profesional).
c) Expresión de que esta garantía no afecta a los derechos legales del consumidor ante la falta de conformidad de los productos con el contrato.
d) Los derechos, adicionales a los legales, que se conceden al consumidor y usuario, en calidad de titular de la garantía comercial adicional.
e) El plazo de duración de la garantía, así como su alcance territorial.

---

[266] Artículo 124 LCU. Acción contra el productor.
[267] Artículo 125 LCU. Garantía comercial adicional.

f) Las vías de reclamación de que dispone el consumidor y usuario.

En los *productos de naturaleza duradera* deberá entregarse en todo caso al consumidor, y también formalizada por escrito o en cualquier soporte duradero, aceptado por el consumidor, y con el contenido mínimo expuesto, la garantía comercial, en la que constará expresamente los derechos que este título concede al consumidor ante la falta de conformidad con el contrato y que éstos son independientes y compatibles con la garantía comercial[268].

8.4. Prescripción. La acción para reclamar el cumplimiento de lo dispuesto en la garantía comercial adicional prescribirá a los *seis meses* a contar desde la finalización del plazo establecido para garantía.

9. La reparación y los servicios de posventa. ***9.1. Derechos***. En todos los productos de naturaleza duradera, se reconoce a los consumidores y usuarios, los siguientes derechos: 1) a un adecuado *servicio técnico*; y 2) a la existencia de *repuestos* durante el plazo mínimo de cinco años a partir de la fecha en que el producto deje de fabricarse[269].

9.2. Precios. Se prohíbe al empresario o profesional: a) incrementar los precios de los repuestos cuando se apliquen a las reparaciones, y b) cargar por mano de obra, traslado o visita cantidades superiores a los costes medios estimados en cada sector.

En la factura, de expedición obligatoria, deberán diferenciarse las distintas partidas y conceptos. La lista de precios de los repuestos deberá estar a disposición del público.

9.3. Recuperación y entrega. La acción o derecho de recuperación de los productos entregados por el consumidor y usuario al empresario para su reparación prescribirá a los *tres años* a partir del momento de la entrega.

Reglamentariamente, se establecerán *los datos* que deberá hacer constar el empresario en el momento en que se le entrega un objeto para su reparación y *las formas* en que podrá acreditarse la mencionada entrega.

---

[268] Artículo 126 LCU. Productos de naturaleza duradera.
[269] Artículo 127 LCU. Reparación y servicios posventa.

CAPÍTULO VII. LOS CONTRATOS REGULADOS EN LA LCU

SUMARIO: 1. Los contratos celebrados a distancia. 1.1. Definición legal. 1.2. Inmuebles. 1.3. Técnicas de comunicación. 1.4. Contratos excluidos. 1.5. Exclusión parcial. 1.6. Normativa aplicable. 1.7. Operadores de comunicación. 1.8. Requisitos de las comunicaciones comerciales. 1.9. Información precontractual. 1.9.1. Contenido. 1.9.2. Confirmación escrita. 1.10. Necesidad de consentimiento expreso. 1.11. Prohibición de envíos no solicitados. 1.12. Derecho de desistimiento. 1.12.1. Reconocimiento. 1.12.2. Excepciones. 1.13. Ejecución del contrato. 1.13.1. Plazo. 1.13.2. No ejecución por el empresario. 1.13.3. Sustitución del producto. 1.13.4. Cargo fraudulento en tarjeta. 2. Contratos celebrados fuera de establecimientos mercantiles. 2.1. Ámbito de aplicación. 2.2. Contratos excluidos. 2.3. Presunción y prueba. 2.4. Derecho de desistimiento. 2.5. Documentación del contrato. 2.6. Nulidad y solidaridad. 3. El contrato de viajes combinados. 3.1. Ámbito de aplicación. 3.2. Definiciones legales. 3.3. Información precontractual. 3.3.1. Contenido del folleto. 3.3.2. Carácter vinculante y excepciones. 3.4. Contenido del contrato. 3.5. Forma y copias del contrato. 3.6. Información adicional sobre el viaje contratado. 3.7. Derecho de cesión. 3.8. Modificación del contrato. 3.8.1. Alteración del precio. 3.8.2. Alteración de elementos esenciales. 3.9. Resolución o cancelación por el empresario. 3.9.1. Indemnización: cuantía mínima. 3.9.2. Improcedencia de la indemnización. 3.10. Resolución imputable al consumidor. 3.11. Efectos de la no prestación contratada. 3.12. Responsabilidad de organizadores y detallistas. 3.13. Exención de responsabilidad. 3.14. Fianza del empresario de viajes. 3.15. Prescripción de acciones.

1. Los contratos celebrados a distancia

1.1. Definición legal. Se entiende por contratos celebrados a distancia[270], según el tenor de la vigente LCU, «los contratos celebrados con los consumidores y usuarios en el marco de una actividad empresarial, *sin la presencia física simultánea* de los contratantes, siempre que la oferta y aceptación se realicen de forma exclusiva a través de una técnica cualquiera de *comunicación a distancia* y dentro de un s istema de contratación a distancia organizado por el empresario»[271].

1.2. Inmuebles. Cuando el objeto sean *bienes inmuebles* la validez y eficacia del contrato quedará condicionada, además, al cumplimiento de los requisitos que imponga la legislación específica sobre venta de inmuebles.

1.3. Técnicas de comunicación. Se consideran *técnicas de comunicación a distancia*: a) los impresos, con o s in destinatario concreto; b) las cartas normalizadas; c) la publicidad en prensa con cupón de pedido; d) el catálogo; e) el teléfono, con o s in intervención humana –llamadas automáticas– o «audiotexto»[272]; f) la radio; g) el teléfono con imagen; h) el

---

[270] Véase FERNÁNDEZ PÉREZ, Núria, *El nuevo régimen de la contratación a distancia con consumidores*, editorial La Ley, Madrid, 2009.

[271] Artículo 92 LCU. Concepto de contratos celebrados a distancia.

[272] La referencia al «audiotexto» es enigmática pues tal vocablo no tiene entrada en el Diccionario de la Lengua de la Real Academia Española, ni tampoco existe una definición legal en España de dicha *técnica de comunicación*. En Argentina, la Comisión Nacional de Telecomunicaciones, en su resolución SC 2172/94 se define la modalidad de *audiotexto gran*

videotexto con teclado o pantalla táctil, ya sea a través de un ordenador o de la pantalla de televisión; i) el correo electrónico; j) el fax; y k) la televisión.

1.4. Contratos excluidos. No se aplica la regulación contenida en la LCU para los contratos celebrados a distancia, a los siguientes supuestos:

a) Las ventas celebradas mediante distribuidores automáticos o locales comerciales automatizados: son las denominadas «ventas automáticas».
b) Las ventas celebradas en subastas, salvo que sean por vía electrónica.
c) Los contratos que versen sobre productos y servicios financieros[273].
d) Los contratos celebrados con los operadores de telecomunicaciones.
e) Los contratos celebrados para la construcción de bienes inmuebles[274].

1.5. Exclusión parcial. Las normas de la LCU sobre: a) comunicaciones comerciales[275]; b) información precontractual[276]; c) confirmación escrita de la información[277]; d) derecho de desistimiento[278], y e) ejecución y pago[279], *no se aplican* a los contratos de *suministro* de:

1) *Productos* alimenticios, de bebidas o de otros productos del hogar de consumo corriente suministrados en el domicilio del consumidor, o en su lugar de trabajo, por empresarios que realicen *visitas frecuentes y regulares*.
2) *Servicios* de alojamiento, de transporte, comidas o de esparcimiento, cuando el empresario se comprometa, al celebrarse el contrato, a suministrar tales prestaciones *en una fecha determinada* o en un período concreto.

1.6. Normativa aplicable. En las comunicaciones comerciales por correo electrónico u otros medios de comunicación electrónica y en la contratación a distancia de bienes o servicios por medios electrónicos, será de aplicación: 1º) lo dispuesto en la LCU sobre contratos a distancia; 2º) la normativa

---

público como aquellos «servicios de interés general que se prestan con acceso universal, ofrecidos mediante mensajes interactivos o unidireccionales», que además, permiten mantener una comunicación entre personas. Tal vez la LCU se refiera a la contratación a distancia utilizando un «chat en línea» por empresas que dispongan de tales sistemas.

[273] Ley 22/2007, de 11 de julio, sobre comercialización a distancia de servicios financieros destinados a los consumidores, que contiene la regulación específica para tales contratos.

[274] Artículo 93 LCU. Excepciones.

[275] Artículo 96.1 y 2 LCU. Comunicaciones comerciales.

[276] Artículo 97 LCU. Información precontractual.

[277] Artículo 98 LCU. Confirmación escrita de la información.

[278] Artículo 101 LCU. Derecho de desistimiento.

[279] Artículo 103 LCU. Ejecución y pago.

específica sobre servicios de la sociedad de la información y comercio electrónico (LSSI); y 3º) en caso de conflicto tendrá preferencia la LSSI[280].

1.7. Operadores de comunicación. La LCU define a los *operadores de las técnicas de comunicación a distancia*, como aquellas «personas físicas o jurídicas, públicas o pr ivadas, que sean titulares de las técnicas de comunicación a distancia utilizadas por los empresarios».

Tales operadores, *están obligados* a procurar, «en la medida de sus posibilidades», que los empresarios respeten los derechos que se reconocen a los consumidores, y cumplan las obligaciones impuestas legalmente.

Los «prestadores de servicios de intermediación de la sociedad de la información», *no están obligados* a cumplir lo anterior, ya que se regirán por su normativa específica sobre servicios de la sociedad de la información y el comercio electrónico, en especial, por la LSSI[281].

1.8. Requisitos de las comunicaciones comerciales. En todas las comunicaciones comerciales destinadas a la contratación a distancia con los consumidores empresarios deberán cumplir los siguientes presupuestos[282]:

1) Siempre deberá expresarse inequívocamente su carácter comercial.
2) En comunicaciones telefónicas, se indicará claramente, al principio de cualquier conversación con el consumidor, la identidad del empresario y la finalidad comercial de la llamada.
3) La utilización de las técnicas de comunicación que consistan en un sistema automatizado de llamada sin intervención humana, o el telefax,[283] necesitará el consentimiento expreso previo del consumidor y usuario.
4) Cumplir las leyes de protección de menores y respeto a la intimidad.
5) Cuando se utilicen datos personales procedentes de fuentes accesibles al público, se informará al destinatario sobre sus derechos en esta materia[284].

1.9. Información precontractual. 1.9.1. Contenido. Antes de iniciar el procedimiento de contratación y con la antelación necesaria, el empresario deberá suministrar al consumidor y usuario, de forma veraz y suficiente, la

[280] Artículo 94 LCU. Comunicaciones comerciales y contratación electrónica.
[281] Artículo 95 LCU. Servicios de intermediación.
[282] Artículo 96 LCU. Comunicaciones comerciales.
[283] Por parte del empresario.
[284] Recogidos en la Ley Orgánica de Protección de Datos de Carácter Personal, y se ofrecerá al destinatario la oportunidad de oponerse a la recepción de tales comunicaciones.

«información previa al contrato» prevista en el art. 60 LCU[285], y además[286]:

a) El coste de la utilización de la técnica de comunicación a distancia cuando se calcule sobre una base distinta de la tarifa básica.

b) Las características esenciales del bien o servicio que se ofrece.

c) Los gastos de entrega y transporte, siempre que éstos existan.

d) El plazo de vigencia de la oferta y del precio y, en su caso, la ausencia del derecho de desistimiento, al tratarse de una de las exclusiones legales[287].

e) La duración mínima del contrato cuando se trate de contratos de suministro de bienes o servicios de ejecución permanente o repetida.

f) Las circunstancias y condiciones en que el empresario puede suministrar un bien o servicio de calidad y precio equivalentes, en sustitución del solicitado, cuando se quiera prever esta posibilidad.

g) La forma de pago y las modalidades de entrega o de ejecución.

h) En su caso, indicación de si el empresario dispone o está adherido a algún procedimiento extrajudicial –arbitral– de solución de conflictos.

Toda la información citada, cuya *finalidad comercial* debe ser indudable: 1) deberá facilitarse al consumidor y usuario de modo *claro e inequívoco*, mediante cualquier técnica adecuada al medio de comunicación a distancia utilizado; y 2) deberá respetar, en particular, el principio de *buena fe* en las transacciones comerciales, así como los principios de protección de quienes sean *incapaces* de contratar.

1.9.2. Confirmación escrita. Antes de la ejecución del contrato, el empresario *deberá facilitar* al consumidor, en la misma lengua utilizada en

[285] El artículo 60 LCU, sobre *información previa al contrato*, determina que ésta, que será en todo caso gratuita, contendrá al menos, «las características esenciales del contrato, en particular sobre sus condiciones jurídicas y económicas, y de los bienes o servicios objeto del mismo», considerando relevantes las obligaciones de información sobre los bienes o servicios establecidas en la LCU y normas que resulten de aplicación y, además: a) Nombre, razón social y domicilio completo del responsable de la oferta contractual y, en su caso, del comerciante por cuya cuenta actúa. b) Precio completo, incluidos impuestos, o presupuesto, en su caso. c) Fecha de entrega, ejecución del contrato y duración. d) Procedimiento de que dispone el consumidor para poner fin al contrato. e) Garantías ofrecidas. f) Lengua o lenguas en las que podrá formalizarse el contrato, cuando sea diferente de la información previa a la contratación. g) Existencia del derecho de desistimiento del contrato que pueda corresponder al consumidor, el plazo y la forma de ejercitarlo. h) La dirección completa en la que el consumidor o usuario puede presentar sus quejas y reclamaciones, así como, en su caso, la información sobre el sistema extrajudicial de resolución de conflictos.

[286] Artículo 97 LCU. Información precontractual.

[287] Artículo 102 CLU. Excepciones al derecho de desistimiento.

la propuesta de contratación, y *por escrito* –o, salvo oposición expresa del consumidor, en cualquier soporte de naturaleza duradera, adecuado a la técnica de comunicación a distancia utilizada–, la siguiente *información*[288]:

a) La información precontractual citada prevista anteriormente[289].
b) La dirección postal del establecimiento del empresario donde el consumidor y usuario pueda presentar sus reclamaciones y notificaciones.
c) La información relativa a los servicios de asistencia técnica u otros servicios postventa y sobre las garantías de los productos ofrecidos.
d) Las condiciones para la denuncia del contrato, en caso de celebración de un contrato de duración indeterminada o de duración superior a un año.

Se *excluyen* de esta obligación de información los contratos relativos a servicios cuya ejecución se realice utilizando una técnica de comunicación a distancia que *se presten de una sola vez*, cuya facturación sea efectuada por el operador de la técnica de comunicación. Pero el consumidor, en cualquier caso, deberá estar en condiciones de conocer la «dirección geográfica del establecimiento del empresario» donde presentar sus reclamaciones.

1.10. Necesidad de consentimiento expreso. La falta de respuesta a la oferta de contratación a distancia en ningún caso podrá considerarse como la aceptación de ésta, lo que significa que, en todo caso, se precisa la necesidad del consentimiento expreso, quedando prohibido el consentimiento tácito[290].

Si el empresario, sin aceptación explícita del consumidor destinatario de la oferta, le suministrase el bien o servicio ofertado, *el consumidor* receptor de tales bienes o servicios *no estará obligado* a su devolución, ni tampoco podrá reclamársele el precio de lo recibido y no solicitado (salvo por error).

1.11. Prohibición de envíos no solicitados. La LCU determina la expresa prohibición de suministrar al consumidor bienes o servicios *no pedidos* por él cuando incluyan una *petición de pago* de cualquier naturaleza. Nada impide, por tanto, que se realicen envíos que no requieren pago alguno.

Si el empresario enviase productos no solicitados –sin perjuicio de la infracción que suponga–, el consumidor y usuario receptor de tales bienes o servicios no estará obligado a su devolución, ni podrá reclamársele el precio,

---

[288] Artículo 98 LCU. Confirmación escrita de la información.
[289] En el artículo 107 LCU.
[290] Artículo 99 LCU. Necesidad de consentimiento expreso.

salvo que se acredita con claridad al consumidor que el envío no solicitado se debía a un error, correspondiendo al empresario la carga de la prueba. No obstante, si pese a todo, el consumidor decide devolverlos, no deberá indemnizar por los daños o deméritos sufridos en el bien o servicio. En los casos de *envíos erróneos* el consumidor tendrá derecho a ser indemnizado por los gastos, daños y perjuicios que se le hubieran causado[291].

1.12. Derecho de desistimiento. 1.12.1. Reconocimiento. Siempre que el consumidor contrate a distancia tendrá derecho a desistir del contrato según las reglas generales de la LCU, pero el empresario podrá exigirle que se haga cargo del *coste directo de devolución* del bien o servicio.

Son nulas de pleno derecho las cláusulas que impongan al consumidor una penalización por el ejercicio o renuncia del derecho de desistimiento[292].

1.12.2. Excepciones. La Ley no reconoce al consumidor el derecho de desistimiento –salvo que el empresario lo reconozca de forma voluntaria–, en los siguientes contratos[293]:

a) Suministro de bienes con precio sujeto a fluctuaciones de coeficientes del mercado financiero que el empresario no pueda controlar.
b) Suministro de productos confeccionados según las especificaciones del consumidor, o claramente personalizados, o que , por s u naturaleza, no puedan ser devueltos o puedan deteriorarse o caducar con rapidez.
c) Suministro de grabaciones de sonido o vídeo, de discos y de programas informáticos ya desprecintados por e l consumidor, así como de ficheros informáticos, suministrados por v ía electrónica, susceptibles de ser descargados o reproducidos con carácter inmediato para su uso permanente.
d) Suministro de prensa diaria, publicaciones periódicas y revistas.
e) Prestación de servicios cuya ejecución haya comenzado, con el acuerdo del consumidor, antes de finalizar el plazo de siete días hábiles.
f) Contratos de servicios de apuestas y loterías, incluyendo los de juego.

1.13. Ejecución del contrato 1.13.1. Plazo. Salvo que las partes hayan acordado otra cosa, el empresario deberá ejecutar el pedido en el plazo máximo de 30 días desde que el consumidor prestó su consentimiento[294].

---

[291] Artículo 100 LCU. Prohibición de envíos no solicitados.
[292] Artículo 101 LCU. Derecho de desistimiento.
[293] Artículo 102 LCU. Excepciones al derecho de desistimiento.
[294] Artículo 103 LCU. Ejecución y pago.

1.13.2. No ejecución por el empresario. En caso de no ejecución del contrato por parte del empresario por no encontrarse disponible el bien o servicio contratado, el consumidor deberá: a) ser informado de esta falta de disponibilidad; y b) poder recuperar cuanto antes, y en cualquier caso en un plazo de 30 días como máximo, las sumas que haya abonado. Cuando el empresario no realice este abono en tal plazo, el consumidor podrá reclamar que *se le pague el doble* de la suma adeudada, sin perjuicio a su derecho de ser indemnizado por los daños y perjuicios sufridos en lo que excedan de dicha cantidad[295].

1.13.3. Sustitución del producto. Cuando no se halle disponible el bien o servicio contratado –si al consumidor se le informó expresamente de tal posibilidad– el empresario podrá suministrar otro de características similares que tenga la misma o superior calidad, pero sin aumento del precio. En tales casos, el consumidor podrá ejercer sus derechos de desistimiento y resolución como si se tratara del bien o servicio inicialmente requerido, pero sin que le sean exigibles los costes directos de devolución[296].

1.13.4. Cargo fraudulento en tarjeta. Cuando el importe de una compra hubiese sido cargado fraudulenta o indebidamente utilizando el número de una tarjeta de pago, el consumidor y usuario titular de ella podrá exigir la inmediata anulación del cargo. En tal caso, las correspondientes anotaciones de adeudo y reabono en las cuentas del empresario y del consumidor y usuario titular de la tarjeta se efectuarán a la mayor brevedad.

Pero si la compra hubiese sido efectivamente realizada por el consumidor titular de la tarjeta, y la exigencia de devolución no fuera consecuencia de haberse ejercido el derecho de desistimiento o de resolución, tal consumidor quedará obligado frente al empresario al resarcimiento de los daños y perjuicios ocasionados como consecuencia de la indebida anulación[297].

2. Contratos celebrados fuera de establecimientos mercantiles

2.1. Ámbito de aplicación. Se aplican las disposiciones de la LCU sobre estos contratos celebrados con consumidores y usuarios, a los siguientes[298]:

---

[295] Artículo 104 LCU. Falta de ejecución del contrato.
[296] Artículo 105 LCU. Sustitución del bien o servicio contratado.
[297] Artículo 106 LCU. Pago mediante tarjeta.
[298] Artículo 107. Ámbito de aplicación.

1) Celebrados *fuera del establecimiento mercantil* del empresario, bien por el mismo empresario o un tercero que actúe por su cuenta.

2) Celebrados en la *vivienda* del consumidor, o de otro consumidor, o en su *centro de trabajo*, salvo que: a) la visita del empresario o persona que actúa por su cuenta haya sido solicitada expresamente por el consumidor; o b) tenga lugar transcurrido el tiempo establecido por éste o en su defecto, transcurrido un tiempo razonable, atendida la naturaleza del objeto del contrato y su precio, y se desarrolle con la finalidad previamente establecida.

3) Los contratos celebrados en un medio de transporte público.

4) Las ofertas de contrato emitidas por un consumidor y usuario en cualquiera de las circunstancias previstas en los tres anteriores supuestos.

2.2. Contratos excluidos. No se aplicará esta regulación específica, sobre los celebrados fuera del establecimiento mercantil, a los contratos:[299]

a) Celebrados a distancia y las comunicaciones comerciales electrónicas.

b) Cundo la prestación total del consumidor sea inferior a 48,08 euros[300].

c) Para la construcción, venta y arrendamiento de bienes inmuebles, o que tengan por objeto algún otro derecho sobre tales bienes.

d) Contratos de seguro.

e) Contratos que tengan por objeto valores mobiliarios.

f) Documentados notarialmente.

g) Relativos a productos de alimentación, bebidas y otros productos consumibles de uso corriente en el hogar, suministrados por empresarios que realicen a tales efectos desplazamientos frecuentes y regulares.

h) Cuando concurran *las tres* circunstancias siguientes: 1ª que se realicen sobre la base de un catálogo que el consumidor haya tenido ocasión de consultar en ausencia del empresario o de quien actúe por su cuenta; 2ª que se haya previsto una continuidad de contacto entre el empresario y el consumidor; y 3ª que el catálogo y el contrato mencionen claramente el derecho del consumidor y usuario a desistir del contrato durante un plazo que ha de ser, como mínimo, de siete días naturales o que establezcan, en la misma forma, el derecho del consumidor a devolver los productos durante un plazo igual al anteriormente mencionado, que empezará a contarse a partir de la fecha de la recepción.

---

[299] Artículo 108 LCU. Contratos excluidos.

[300] «A este efecto, se considerará como prestación total la suma de todas las correspondientes a cada uno de los contratos celebrados por el consumidor y usuario con ocasión de uno de los actos o en alguna de las circunstancias a que se refiere el art. 108».

2.3. Presunción y prueba. Todos los contratos y ofertas celebrados fuera del establecimiento mercantil se presumen sometidos a las disposiciones de la LCU sobre ellos, correspondiendo al empresario la prueba en contrario[301].

2.4. Derecho de desistimiento. En los contratos celebrados fuera de los establecimientos mercantiles el consumidor tendrá derecho a desistir del contrato, conforme a las reglas generales de la LCU. Sin embargo, el plazo para el ejercicio del derecho de desistimiento será de 7 naturales y empezará a contar desde la recepción del documento de desistimiento, si este es posterior a la entrega del producto contratado o a la celebración del contrato si su objeto es la prestación de servicios[302].

2.5. Documentación del contrato. *A*. El contrato o la oferta contractual incluidos en el ámbito de aplicación de este título deberán formalizarse por escrito en doble ejemplar, acompañarse de un documento de desistimiento e ir fechados y firmados de puño y letra por e l consumidor y usuario. Corresponde al empresario probar el cumplimiento de estas obligaciones.

B. El documento contractual deberá contener, en caracteres destacados e inmediatamente encima del lugar reservado para la firma del consumidor y usuario, una referencia clara, comprensible y precisa al derecho de éste a desistir del contrato y a los requisitos y consecuencias de su ejercicio.

C. Una vez suscrito el contrato, el empresario o la persona que actúe por su cuenta, entregará al consumidor y usuario uno de los ejemplares y el documento de desistimiento[303].

2.6. Nulidad y solidaridad. El contrato celebrado, o la oferta realizada, fuera de los establecimientos mercantiles, con infracción de los requisitos legales[304] podrán ser anulados a instancia del consumidor y usuario. Pero, en ningún caso podrá ser invocada la causa de nulidad por el empresario, salvo que el incumplimiento sea exclusivo del consumidor y usuario[305].

Del cumplimiento de las obligaciones establecidas en la LCU sobre

---

[301] Artículo 109 LCU. Prueba.
[302] Artículo 110 LCU. Derecho de desistimiento.
[303] Artículo 111 LCU. Documentación del contrato y del derecho de desistimiento.
[304] Establecidos por los artículos 69.1 y 111 LCU.
[305] Artículo 112 LCU. Consecuencias del incumplimiento.

contratos celebrados fuera de los establecimientos mercantiles responderán solidariamente el empresario por cuya cuenta se actúe y el mandatario, comisionista o agente que hayan actuado en nombre propio[306].

3. El contrato de viajes combinados

3.1. Ámbito de aplicación. Se aplica la regulación de la LCU sobre viajes combinados «a la oferta, contratación y ejecución de las vacaciones, los circuitos y los viajes combinados» definidos legalmente[307]. Aunque se facturen por separado varios elementos del mismo viaje combinado, organizador y detallista han de cumplir las obligaciones legales.

3.2. Definiciones legales. A los efectos de la LCU se entiende por[308]:

a) Viaje combinado: la combinación previa de, por lo menos, dos de los elementos señalados en el párrafo siguiente, vendida u ofrecida en venta con arreglo a un precio global, cuando dicha prestación sobrepase las 24 horas o incluya una noche de estancia. Tales elementos son: 1) transporte, 2) alojamiento, 3) otros servicios turísticos no accesorios de los anteriores y que constituyan una parte significativa del viaje combinado.

b) Organizador: la persona física o jurídica que organice de forma no ocasional viajes combinados y los venda u ofrezca en venta, directamente o por medio de un detallista. Deberá estar constituido como agencia de viajes.

c) Detallista: la persona física o jurídica que venda u ofrezca en venta el viaje combinado propuesto por un organizador. Será una agencia de viajes.

d) Contratante principal: la persona física o jurídica que compre o se comprometa a comprar el viaje combinado, que será, o no, el consumidor.

e) Beneficiario: la persona física –consumidor– en nombre de la cual el contratante principal se comprometa a comprar el viaje combinado.

f) Cesionario: la persona física –que también será consumidor– a la cual el contratante principal u otro beneficiario le cedan el viaje combinado.

g) Consumidor o usuario: cualquier persona en la que concurra la condición de contratante principal, beneficiario o cesionario.

h) Contrato: acuerdo vinculando al consumidor con organizador y detallista.

---

[306] Artículo 113 LCU. Responsabilidad solidaria.

[307] ANTUÑA SUÁREZ, Braulio, *Manual práctico de derechos del consumidor en el sector turístico*, Septem Ediciones, Oviedo, 2008.

[308] Artículo 151. LCU. Definiciones.

3.3. Información precontractual. 3.3.1. Contenido del folleto. El detallista o, en su caso, el organizador deberá poner a disposición de los consumidores un *programa o folleto informativo* que contenga *por escrito* la correspondiente oferta sobre el viaje combinado y que deberá incluir una clara, comprensible y precisa información sobre los siguientes extremos[309]:

a) Destinos y medios de transporte, con sus características y clase.

b) Duración, itinerario y calendario de viaje.

c) Relación de establecimientos de alojamiento, con indicación del tipo, situación, categoría o nivel de comodidad y sus principales características, homologación y clasificación turística en países con tal clasificación oficial.

d) Número de comidas incluidas y, en su caso, si las bebidas, o algún tipo de ellas, no estuvieran comprendidas en el régimen alimenticio previsto.

e) Información general sobre las condiciones aplicables a ciudadanos de los Estados miembros de la Unión Europea en materia de pasaportes y de visados, y las formalidades sanitarias necesarias para el viaje y la estancia.

f) Precio final completo del viaje combinado, incluidos los impuestos, y precio estimado de las excursiones facultativas, y gastos adicionales[310].

g) Importe, o porcentaje del precio que deba pagarse como anticipo sobre el precio total y el calendario de pago del resto no cubierta por el anticipo desembolsado, así como las condiciones de financiación, si se ofertasen.

h) Número mínimo de inscripciones, si se precisa para la realización del viaje, y, en tal caso, fecha límite para que el consumidor pueda anularlo.

i) Cláusulas sobre responsabilidades, cancelaciones y demás condiciones.

j) Nombre y domicilio del organizador del viaje combinado así como, en su caso, tales datos de su representación legal en España.

k) Información adicional y adecuada sobre las características del viaje.

3.3.2. Carácter vinculante y excepciones. Toda la información contenida en el folleto de viaje, o programa-oferta, tendrá *carácter vinculante* para el organizador y para el detallista del viaje combinado. Sin embargo, excepcionalmente, tal programa o folleto del viaje *no será vinculante* cuando concurra *alguna* de las siguientes circunstancias[311]:

1ª) que se produzcan cambios que *se hayan comunicado* claramente por escrito al consumidor antes de la celebración del contrato y, además, que tal

---

[309] Artículo 152 LCU. Programa y oferta de viajes combinados.

[310] En caso de existir gastos adicionales correspondientes a los servicios incluidos en el viaje combinado que deba asumir el consumidor y que no se abonen al organizador o detallista, de deberá expresar la información sobre su existencia y, si se conoce, su importe.

[311] Artículo 153 LCU. Carácter vinculante del programa oferta.

posibilidad haya sido objeto de *expresa mención* en el programa-oferta;

2ª) que se produzcan posteriormente modificaciones sobre lo programa y que conste *previo acuerdo* por escrito entre las partes contratantes.

3.4. Contenido del contrato. El contrato de viaje combinado habrá de contener entre sus cláusulas, según las características de la oferta concreta, claras referencias, al menos, a cada uno de los siguientes *elementos*[312]:

a) El destino o los destinos del viaje combinado objeto del contrato.

b) Cuando se fraccione la estancia, los distintos períodos y sus fechas.

c) Medios, características y categorías de los transportes a utilizar.

d) Las fechas, horas y lugares, tanto de salida, como de regreso.

e) Cuando incluya alojamiento: 1) su situación; 2) su categoría turística; 3) sus principales características; 4) homologación y clasificación turística oficial, en los países donde exista; y 5) número de comidas incluidas.

f) Número mínimo de personas exigido, cuando se imponga para realizar el viaje combinado y, en tal supuesto, fecha límite de información al consumidor y usuario en caso de cancelación, que deberá efectuarse con una antelación mínima de diez días a la fecha prevista de iniciación del viaje.

g) El itinerario que se haya previsto durante todo el viaje combinado.

h) Visitas, excursiones o demás servicios incluidos en el precio total.

i) Nombre y dirección del: organizador, detallista y asegurador, si lo hay.

j) El precio del viaje combinado, desglosando: 1º los gastos de gestión; 2º indicación de toda posible revisión del precio, según lo previsto la LCU[313]; y 3º los posibles derechos e impuestos sobre los servicios contratados, cuando no estén incluidos en el precio final del viaje combinado.

k) Gastos de anulación, debidamente desglosados, si los hubiere y puedan calcularse razonablemente de antemano; si así no pudiera calcularse, la indicación de que se podrán repercutir, cuando se produzcan efectivamente.

l) Modalidades de pago, y en caso de financiación, sus condiciones.

m) Toda solicitud especial que el consumidor y usuario haya transmitido al organizador o al detallista y que éste haya aceptado.

n) La obligación del consumidor de comunicar todo incumplimiento en la ejecución del contrato, por escrito o en cualquier otra forma en que quede constancia, al organizador o al detallista y, al prestador del servicio.

ñ) El plazo legal de prescripción de las acciones de dos años en el que el consumidor podrá reclamar por la no ejecución o su ejecución deficiente[314].

---

[312] Artículo 154 LCU. Forma y contenido del contrato.

[313] Artículo 157 LCU. Revisión de precios en el contrato de viaje combinado.

[314] Artículo 164. Prescripción de acciones.

o) Plazo del consumidor para exigir la confirmación de sus reservas.

3.5. Forma y copias del contrato. El contrato de viaje combinado deberá formularse, en todo caso, por escrito con el contenido expresado. El empresario deberá informar al consumidor, con anticipación a la celebración del contrato, del contenido de las cláusulas contractuales y recibirá una copia de aquél, una vez formalizado –y firmado– el mismo. La descripción del viaje combinado comunicada por el detallista o, e n su caso, por el organizador al consumidor, así como su precio y todas las demás condiciones aplicables al contrato deberán ser veraces y comprobables[315].

3.6. Información adicional sobre el viaje contratado. Los detallistas o, en su caso, los organizadores de viajes combinados deberán facilitar a los consumidores con los que hayan contratado, por escrito o en cualquier otra forma en que quede constancia y con el tiempo necesario antes del inicio del viaje, a más tardar en el momento de confirmación de las reservas, la siguiente información adicional sobre:[316]

a) Los horarios y lugares de las escalas y los enlaces, así como la indicación de la categoría del lugar que deberá ocupar el viajero en el medio o medios de transporte que vayan a ser utilizados.

b) El nombre, dirección y número de teléfono de la representación del organizador o detallista en cada destino o, en su defecto, de los organismos locales que puedan ayudar al consumidor en caso de dificultades. Cuando no existan, se facilitará al consumidor un número de teléfono de urgencia o la información que le permita contactar con el organizador o detallista.

c) En los viajes y estancias de menores en el extranjero, la información que permita establecer un contacto directo con éstos o los responsables de su estancia *in situ* durante el viaje.

d) Información sobre la suscripción facultativa de un contrato: 1) de seguro que cubra los gastos de cancelación del consumidor; 2) de asistencia que cubra los gastos de repatriación o traslado al lugar de origen, en caso de accidente, enfermedad o fallecimiento del viajero[317].

3.7. Derecho de cesión. El contratante principal o el beneficiario podrán ceder gratuitamente su reserva en el viaje combinado a cualquier persona que reúna todas las condiciones requeridas para el mismo.

---

[315] Debiendo cumplirse los términos establecidos en los artículos 18 y 60 LCU.
[316] Artículo 156 LCU. Información adicional sobre el viaje contratado.
[317] De acuerdo con la legislación vigente reguladora del seguro privado.

La cesión deberá ser *comunicada* por escrito al detallista o, en su caso, al organizador con una antelación mínima de 15 días a la fecha de inicio del viaje, aunque se permite pactar un plazo menor en el contrato. La persona que ceda su reserva en el viaje combinado y el cesionario responderán *solidariamente*, ante el detallista o, en su caso, el organizador que sean parte del contrato, del *pago del saldo del precio*, así como de los gastos adicionales justificados que pudiera haber causado dicha cesión[318].

3.8. Modificación del contrato. 3.8.1. Alteración del precio. Los precios fijados en el contrato no podrán ser revisados, salvo si de manera explícita se contempla la posibilidad de revisión, tanto al alza como a la baja, debiendo quedar establecidas las modalidades precisas de cálculo. Sólo podrá revisarse para incorporar variaciones del precio de: a) los transportes, incluido el coste del carburante; b) tasas e impuestos relativos a determinados servicios; y c) tipos de cambio aplicados al viaje organizado. No podrán revisarse los precios al alza, siendo nulas, cuando se efectúen en los 20 días inmediatamente anteriores a la fecha de salida del viaje[319].

3.8.2. Alteración de elementos esenciales. Si, antes de la salida del viaje, el organizador se viera obligado a modificar sustancialmente algún elemento esencial del contrato, deberá notificarlo de inmediato al consumidor. En tal supuesto, el consumidor podrá optar entre *resolver* el contrato sin penalización alguna o *aceptar* una modificación del contrato en el que se precisen las variaciones introducidas y su repercusión en el precio, salvo que las partes conviniesen otra cosa en cláusulas negociadas individualmente.

El consumidor deberá comunicar la decisión que adopte al detallista o, en su caso, al organizador dentro de los *tres días* siguientes a ser notificado de la modificación sustancial de algún elemento esencial del contrato. Cuando el consumidor *no notifique* su decisión en tal plazo, se entenderá que ha optado por la resolución del contrato sin penalización alguna[320].

3.9. Resolución o cancelación por el empresario. Cuando el consumidor opte por *resolver* el contrato por alteración de sus elementos esenciales, o el organizador *cancele* el viaje combinado antes de la fecha de salida acordada, por cualquier motivo no imputable al consumidor, éste tendrá derecho desde

[318] Artículo 155. Cesión de la reserva.
[319] Artículo 157 LCU. Revisión de precios.
[320] Artículo 158 LCU. Modificación del contrato.

la resolución del contrato: 1) al *reembolso* de todas las cantidades pagadas, con arreglo al mismo; o bien, 2) a la realización de *otro viaje* combinado de calidad equivalente o superior si el empresario pudiere ofrecérselo[321].

Si el viaje ofrecido fuera de *calidad inferior*, el organizador o el detallista deberán rembolsar al consumidor, cuando proceda según las cantidades ya desembolsadas, la *diferencia de precio*, de acuerdo con el contrato.

En todo caso, el consumidor podrá exigir el *reintegro* de las cantidades desembolsadas al empresario al que se las abonó, que deberá devolvérselas en el plazo de 30 días, pasado el cual sin el pago, el consumidor podrá exigir el doble de lo entregado[322]. El cómputo del plazo, en este caso, se iniciará desde la notificación del consumidor de su opción por la resolución o desde que se produjeran las circunstancias determinantes de la cancelación.

El mismo derecho de devolución, con iguales condiciones, corresponderá al consumidor que *no obtuviese confirmación* de la reserva –por causa que no le fuere imputable– en los términos estipulados en el contrato.

3.9.1. Indemnización: cuantía mínima. El organizador y el detallista son responsables del pago al consumidor de la indemnización que, en su caso, corresponda por el incumplimiento del contrato, sin que pueda ser inferior a lo siguiente: a) el 5% del precio total del viaje contratado, si el incumplimiento se produce entre los dos meses y quince días inmediatamente anteriores a la fecha prevista de realización del viaje; b) el 10% si se produce entre los quince y tres días anteriores; y c) el 25% si el incumplimiento fuere en las 48 horas previas.

3.9.2. Improcedencia de la indemnización. No existirá obligación alguna de indemnizar, por el organizador o detallista, si la cancelación del viaje:

a) Se debe a que el número de personas inscritas para el viaje combinado sea *inferior al exigido* y así se comunique por escrito al consumidor antes de la fecha límite fijada a tal fin en el contrato, que como mínimo será de 10 días de antelación mínima a la fecha prevista de iniciación del viaje.

b) Se debe a motivos de *fuerza mayor*, entendiendo por tales aquellas circunstancias ajenas a quien las invoca, anormales e imprevisibles cuyas

---

[321] Artículo 159 LCU. Resolución del contrato por causa imputable al organizador o cancelación del viaje.

[322] Se aplicará el art. 76 LCU sobre devolución de sumas percibidas por el empresario.

consecuencias no habrían podido evitarse, a pesar de haber actuado con la diligencia debida[323], excluyéndose los supuestos de exceso de reservas.

3.10. Resolución imputable al consumidor. El consumidor podrá dejar sin efecto los servicios solicitados o contratados, en todo momento, teniendo derecho a la devolución de las cantidades que hubiese abonado, pero deberá indemnizar al organizador o detallista en las cuantías que a continuación se indican, salvo que tal resolución tenga lugar por causa de fuerza mayor[324]:

1) Abonará los *gastos* de gestión, los de anulación, si los hubiere, y una *penalización* consistente en: a) el 5% del importe total del viaje, si la cancelación se produce con más de diez y menos de quince días de antelación a la fecha del comienzo del viaje; el 15% entre los días tres y diez; y c) el 25% dentro de las cuarenta y ocho horas previas a la salida.

2) Cuando el consumidor no se presente a la salida, estará obligado al pago del importe total (100%) del viaje, abonando, en su caso, las cantidades pendientes salvo que se hubiere pactado otra cosa en el contrato.

3) En el caso de que el viaje combinado estuviera sujeto a condiciones económicas especiales de contratación, tales como flete de aviones, buques o tarifas especiales, los gastos de cancelación se establecerán de acuerdo con las condiciones acordadas entre las partes.

3.11. Efectos de la no prestación contratada. Cuando, después de la salida del viaje, el organizador no suministre, o compruebe que no puede suministrar, una parte importante de los servicios previstos en el contrato, adoptará las soluciones adecuadas para la continuación del viaje organizado, sin suplemento alguno de precio para el consumidor, y, en su caso, abonará la diferencia entre las prestaciones previstas y las suministradas. Si el consumidor continúa el viaje con las soluciones dadas por el organizador se considerará que acepta tácitamente dichas propuestas[325].

Cuando las soluciones adoptadas por el organizador fueran inviables, o el consumidor no las aceptase por motivos razonables, aquél deberá facilitar a éste, sin suplemento alguno de precio, un medio de transporte equivalente al utilizado en el viaje para regresar al lugar de salida o a cualquier otro que ambos hayan convenido, sin perjuicio de la indemnización que proceda. Si

[323] Las cancelaciones como consecuencia del ejercicio del derecho de huelga de los trabajadores eximen de toda indemnización a los organizadores y detallistas.

[324] Artículo 160 LCU. Resolución del contrato por el consumidor y usuario.

[325] Artículo 161 LCU. Consecuencias de la no prestación de servicios.

hubiere reclamación se impone al detallista o al organizador, la obligación de obrar con diligencia para hallar las soluciones adecuadas.

3.12. Responsabilidad de organizadores y detallistas. Los organizadores y los detallistas de viajes combinados responderán frente al consumidor, en función de las obligaciones que les correspondan por su ámbito respectivo de gestión del viaje combinado, del correcto *cumplimiento de las obligaciones* derivadas del contrato, con independencia de que éstas las deban ejecutar ellos mismos u otros prestadores de servicios, y sin perjuicio del derecho de los organizadores y detallistas a actuar contra dichos prestadores de servicios[326].

La responsabilidad frente al consumidor *será solidaria* de cuantos empresarios, sean organizadores o detallistas, concurran conjuntamente en el contrato cualquiera que sea su clase y las relaciones que existan entre ellos, sin perjuicio del derecho de repetición de quien responda ante el consumidor y usuario frente a quien sea imputable el incumplimiento o cumplimiento defectuoso del contrato en función de su respectivo ámbito de gestión del viaje combinado.

Los organizadores y detallistas de viajes combinados, responderán, asimismo, de los daños sufridos por el consumidor y usuario como consecuencia de la no ejecución o ejecución deficiente del contrato.

3.13. Exención de responsabilidad. La responsabilidad del organizador y del detallista cesará, cuando los defectos en la ejecución del contrato:

a) sean imputables al consumidor como consecuencia de su conducta;
b) sean imputables a un tercero ajeno al suministro de las prestaciones previstas en el contrato y revistan un carácter imprevisible o insuperable;
c) se deban a motivos de fuerza mayor, siendo aquellas circunstancias ajenas a quien las invoca, anormales e imprevisibles cuyas consecuencias no habrían podido evitarse, a pesar de haber actuado con la diligencia debida;
d) se deban a un acontecimiento que el detallista, o el organizador, pese a poner toda la diligencia necesaria, no podían prever ni superar.

En los supuestos de exclusión de responsabilidad por darse alguna de las circunstancias citadas el organizador y el detallista que sean parte en el

[326] Artículo 162 LCU. Responsabilidad de los organizadores y detallistas. El apartado 4 del precepto determina que: «No podrán establecerse excepciones mediante cláusula contractual a lo previsto en los apartados 1 y 2 de este artículo».

contrato estarán obligados, no obstante, salvo en el primer caso, a prestar la necesaria asistencia al consumidor que se encuentre en dificultades.

3.14. Fianza del empresario de viajes. Los organizadores y detallistas de viajes combinados tendrán la obligación de constituir y mantener en permanente vigencia una fianza, según determine la Administración turística competente, *para responder*: 1) del cumplimiento de las obligaciones derivadas de la prestación de sus servicios frente a los contratantes de un viaje combinado; 2) del reembolso de los fondos depositados; y 3) el resarcimiento de los gastos de repatriación en caso de insolvencia o quiebra.

La fianza quedará afecta al cumplimiento de las obligaciones derivadas de: a) Resoluciones judiciales firmes sobre responsabilidades económicas de los organizadores y detallistas derivadas de la acción ejercitada por el consumidor final. b) Laudos dictados por las Juntas Arbitrales de Consumo o por los órganos de arbitraje institucionales creados por normas legales para un sector o un supuesto específico, previa sumisión voluntaria de las partes.

Cuando se ejecutase la fianza, el empresario deberá reponerla en el plazo de 15 días, hasta cubrir nuevamente la totalidad inicial de la misma[327].

3.15. Prescripción de acciones. Prescribirán por el transcurso de dos años las acciones derivadas de los derechos reconocidos a los consumidores en la LCU en materia de viajes combinados[328].

---

[327] Artículo 163. Garantía de la responsabilidad contractual.
[328] Artículo 164. Prescripción de acciones.

CAPÍTULO VIII. RESPONSABILIDAD CIVIL POR LOS PRODUCTOS DEFECTUOSOS

SUMARIO: 1. Antecedentes. 1.1. Socioeconómicos. 1.2. Comunitarios. 2. Regulación vigente. 2.1. Marco legal básico. 2.2. Regímenes coexistentes. 2.2.1. La responsabilidad subjetiva. 2.2.2. La responsabilidad objetiva. 3. Principios generales. 3.1. Derecho a ser indemnizado. 3.1.1. Compatibilidad. 3.1.2. Daños protegidos. 3.1.3. Cláusulas de exoneración. 3.1.4. Seguro de responsabilidad civil. 3.2. Principio de solidaridad. 3.3. Defecto y actuación de un tercero. 3.4. Compensación por retraso. 4. Daños causados por productos. 4.1. Planteamiento. 4.2. Principio de responsabilidad objetiva. 4.3. Definiciones legales. 4.3.1. Producto. 4.3.2. Producto defectuoso. 4.3.3. Productor. 4.4. Carga probatoria. 4.5. Causas de inimputabilidad. 4.6. Límites de la responsabilidad. 4.7. Extinción de la responsabilidad. 4.7.1. Prescripción. 4.7.2. Interrupción de la prescripción. 4.7.3. Extinción del derecho. 4.7.4. Culpa de la víctima. 5. Daños causados por otros bienes y servicios. 5.1. Régimen general. 5.2. Régimen especial. 6. La responsabilidad en el Código civil. 6.1. Regímenes básicos. 6.1.1. Responsabilidad contractual. 6.1.2. Responsabilidad extracontractual. 6.2. Aplicación a los productos defectuosos. 6.3. Presupuestos del sistema. 6.4. Solidaridad y prescripción.

1. Antecedentes

1.1. Socioeconómicos. Después de la segunda Revolución industrial, también denominada la Revolución tecnológica, cuya eclosión comenzó a desplegar sus efectos en los países más avanzados en entre 1950 y 1960. En dicha década se inició la fabricación masiva de productos destinados a ser adquiridos por la práctica totalidad de la población, lo que llevó a tales países, por primera vez, a plantearse la necesidad de idear soluciones de, al menos, dos tipos: a) *técnicas*, para incentivar la elaboración de productos seguros; y b) otras de carácter *jurídico* para determinar la responsabilidad civil de carácter indemnizatorio a quienes crean el riesgo[329].

Ante la nueva situación, los mecanismos tradicionales del derecho civil y mercantil continental se mostraban claramente insuficientes para atajar los nuevos problemas, por lo que las instituciones comunitarias comenzaron a abordar la cuestión intentando armonizar los textos de los países europeos para cual tuvo una influencia decisiva el sistema de *products liability*, propio del derecho norteamericano, muy desarrollado en materia de responsabilidad civil por daños causados por productos defectuoso, influencia que se tradujo en los instrumentos comunitarios que fueron los antecedentes inmediatos de la actual regulación legal en nuestro país.

1.2. Comunitarios. La Directiva 85/374 CEE, del Consejo de las

---

[329] Véase las recientes monografías de PARRA LUCÁN, María Ángeles, *La protección del consumidor frente a los daños: responsabilidad civil del fabricante y del prestador de servicios*, editorial Reus, Madrid, 2011; y de GUTIÉRREZ SANTIAGO, Pilar, *Daños causados por productos defectuosos: su régimen de responsabilidad civil en el texto refundido de 2007 de la Ley general para la defensa de los consumidores y usuarios y otras leyes complementarias*, editorial Aranzadi, Cizur Menor, 2009.

Comunidades Europeas, de 25 de julio de 1985, relativa a la aproximación de las disposiciones legales, reglamentarias y administrativas de los Estados Miembros en materia de responsabilidad por daños causados por productos defectuosos, marcó el inicio de la regulación comunitaria en materia de responsabilidad civil por daños causados a los consumidores. Aquélla fue reformada por la Directiva 1999/34/CE del Parlamento Europeo y del Consejo, de 10 de mayo de 1999, por la que se modifica la Directiva 85/374/CEE, ampliando el concepto de «producto».

2. Regulación vigente

2.1. Marco legal básico. El artículo 51.1 CE, no se limita a reconocer los derechos básicos de los consumidores, sino que encomienda a los poderes públicos la misión garantizar la defensa de los consumidores y usuarios protegiendo mediante procedimientos eficaces aquellos derechos.

Desarrollando el precepto constitucional, la LCU dedica todo su libro III a lo que viene a denominar la «responsabilidad civil por bienes o servicios defectuosos», regulando, en primer lugar, en sus artículos 128 a 134, unas *disposiciones comunes* en materia de responsabilidad, y a continuación, en sus artículos 135 a 149, las *disposiciones específicas* en esta materia, en cuyos doce primeros artículos (135-146) se contienen las disposiciones referidas a «daños causados por productos», y en los tres últimos (147-149), aquellos que denomina «daños causados por otros bienes y servicios»[330].

2.2. Regímenes coexistentes. En la actualidad, en el ámbito del derecho privado, coexisten al menos *dos regímenes* diversos de responsabilidad civil:

1º.- El régimen general contenido en los artículos 1902 y siguientes del Código civil, basado en la responsabilidad *subjetiva o por culpa*.

2º.- Un régimen especial armonizado en toda la Unión Europea más próximo a la responsabilidad *objetiva o sin culpa*, que gira en torno al nuevo sistema instaurado por las Directivas comunitarias y que en España se desarrolla, fundamentalmente, en los preceptos indicados de la LCU.

2.2.1. La responsabilidad subjetiva. El principio general de nuestro sistema jurídico-privado se basa en la responsabilidad civil subjetiva, basada

[330] El apartado 4 de la disposición derogatoria ÚNICA de la actual LCU dejó sin efecto la Ley 22/1994, de 6 de julio, de responsabilidad civil por los daños causados por productos defectuosos, que fue sustituida por los citados artículos 128 a 145 LCU hoy vigentes.

en la culpa y se establece en los artículos 1902 y siguientes del Código civil.

Los *requisitos* que se precisan, para que pueda determinarse esta responsabilidad subjetiva, son: a) la demostración del daño, b) la relación entre el producto y el sujeto demandado, c) el nexo de causalidad entre el perjudicado y su uso o c onsumo, d) la conducta culposa del causante del daño, que se presume, y e) la ausencia de culpa de la víctima.

Existe una *exención general* de responsabilidad cuando el se acredite la falta de culpa, demostrando que se utilizaron todos los cuidados, se cumplieron todos los requisitos exigidos reglamentariamente y actuaron con la diligencia exigible según la naturaleza del producto, servicio o actividad.

2.2.2. La responsabilidad objetiva. Según este régimen, que se instaura en la LCU, donde se contiene su *principio general*: «todo perjudicado tiene derecho a ser indemnizado en los términos establecidos» en dicho texto legal, «por los daños o perjuicios causados por los bienes o servicios»[331]. Ninguna mención se hace a la necesidad de que haya de existir culpa o negligencia del productor, sino tan solo se requiere el *defecto* del producto fabricado o importado y la producción de un *daño* al consumidor. Por lo tanto, según parece, la responsabilidad nacerá, en todo caso, de manera puramente *objetiva*, cuando se produzcan daños al consumidor.

Según este sistema especial de responsabilidad objetiva, o sin culpa, una vez producido el daño al consumidor la única vía que tiene el empresario para liberarse de su responsabilidad es acudir a la cláusula general de exclusión de la responsabilidad basada en la culpa de la víctima[332], o a las causas generales tasadas en la LCU de exoneración de su responsabilidad[333]. Pero, salvado lo anterior, cuando el consumidor hizo el uso o consumo del producto de manera correcta y, pese a ello, se produjo el daño, el empresario no tiene posibilidad alguna, en principio, de librarse de su responsabilidad civil debiendo reparar que sufrió el perjudicado.

3. Principios generales

3.1. Derecho a ser indemnizado. Bajo el epígrafe «indemnización de daños», reconoce la LCU el principio general básico, en los términos regulados

---

[331] Artículo 128 LCU.

[332] Artículo 145 LCU. Culpa del perjudicado.

[333] Artículo 140 LCU. Causas de exoneración de la responsabilidad.

en ella, el derecho *a todo perjudicado* a ser indemnizado «por los daños o perjuicios causados por los bienes o servicios»[334].

3.1.1. Compatibilidad. Estas acciones e indemnizaciones, reconocidas en la LCU, «*no afectan a otros derechos* que el perjudicado pueda tener a ser indemnizado por daños y perjuicios, incluidos los morales», y por tanto son compatibles con las acciones que puedan derivarse: 1) de la responsabilidad *contractual*, fundada en *a)* la falta de conformidad de los bienes o servicios; *b)* cualquier otra causa de incumplimiento o cumplimiento defectuoso del contrato; 2) así como de la responsabilidad *extracontractual* que proceda.

3.1.2. Daños protegidos. El régimen de responsabilidad previsto en la LCU comprende dos clases de daños[335] sufridos: a) los «daños *personales*, incluida la muerte», y b) «los daños *materiales*, siempre que éstos afecten a bienes o servicios objetivamente destinados al uso o consumo privados y en tal concepto hayan sido utilizados principalmente por el perjudicado»[336]. Se deduce de lo anterior que están *excluidos* de protección por esta vía los llamados *daños morales*, al no haber sido incluidos en el precepto. Además, la protección que otorga la LCU «no será de aplicación para la reparación de los daños causados por *accidentes nucleares*»[337], para los que existe un marco legal propio de protección y reparación[338].

3.1.3. Cláusulas de exoneración. Para evitar que, en la práctica, la protección legal del consumidor sea meramente programática, y por tanto, ilusoria, se declaran «ineficaces frente al perjudicado las cláusulas de exoneración o de limitación de la responsabilidad civil» previstas en la LCU[339].

---

[334] Artículo 128 LCU. Indemnización de daños.

[335] Véase, con carácter práctico, la monografía de ERVITI ORQUÍN, Elena, *Consumo: daños al consumidor y quantum indemnizatorio*, editorial Aranzadi, Cizur Menor, 2007.

[336] Artículo 129 LCU. Ámbito de protección.

[337] Art. 129.2. LCU *in fine*: «siempre que tales daños se encuentren cubiertos por convenios internacionales ratificados por los Estados miembros de la Unión Europea».

[338] Tales daños se encuentran cubiertos por la Ley 12/2011, de 27 de mayo, sobre responsabilidad civil por daños nucleares o producidos por materiales radiactivos. Según el artículo 4.1 de esta Ley: «El explotador de una instalación nuclear será responsable de los daños nucleares definidos en esta Ley durante el almacenamiento, transformación, manejo, utilización en cualquier forma o transporte de sustancias nucleares. Esta responsabilidad será *independiente de la existencia de dolo o culpa*, y estará limitada en su cuantía hasta el límite que se señala en la presente Ley». Dicho límite oscila entre los 700 millones y los 1.200 millones de euros, según el país en donde se causen los daños nucleares.

[339] Artículo 130 LCU. Ineficacia de las cláusulas de exoneración de la responsabilidad.

3.1.4. Seguro de responsabilidad civil. Prevé la LCU la posibilidad de que se establezca reglamentariamente un seguro obligatorio de responsabilidad civil y también un fondo de garantía para cubrir estos daños[340]. En realidad, es una reiteración de otro precepto de la Ley 50/1980, de 8 de octubre, de Contrato de Seguro (LCS), mucho más imperativo que la LCU[341].

Según la *definición legal* de contrato de seguro de responsabilidad civil: «el asegurador se obliga, dentro de los límites establecidos en la Ley y en el contrato, a cubrir el riesgo del nacimiento a cargo del asegurado de la obligación de indemnizar a un tercero los daños y perjuicios causados por un hecho previsto en el contrato de cuyas consecuencias sea civilmente responsable el asegurado, conforme a derecho»[342].

La regulación del contrato de seguro de responsabilidad civil contiene el régimen de las denominadas cláusulas *claims made*, cuya inserción se autoriza en estos contratos, destinadas a establecer la limitación en el tiempo de la responsabilidad, y que pretenden concretar el riesgo asegurado y hacer calculables las indemnizaciones[343].

3.2. Principio de solidaridad. En materia de daños al consumidor por productos defectuosos rige en la LCU el llamado principio de responsabilidad solidaria: «las personas responsables del mismo daño» por aplicación de la LCU «lo serán solidariamente ante los perjudicados». No obstante, el que pagó toda la indemnización que le fue reclamada «tendrá derecho a *repetir* frente a los otros responsables, según su participación en la causación del daño»[344].

3.3. Defecto y actuación de un tercero. No se reducirá la responsabilidad prevista legalmente en materia de daños causados por productos defectuosos: «cuando el daño sea causado conjuntamente por un defecto del bien o servicio

---

[340] Artículo 131 LCU. Seguro: «El Gobierno, previa audiencia de los interesados y de las asociaciones de consumidores y usuarios, podrá establecer un sistema de seguro obligatorio de responsabilidad civil derivada de los daños causados por bienes o servicios defectuosos y un fondo de garantía que cubra, total o pa rcialmente, los daños consistentes en muerte, intoxicación y lesiones personales».

[341] Artículo 75 LCS: «Será obligatorio el seguro de responsabilidad civil para el ejercicio de aquéllas actividades que por el Gobierno se determinen. La Administración no autorizará el ejercicio de tales actividades sin que previamente se acredite por el interesado la existencia del seguro. La falta de seguro, en los casos en que sea obligatorio, será sancionada administrativamente».

[342] Artículo 73 LCS, primer párrafo.

[343] Artículo 73 LCS, segundo párrafo.

[344] Artículo 132 LCU. Responsabilidad solidaria.

y por la intervención de un tercero». Sin embargo, «el sujeto responsable que hubiera satisfecho la indemnización podrá reclamar al tercero la parte que corresponda a su intervención en la producción del daño»[345].

3.4. Compensación por retraso. Para evitar moratorias indebidas en el abono de las indemnizaciones que se deban a los perjudicados, en los casos de responsabilidad por daños ocasionados por productos defectuosos, la persona que resulte beneficiaria de tales indemnizaciones, «tiene *derecho a una compensación*, sobre la cuantía de la indemnización, por los daños contractuales y extracontractuales durante el tiempo que transcurra desde la declaración judicial de responsabilidad hasta su pago efectivo»[346].

Para cuantificar el importe de esta compensación económica la LCU se remite a la legislación procesal general contenida en la Ley de Enjuiciamiento Civil[347] donde se establece que «desde que fuere dictada en primera instancia, toda sentencia o resolución que condene al pago de una cantidad de dinero líquida determinará, en favor del acreedor, el devengo de un interés anual igual al del *interés legal del dinero incrementado en dos puntos* o el que corresponda por pacto de las partes o por disposición especial de la ley»[348].

4. Daños causados por productos

4.1. Planteamiento. Como se indicó al principio, la regulación contenida en la LCU se divide en dos grandes bloques, el primero, que denomina «daños causados por productos», y para diferenciar su régimen de éstos, el segundo, que lo identifica como «daños causados por otros bienes y servicios». Siguiendo tal esquema legal, por ser el más sencillo y útil, en las siguientes páginas se analizan ambos regímenes así diferenciados, utilizando idéntica denominación que el texto legal de la LCU.

4.2. Principio de responsabilidad objetiva. Como se anticipó, determina la LCU que «los productores serán responsables de los daños causados por los defectos de los productos que, respectivamente, fabriquen o importen»[349].

---

[345] Artículo 133 LCU. Intervención de un tercero.

[346] Artículo 134 LCU. Retraso en el pago de la indemnización.

[347] Artículo 576 LEC. Intereses de la mora procesal.

[348] Al cierre de esta edición, en enero de 2012, el interés legal del dinero en España está fijado en el 4% y el *interés procesal en el 6%,* según la Ley 39/2010, de 22 de diciembre, de Presupuestos Generales del Estado para el año 2011, Ley prorrogada de manera automática hasta que no se aprueben los Presupuestos para 2012, lo que aun no se ha producido.

[349] Artículo 135 LCU. Principio general.

Aunque el precepto es, tal vez, excesivamente lacónico, al no referirse a la exigencia del requisito de la culpa o negligencia en los productores para que respondan, parece claro que, cuando existan defectos en los productos que fabrican o importan y éstos ocasionen un daño, habrán de responder por ellos, denominándose a esta clase o modalidad, responsabilidad objetiva o sin culpa, puesto que la responsabilidad no depende de su culpa o negligencia, sino *de la Ley* que la establece para los casos, como éste, que la considera necesaria.

4.3. Definiciones legales. En evitación de la posible inseguridad jurídica que podría generarse a la hora de interpretar cada figura, la LCU establece el concepto legal de producto, de producto defectuoso y de productor.

4.3.1. Producto. El texto legal de la LCU establece el concepto legal de producto siendo «cualquier bien mueble, aún cuando esté unido o incorporado a otro bien mueble o inmueble, así como el gas y la electricidad»[350].

4.3.2. Producto defectuoso. El concepto legal de producto defectuoso admite diversas precisiones: a) será defectuoso el producto «que no ofrezca la seguridad que cabría legítimamente esperar, teniendo en cuenta todas las circunstancias y, especialmente, su presentación, el uso razonablemente previsible del mismo y el momento de su puesta en circulación».

b) Además, también un producto es defectuoso cuando «no ofrece la seguridad normalmente ofrecida por los demás ejemplares de la misma serie».

c) Sin embargo, por el contrario, «un producto no podrá ser considerado defectuoso por el solo hecho de que tal producto se ponga posteriormente en circulación de forma más perfeccionada»[351].

4.3.3. Productor. Se considera que son productores, a efectos de la LCU, y atendiendo a las menciones contenidas a lo largo de todo su articulado, a las personas, físicas o jurídicas, empresarios o profesionales, siguientes[352]:

1) El «fabricante del bien o al prestador del servicio o su intermediario, o al importador del bien o servicio en el territorio de la Unión Europea, así como a cualquier persona que *se presente como tal* al indicar en el bien, ya sea en el envase, el envoltorio o cualquier otro elemento de protección o presentación, o servicio su nombre, marca u otro signo distintivo»[353].

---

[350] Artículo 136 LCU. Concepto legal de producto.
[351] Artículo 137 LCU. Concepto legal de producto defectuoso.
[352] Artículo 138 LCU. Concepto legal de productor.
[353] Artículo 5 LCU. Concepto de productor.

2) El «fabricante o importador en la Unión Europea de: a) un producto terminado; b) cualquier elemento integrado en un producto terminado; c) una materia prima».

3) El «proveedor del producto», será considerado productor cuando éste no puede ser identificado, salvo que «dentro del plazo de tres meses, indique al dañado o perjudicado la identidad del productor o de quien le hubiera suministrado o facilitado a él dicho producto».

4) El proveedor, también será considerado legalmente como productor, «en el caso de un producto importado, si el producto no indica el nombre del importador, aun cuando se indique el nombre del fabricante».

5) El «proveedor del producto defectuoso responderá, como si fuera el productor, cuando haya suministrado el producto *a sabiendas de la existencia del defecto*». En este caso, «el proveedor podrá ejercitar la acción de repetición contra el productor», una vez que haya desembolsado la indemnización[354].

4.4. Carga probatoria. Se establece la siguiente regla probatoria: «El perjudicado que pretenda obtener la reparación de los daños causados tendrá que probar el defecto, el daño y la relación de causalidad entre ambos»[355]. Tales elementos suelen estar a disposición de la víctima o perjudicado quien, por tanto, está obligado a acreditar, por cualquier medio admitido en derecho: a) la existencia del defecto en el producto; b) la realidad del daño sufrido; y c) el nexo causal entre el defecto del producto y el daño padecido.

4.5. Causas de inimputabilidad. Aunque se denominan en la LCU «causas de exoneración de la responsabilidad» realmente lo que regula son supuestos de inimputabilidad, ya que si bien la exoneración se refiere a la ruptura del nexo causal entre el defecto y el daño, sin embargo, lo contenido en precepto sobre «exoneración» son supuestos en los cuales, a pesar de cumplirse la relación de causalidad entre el producto defectuoso y del daño, *el legislador ha decidido no imputar* la responsabilidad al sujeto que inicialmente sería responsable dada su posible conexión con el producto. Así, al productor no podrá imputarse responsabilidad civil alguna *cuando logre probar* alguno de los siguientes requisitos o elementos fácticos[356]:

a) «Que no había puesto en circulación el producto».

b) «Que, dadas las circunstancias del caso, es posible presumir que el defecto no existía en el momento en que se puso en circulación el producto».

---

354 Artículo 146 LCU. Responsabilidad del proveedor.

355 Artículo 139 LCU. Prueba.

356 Artículo 140 LCU. Causas de exoneración de la responsabilidad.

c) «Que el producto no había sido fabricado para la venta u otra forma de distribución con finalidad económica, ni fabricado, importado, suministrado o distribuido en el marco de una actividad profesional o empresarial».

d) «Que el defecto se debió a que el producto fue elaborado conforme a normas imperativas existentes».

e) «Que el estado de los conocimientos científicos y técnicos existentes en el momento de la puesta en circulación no permitía apreciar la existencia del defecto». No obstante, esta causa no podrá invocarse siendo: 1) medicamentos; 2) alimentos o productos alimentarios, destinados al consumo humano.

f) «Que el defecto es imputable a la concepción del producto al que ha sido incorporado o a las instrucciones dadas por el fabricante».

4.6. Límites de la responsabilidad. La responsabilidad civil del productor por los daños causados por productos defectuosos, tiene los siguientes límites:

a) Se *deducirá una franquicia* por la cantidad de 390,66 euros, del importe de la indemnización de los daños materiales acreditados. Es claro, por tanto, que los daños inferiores a dicha suma no se indemnizarán por esta vía.

b) La responsabilidad civil global del productor por muerte y lesiones personales causadas por productos idénticos que presenten el mismo defecto tendrá como *límite máximo* la cuantía de 63.106.270,96 euros.

c) Finalmente, no serán indemnizables, de acuerdo con las normas de la LCU sobre responsabilidad civil por los productos defectuosos, los *daños materiales que se causen en el propio producto* defectuoso[357].

Todos los daños, incluidos los morales, que no se indemnicen por tal vía, al quedar fuera de los citados límites, darán *derecho al perjudicado* a reclamar su indemnización conforme a la legislación civil y mercantil[358].

4.7. Extinción de la responsabilidad. Se pueden entender por supuestos de extinción de la responsabilidad civil del productor o importador por los daños causados por productos defectuosos aquellos en los que, en teoría, se dan los requisitos para que pueda reclamarse aquella responsabilidad con éxito, pero debido al transcurso del tiempo, u otra circunstancia, aquella pierde su eficacia.

4.7.1. Prescripción. La acción de reparación de los daños y perjuicios causados por productos defectuosos para reclamar la responsabilidad civil del productor *prescribirá a los tres años*, a contar desde la fecha en que el

---

[357] Artículo 142 LCU. Daños en el producto defectuoso.

[358] Los que sean inferiores a la cantidad de 390,66 euros, los superiores a la cuantía de 63.106.270,96 euros, los causados en el propio producto defectuoso y los daños morales.

perjudicado sufrió el perjuicio, ya sea por *defecto* del producto o por el *daño* que el defecto le ocasionó, siempre que se conozca al responsable del perjuicio.

La acción de repetición, del que hubiese satisfecho la indemnización, contra todos los demás responsables del daño, *prescribirá al año*, a contar desde el día que pagó el importe de la indemnización[359].

4.7.2. Interrupción de la prescripción. En esta materia la LCU se remite con acierto a la legislación civil, al determinar que «La interrupción de la prescripción se rige por lo establecido en el Código Civil».

Las normas sobre interrupción civil de prescripción determinan que ésta se produce «por la citación judicial», y también «por el acto de conciliación»[360].

4.7.3. Extinción del derecho. Los derechos reconocidos al perjudicado, en materia de responsabilidad civil del productor por los daños causados por los productos defectuosos, *se extinguirán*, cesando aquella responsabilidad, *transcurridos 10 años*, a contar desde la fecha en que se hubiera puesto en circulación el producto concreto causante del daño, salvo que, durante ese período decenal, se hubiese iniciado la correspondiente reclamación judicial[361].

4.7.4. Culpa de la víctima. La responsabilidad civil del productor por los daños causados por los productos defectuosos podrá *reducirse o suprimirse* en función de las *circunstancias* del caso, si el daño causado fuera debido conjuntamente *a un defecto* del producto *y a la culpa* del perjudicado o de una persona de la que éste deba responder civilmente[362]. En tales casos es habitual que los tribunales de justicia apliquen la llamada *doctrina de la compensación de culpas* que viene a reducir la indemnización a que tuviera derecho la víctima en proporción –porcentual– a su culpabilidad en la producción o agravamiento del daño.

5. Daños causados por otros bienes y servicios

5.1. Régimen general. Para los denominados daños causados «por otros bienes y servicios» (diferentes del examinado régimen de responsabilidad de «los productos»), se establece el principio general de responsabilidad en la LCU según el cual «los prestadores de servicios serán responsables de los

---

[359] Artículo 143 LCU. Prescripción de la acción.
[360] Artículos 1945 y 1947 CC.
[361] Artículo 144 LCU. Extinción de la responsabilidad.
[362] Artículo 145 LCU. Culpa del perjudicado.

daños y perjuicios causados a los consumidores y usuarios, salvo que prueben que han cumplido las exigencias y requisitos reglamentariamente establecidos y los demás cuidados y diligencias que exige la naturaleza del servicio»[363].

Se otorga aquí a los productores de estos «otros bienes y servicios» una ventajosa facultad –que no se concede a los demás–, y es la posibilidad de eximirse de su responsabilidad cuando *acrediten* que han observado: a) las exigencias que los *reglamentos* imponen a los productores; b) los demás cuidados y *diligencia* que se deriva de la naturaleza del servicio prestado.

5.2. Régimen especial. En materia de responsabilidad civil por servicios prestados defectuosamente, se establece un régimen especial según el cual, se responderá de los daños originados en el correcto uso de los *servicios*, cuando «por su propia *naturaleza*, o por estar así reglamentariamente *establecido*, incluyan necesariamente la garantía de *niveles determinados* de eficacia o seguridad, en condiciones objetivas de determinación, y supongan *controles técnicos*, profesionales o sistemáticos *de calidad*, hasta llegar en debidas condiciones al consumidor y usuario».

En todo caso, se considera que están sometidos a este régimen especial de responsabilidad los siguientes servicios, con garantía de niveles y controles de calidad: a) los servicios sanitarios; b) los de reparación y mantenimiento de electrodomésticos, ascensores y vehículos de motor; c) los servicios de rehabilitación y reparación de viviendas; d) servicios de revisión, instalación o similares de gas y electricidad; y e) los servicios sobre medios de transporte. Las responsabilidades derivadas de este régimen especial tienen como límite máximo indemnizatorio la cuantía de 3.005.060,52 euros[364].

La LCU determina que este régimen de responsabilidad especial se aplica también «a quienes *construyan o comercialicen viviendas*, en el marco de una actividad empresarial, por los daños ocasionados por *defectos de la vivienda que no estén cubiertos* por un régimen legal específico»[365].

En la Ley 38/1999, de 5 de noviembre, de Ordenación de la Edificación, se contiene el régimen legal específico de la responsabilidad civil de cada uno de los agentes que intervienen en la construcción de edificios[366].

---

[363] Artículo 147 LCU. Régimen general de responsabilidad.
[364] Artículo 148 LCU. Régimen especial de responsabilidad.
[365] Artículo 149 LCU. Responsabilidad por daños causados por la vivienda.
[366] El artículo 17.1 de la Ley 38/1999, de 5 de noviembre, de Ordenación de la

Los casos no incluidos en la Ley sobre edificación podrán ser resarcidos por la vía de este régimen de responsabilidad especial previsto en la LCU.

6. La responsabilidad en el Código civil

6.1. Regímenes básicos. Desde 1889, año de publicación del Código civil, se contiene, prácticamente intacto, el régimen jurídico general de la responsabilidad civil, tanto la derivada del incumplimiento de los contratos, como la que se genera sin la existencia de contrato alguno.

6.1.1. Responsabilidad contractual. El régimen general sobre la responsabilidad *contractual* del Código civil se fundamenta en: a) el artículo 1097 para las obligaciones de dar; b) el artículo 1098 para las obligaciones de hacer; y c) en el artículo 1099 para las obligaciones de no hacer. Además, en todos estos casos se aplica el artículo 1101 respecto de la indemnización de los daños y perjuicios de carácter contractual.

Al margen de la regulación específica de la responsabilidad en cada contrato, tiene especial importancia la que se contiene en el artículo 1484 y siguientes sobre los defectos o vicios ocultos en el contrato de compraventa.

En materia de daños al consumidor por productos defectuosos, la regulación sobre responsabilidad contractual plantea la dificultad insalvable de buscar una relación directa entre el fabricante y el consumidor perjudicado al no existir contrato alguno entre ellos, sino con sus respectivos intermediarios, por lo que, los daños causados por productos defectuosos se han de reclamar al productor por el consumidor en vía extracontractual.

Edificación se refiere a la «Responsabilidad civil de los agentes que intervienen en el proceso de la edificación», donde se establece, entre otros aspectos, que, «sin perjuicio de sus responsabilidades contractuales, las personas físicas o jurídicas *que intervienen en el proceso de la edificación responderán* frente a los propietarios y los terceros adquirentes de los edificios o parte de los mismos, en el caso de que sean objeto de división, *de los siguientes daños materiales ocasionados en el edificio* dentro de los plazos indicados, contados desde la fecha de recepción de la obra, sin reservas o desde la subsanación de éstas»: a) Durante *10 años*, de los daños materiales causados en el edificio por vicios o defectos que afecten a la cimentación, los soportes, las vigas, los forjados, los muros de carga u otros elementos estructurales, y que comprometan directamente la resistencia mecánica y la estabilidad del edificio. b) Durante *3 años*, de los daños materiales causados en el edificio por vicios o defectos de los elementos constructivos o de las instalaciones que ocasionen el incumplimiento de los requisitos de habitabilidad. c) Durante *1 año* el constructor también responderá de los daños materiales por vicios o defectos de ejecución que afecten a elementos de terminación o acabado de las obras.

6.1.2. Responsabilidad extracontractual. El régimen general de la responsabilidad civil *extracontractual* se establece en nuestro sistema en el artículo 1902 CC que permite al perjudicado reclamar una indemnización al *fabricante o productor* sin necesidad de relación jurídica previa al expresar que «el que por acción u omisión causa daños a otros, interviniendo culpa o negligencia, está obligado a reparar el daño causado».

Los artículos 1903 a 1910 CC regulan diversos regímenes específicos de responsabilidad civil extracontractual determinando en concreto la que recae sobre los padres, tutores, dueños o d irectores de establecimientos o empresas, titulares de centros escolares, profesores, poseedores de animales, dueños de fincas de caza, de edificios y de viviendas.

Las principales *críticas* que se han realizado a este régimen general del artículo 1902 CC son, de una parte, la brevedad del plazo de un año para el ejercicio de la acción, y de otra, la dificultad de la demostración de la culpa o negligencia del causante del daño por parte del perjudicado o víctima.

6.2. Aplicación a los productos defectuosos. La regulación, como se ha visto, de los regímenes de responsabilidad específicamente diseñados para la protección del consumidor y de los perjudicados por los daños causados por los productos defectuosos, no i ncluye todos los supuestos indemnizatorios posibles, sino que, expresamente, se excluyen de dicho sistema especial determinados daños que deben reclamarse por la vía del Código civil.

Por tanto, la regulación de la responsabilidad civil extracontractual del artículo 1902 CC queda, básicamente, para complementar lo dispuesto en la LCU, que será de aplicación preferente en los supuestos que regula. Sin embargo, en los supuestos allí excluidos, o para completar aquello que no ha sido regulado en la LCU y otras leyes especiales, deberá acudirse a las normas del Código civil para obtener la reparación del daño.

En concreto, las normas de la LCU, *no cubren* los siguientes deterioros, que han de ser reclamados conforme al artículo 1902 CC: a) daños inferiores a 390,66 euros; b) daños superiores a 63.106.270,96 euros; c) daños superiores a 3.005.060,52 euros por servicios defectuosos sujetos a régimen especial; d) daños causados en el propio producto imperfecto; e) daños morales de cualquier clase e importe; f) daños en productos no destinados al consumo privado, por no ser consumidor final, u otra exclusión cualquiera.

6.3. Presupuestos del sistema. Los *requisitos* que la jurisprudencia viene exigiendo para la aplicación del régimen jurídico de la responsabilidad civil extracontractual del artículo 1902 CC son los siguientes[367]:

1º) Una *acción u omisión ilícita*, exigiéndose que la misma se haya integrado en un pro ceso de producción y que precisamente haya sido la causa del daño producido, más que del hecho de la fabricación del producto se fundamenta en el de haberlo puesto en circulación siendo defectuoso;

2º) Un *daño indemnizable*, rigiendo el principio de reparación íntegra, incluyendo los daños personales, los materiales con daño emergente y lucro cesante, y todos los morales que logren demostrarse por el desperfecto;

3º) Un *comportamiento culposo*, habiéndose suavizado paulatinamente este requisito hasta llegar a presumirse, en la actualidad, que la culpabilidad existe con la simple existencia del daño, llegando a un sistema próximo al de responsabilidad por riesgo. La demostración del demandando de que su comportamiento fue correcto según las disposiciones aplicables, el estado de la ciencia y la técnica del sector, le eximen de responsabilidad.

4º) El *nexo causal*, debiendo existir una conexión clara entre el producto defectuoso y el daño ocasionado, aunque esta relación causal puede interrumpirse si se demuestra el caso fortuito, la fuerza mayor, la intervención de un t ercero, la culpa exclusiva del perjudicado o l a compensación de la culpa de éste con la del agente causante del daño.

6.4. Solidaridad y prescripción. La jurisprudencia viene aplicando sistemáticamente en los supuestos de responsabilidad extracontractual, el principio de *solidaridad* cuando son varios los agentes que han intervenido en la producción del daño, lo que implica que el perjudicado puede dirigirse contra cualquiera de los causantes del daño o contra todos ellos.

Como es bien sabido, *el plazo* para ejercitar la acción por la vía del artículo 1902 C C, prescribe por el transcurso de *un año* desde que el perjudicado tuvo la posibilidad de interponer tales acciones, según dispone el artículo 1968.2º del mismo cuerpo legal.

---

[367] La STS de 4 de octubre de 2011, sintetiza: «es doctrina reiterada que la declaración de *responsabilidad por culpa* hace precisa la conjunción del triple requisito de la existencia de una acción u omisión antijurídica y negligente, un resultado dañoso, y la relación de causa a efecto entre la acción y el daño». También, las SSTS de 29 de marzo y 25 de abril 1983, de 9 de marzo 1984, de 21 de junio y 1 de octubre 1985, de 24 y 31 de enero y 2 de abril 1986, de 19 de febrero y de 24 de octubre 1987, de 11 de julio 2002 y de 22 de julio 2003.

CAPÍTULO IX. LAS ASOCIACIONES DE CONSUMIDORES Y USUARIOS

SUMARIO: 1. Regulación normativa. 2. Régimen jurídico básico. 2. Régimen jurídico básico. 2.1. Concepto. 2.2.1. Asociaciones de consumidores «strictu sensu». 2.2.2. Cooperativas de consumidores. 2.3. Integración en otras organizaciones. 2.4. Independencia y prohibiciones. 2.5. Legitimación. 2.6. Uso exclusivo de la denominación. 2.7. Pérdida de su condición legal. 2.8. Participación en sociedades mercantiles. 2.9. Depósito de las cuentas anuales. 2.10. Constitución. 3. Registro estatal de asociaciones de consumidores y usuarios. 3.1. Deber de inscripción. 3.2. Control de los requisitos para la inscripción. 3.3. Exclusión del Registro estatal. 3.4. Colaboración con los Registros autonómicos. 4. Derechos de representación y consulta. 4.1. Derechos de las asociaciones de consumidores y usuarios. 4.2. Consejo de Consumidores y Usuarios. 4.2.1. Definición. 4.2.2. Composición. 4.2.3. Funciones. 4.3. Elaboración de disposiciones generales. 4.3.1. Audiencia al Consejo. 4.3.2. Audiencia a los empresarios.

1. Regulación normativa

El artículo 51.2 CE, se refiere conjuntamente, en su último inciso, a los derechos de representación, participación y consulta, al expresar que «los poderes públicos promoverán la información y la educación de los consumidores y usuarios, *fomentarán sus organizaciones y oirán a éstas* en las cuestiones que puedan afectar a aquéllos, en los términos que la ley establezca». Se deduce de lo anterior que los derechos de *representación, participación y consulta* de los consumidores y usuarios, se ejercerán a través de las asociaciones específicas de éstos cuya concreta finalidad sea la defensa de sus intereses[368].

El artículo 1.3 de la Ley Orgánica 1/2002, de 22 de marzo, reguladora del derecho de asociación (LODA), norma aplicable con carácter general a toda clase de entidades privadas sin ánimo de lucro, exceptuadas las fundaciones, dispone que las asociaciones de consumidores y usuarios –entre otras– «se regirán por su legislación específica».

Según la remisión anterior, la regulación jurídica de las asociaciones de consumidores y usuarios se contiene en los artículos 22 al 39 LCU, cuyo *objeto*, según el primero de ellos, es «el *régimen básico de las asociaciones de consumidores* y la regulación específica a la que quedan sometidas las asociaciones de consumidores y usuarios de ámbito supraautonómico».

2. Régimen jurídico básico

2.1. Concepto. 2.2.1. Asociaciones de consumidores «strictu sensu». Se definen las asociaciones de consumidores y usuarios, en sentido estricto,

---

[368] RUIZ GONZÁLEZ, José Gabriel, *Las asociaciones de consumidores: configuración y régimen jurídico*, Ediciones Troncal, Salamanca, 2007.

como aquellas «organizaciones sin ánimo lucro que, constituidas conforme a lo previsto en la *legislación sobre asociaciones*»[369], que reúnan los requisitos específicos exigidos en la LCU[370], tengan como *finalidad* «la defensa de los derechos e intereses legítimos de los consumidores, incluyendo su información, formación y educación, bien sea con carácter general, bien en relación con bienes o servicios determinados»[371].

2.2.2. Cooperativas de consumidores. También son asociaciones de consumidores y usuarios «las entidades constituidas por c onsumidores con arreglo a la *legislación de cooperativas*, que respeten los requisitos básicos exigidos en la LCU y entre cuyos fines figure, necesariamente, la educación y formación de sus socios, y estén obligadas a constituir un fondo con tal objeto, según su legislación específica»[372].

2.3. Integración en otras organizaciones. A todas las asociaciones de consumidores y usuarios se les reconoce el derecho a integrarse en «uniones, federaciones o c onfederaciones» que tengan idénticos fines y cumplan los requisitos específicos exigidos en la LCU.

2.4. Independencia y prohibiciones. Las asociaciones de consumidores y usuarios deben actuar para el cumplimiento de sus fines con *independencia* frente a los operadores del mercado y a los poderes públicos, sin que la obtención de subvenciones u otros recursos públicos concedidos en base a criterios de objetividad puedan mermar tal independencia. Para garantizar tal independencia, las asociaciones de consumidores *tienen prohibido*:[373]

a) Incluir como asociados a personas jurídicas con ánimo de lucro.
b) Percibir ayudas económicas o financieras de las empresas o grupo de empresas que suministran bienes o servicios a los consumidores o usuarios.
c) Realizar comunicaciones comerciales de bienes y servicios[374].
d) Autorizar el uso de su denominación, imagen o cualquier otro signo representativo en la publicidad comercial realizada por los operadores[375].

---

[369] Ley Orgánica 1/2002, de 22 de marzo, reguladora del derecho de asociación.
[370] Y las normas de desarrollo de la legislación autonómica que le sea aplicable.
[371] Artículo 23.1 LCU.
[372] Artículo 23.2 LCU.
[373] Artículo 27 LCU. Requisitos de independencia.
[374] Se entiende por *comunicación comercial* «todo acto, conducta o m anifestación, incluida la publicidad, no meramente informativa, que se relacione directamente con la promoción o venta de bienes y servicios».
[375] Así como no realizar las actuaciones tendentes a impedir su indebida utilización.

e) Dedicarse a actividades distintas de la defensa de los intereses de los consumidores o usuarios, salvo que sean cooperativas de consumidores.

f) Incumplir las obligaciones de transparencia a que están obligadas[376].

g) Actuar con manifiesta temeridad, judicialmente apreciada.

h) Incumplir cualquier otra obligación impuesta a las asociaciones de consumidores y usuarios, legal o reglamentariamente.

2.5. Legitimación. Las asociaciones de consumidores y usuarios que ostenten tal cualidad y denominación, «son las únicas legitimadas para actuar en nombre y representación de los *intereses generales* de los consumidores y usuarios»[377].

Sin embargo, cuando las asociaciones o c ooperativas no re únan los requisitos exigidos para ostentar tal carácter, cualidad y denominación, «*sólo podrán representar los intereses de sus asociados o de la asociación*, pero no los intereses generales, colectivos o difusos, de los consumidores»[378].

Tendrán la consideración legal de «asociaciones de consumidores y usuarios representativas», a efectos de lo dispuesto en el artículo 11.3 LEC, «las que formen parte del Consejo de Consumidores y Usuarios, salvo que el ámbito territorial del conflicto afecte fundamentalmente a una comunidad autónoma, en cuyo caso se estará a su legislación específica»[379].

El artículo 11 LEC sobre «legitimación para la defensa de derechos e intereses de consumidores y usuarios», reconoce la *legitimación individual* de los perjudicados; pero además, de manera expresa a «las asociaciones de consumidores y usuarios legalmente constituidas» la *legitimación colectiva* para defender en juicio los derechos e intereses en los siguientes supuestos:

1º. Defensa de los derechos e intereses de: a) sus *asociados*; b) los de la *asociación*; y c) los *intereses generales* de los consumidores y usuarios[380].

2º. Grupo de consumidores *determinados*: cuando los perjudicados por un hecho dañoso sean un grupo de consumidores determinados, o sean fácilmente determinables. La legitimación para pretender la tutela de esos *intereses colectivos* corresponde a: a) las asociaciones de consumidores y

---

[376] Que se hayan previstas en los artículos 29 a 31, ambos inclusive.

[377] Constituidas conforme a lo previsto en la LCU y en la normativa autonómica que les resulte de aplicación.

[378] Artículo 24.1 LCU.

[379] Artículo 24.2 LCU.

[380] Artículo 11.1. LEC.

usuarios, b) las entidades legalmente constituidas que tengan por objeto la defensa o protección de éstos; y c) a los propios grupos de afectados[381].

3º. Grupos de consumidores *indeterminados*: cuando los perjudicados por un hecho dañoso sean una pluralidad de consumidores o us uarios indeterminada o de difícil determinación. La legitimación para demandar en juicio la defensa de estos *intereses difusos* corresponderá *exclusivamente* a las asociaciones de consumidores y usuarios que «sean representativas»[382].

4. Finalmente, tanto el *Ministerio Fiscal*, como las «entidades habilitadas conforme a la normativa comunitaria europea», están legitimadas para el ejercicio de la *acción de cesación* en defensa de los intereses *colectivos* y de los intereses *difusos* de los consumidores y usuarios[383].

2.6. Uso exclusivo de la denominación. Está legalmente prohibido utilizar los términos «consumidor o usuario», así como la denominación de «asociación de consumidores y usuarios» o cualquier otra expresión similar que induzca a error o confusión sobre su naturaleza o su legitimidad para la defensa de los derechos e intereses de los consumidores y usuarios, a «todas *aquellas organizaciones que no reúnan los requisitos exigidos»* en la LCU o en la normativa autonómica de aplicación a estas asociaciones[384].

2.7. Pérdida de su condición legal. Las asociaciones de consumidores y usuarios de ámbito nacional que incurran en alguna de las «prohibiciones previstas por la legislación que les resulte de aplicación perderán, en todo caso y por un pe ríodo no inferior a los cinco años siguientes desde que dejaron de concurrir tales circunstancias, su condición de asociación de consumidores y usuarios»[385].

2.8. Participación en sociedades mercantiles. Las asociaciones de consumidores podrán participar en sociedades mercantiles siempre y cuando que éstas reúnan los siguientes *requisitos*:

1º) Tengan como *objeto social exclusivo* el desarrollo de actividades instrumentales concretamente delimitadas que sirvan a l os fines de información, formación y defensa de los consumidores y usuarios.

---

[381] Artículo 11.2. LEC.

[382] Artículo 11.3. LEC.

[383] Artículo 11.4 LEC, añadido por la Ley 39/2002, de 28 de octubre, de transposición al ordenamiento jurídico español de diversas directivas comunitarias en materia de protección de los intereses de los consumidores y usuarios, que añadió también el art. 6.1.8 LEC.

[384] Artículo 25 LCU.

[385] Artículo 26 LCU.

2º) Su *capital social* corresponda íntegramente a asociaciones de consumidores que reúnan los requisitos exigidos por la legislación que les resulte de aplicación y cuyos beneficios sólo se repartan entre las asociaciones de consumidores que participen en el capital social.

Las sociedades mercantiles en las que participen las asociaciones de consumidores están sometidas a las prohibiciones anteriormente detalladas[386] y a la obligación de depositar sus cuentas, que en todo caso deberán ajustarse a la normativa que les resulte de aplicación según su naturaleza, en el Instituto Nacional del Consumo (INC)[387].

Las asociaciones de consumidores que participen en su capital social, responderán del cumplimiento de las obligaciones legales por sus sociedades mercantiles, pudiendo derivar en la pérdida de su condición legal de asociación de consumidores.

2.9. Depósito de las cuentas anuales. Las cuentas anuales de las asociaciones de consumidores y usuarios de carácter estatal se depositarán en el INC en el plazo de un mes desde el día siguiente a la fecha de su aprobación por sus órganos estatutarios[388].

Las cuentas anuales, integradas por el *balance*, la *cuenta de resultados* y la *memoria*, deberán formularse según las normas de adaptación del Plan General de Contabilidad a las entidades sin fines lucrativos[389].

Se dispone la *publicidad de la información* que haya sido depositada por las asociaciones de consumidores y usuarios, y a tal fin, se establece que «la información depositada por las asociaciones de consumidores y usuarios –en particular el depósito de las cuentas anuales– será pública»[390].

2.10. Constitución. Las asociaciones de consumidores y usuarios, para poder ser consideradas como tales, y tener derecho a incluir en su nombre la denominación de consumidor y usuario, deberán: a) «ser constituidas conforme a lo previsto en la *legislación sobre asociaciones*»[391]; b) reunir los

[386] Previstas en el artículo 27 LCU.
[387] Artículo 28.1 LCU.
[388] Artículo 31 LCU.
[389] Aprobadas por el artículo 1 del Real Decreto 776/1998, de 30 de abril.
[390] Artículo 32 LCU.
[391] Ley Orgánica 1/2002, de 22 de marzo, reguladora del derecho de asociación.

requisitos específicos exigidos en la LCU[392] y sus normas de desarrollo; y c) en su caso, «en la legislación autonómica que les resulte de aplicación».

3. Registro estatal de asociaciones de consumidores y usuarios

3.1. Deber de inscripción. Las asociaciones de consumidores y usuarios de ámbito estatal y todas aquéllas que no desarrollen principalmente sus funciones en el ámbito de una comunidad autónoma, *deberán figurar inscritas* en el Registro estatal de Asociaciones de Consumidores y Usuarios (REAC) que se gestiona en el Instituto Nacional del Consumo[393].

3.2. Control de los requisitos para la inscripción. El INC «podrá pedir» a las asociaciones de consumidores y usuarios que soliciten su inscripción en el REAC o a las ya inscritas en él, «cuanta documentación e información sea precisa para verificar el cumplimiento y mantenimiento de los requisitos exigidos» en la LCU. También podrán realizar, por sí o mediante la contratación con entidades externas e independientes de ellas, «auditorias de cuentas» con idéntica finalidad[394].

3.3. Exclusión del Registro estatal. La realización por las asociaciones de consumidores y usuarios inscritas en el REAC de alguna de las *actuaciones prohibidas* en la LCU[395] dará lugar a su exclusión de dicho registro, previa tramitación del procedimiento administrativo previsto.

La resolución de exclusión del REAC determinará la pérdida de esta condición, en todo caso, por un período no inferior a cinco años desde la fecha de la exclusión, sin perjuicio del mantenimiento de su personalidad jurídica según la legislación general de asociaciones o de cooperativas[396].

3.4. Colaboración con los Registros autonómicos. A los exclusivos efectos de publicidad de los datos, en el REAC también podrá figurar información sobre las asociaciones de consumidores que estén inscritas en los registros que, con tal finalidad, existan en las comunidades autónomas[397].

---

[392] Artículos 22 a 36 LCU.

[393] Artículo 33.1 LCU. «Tras su denominación, estas asociaciones de consumidores y usuarios indicarán su número de inscripción registral».

[394] Artículo 34 LCU.

[395] En sus artículos 23.3, 27 y 28 LCU.

[396] Artículo 35 LCU.

[397] Artículo 36 LCU.

El Instituto Nacional del Consumo deberá cooperar con las comunidades autónomas para que tal información figure en el REAC y les facilitará información de las asociaciones de consumidores de ámbito nacional o de más de una comunidad autónoma, inscritas en aquél.

4. Derechos de representación y consulta

4.1. Derechos de las asociaciones de consumidores y usuarios. El hecho de hallarse inscritas, las asociaciones de consumidores de ámbito nacional, en el REAC, les otorga la posibilidad de obtener una serie de importantes derechos, siempre que cumplan los requisitos que se exijan en cada caso, legal o reglamentariamente, como son los siguientes[398]:

a) Ser declaradas de utilidad pública por el Gobierno de la Nación.
b) Percibir ayudas y subvenciones públicas para cumplir sus fines.
c) Representar a sus asociados y ejercer las correspondientes acciones en defensa: *1º)* de sus consumidores asociados; *2º)* de la asociación; y *3º)* de los intereses generales, colectivos o difusos, de los consumidores y usuarios.
d) Disfrutar del beneficio o derecho de asistencia jurídica gratuita[399].
e) Integrarse en el Consejo Nacional de Consumidores y Usuarios.

4.2. Consejo de Consumidores y Usuarios. ***4.2.1. Definición***. El Consejo de Consumidores y Usuarios (CCU) se define en la LCU como el «órgano nacional de consulta y representación institucional de los consumidores y usuarios a través de sus organizaciones», estableciendo sus rasgos fundamentales[400].

4.2.2. Composición. El CCU deberá *estar integrado*, básicamente, y al menos, por «las asociaciones de consumidores y usuarios de ámbito supraautonómico» que sean *«más representativas»,* para lo cual *se atenderá* a los siguientes parámetros: a) de implantación territorial; b) de número de socios; c) de trayectoria en el ámbito de la protección de los consumidores y usuarios; y d) de programas de actividades a desarrollar.

4.2.3. Funciones. Las principales funciones legales del CCU, son:
1) La *colaboración* con las organizaciones de empresarios, que deberá ser fomentada por la Administración pública en ejercicio de sus competencias.

---

398 Artículo 37 LCU.
399 Según previene la Ley 1/1996, de 10 de enero, de Asistencia Jurídica Gratuita.
400 Artículo 38 LCU.

2) Los mecanismos de *cooperación* con los diversos órganos de consulta y representación de los consumidores de las comunidades autónomas.

3) La contribución precisa, junto a los órganos consultivos competentes, *elaborando los dictámenes* que les sean solicitados en trámite de audiencia.

4.3. Elaboración de disposiciones generales. 4.3.1. Audiencia al Consejo. El CCU deberá ser «oído en consulta», en el procedimiento de elaboración de disposiciones de carácter general de ámbito estatal relativas a aquellas materias que afecten directamente a los consumidores y usuarios[401].

Será *preceptiva* la «audiencia en consulta» del Consejo en estos casos:[402]

a) Reglamentos que se elaboren para la aplicación de la LCU.

b) Reglamentaciones sobre bienes o servicios de uso y consumo.

c) Ordenación del mercado interior y disciplina del mercado.

d) Precios y tarifas de servicios, siempre que afecten directamente a los consumidores y se encuentren legalmente sujetos al control público.

e) Condiciones generales de los contratos o m odelos de contratos regulados o a utorizados por l os poderes públicos en servicios de interés general o prestados a los consumidores por empresas públicas.

f) En los demás casos en que una ley así lo establezca.

4.3.2. Audiencia a los empresarios. Las asociaciones empresariales[403] deberán ser oídas en consulta en el procedimiento de elaboración de las disposiciones de carácter general cuando sean relativas a m aterias que les afecten directamente, aunque también a los intereses de los consumidores.

Sin embargo, *se entenderá cumplido* tal trámite preceptivo de audiencia cuando las asociaciones empresariales se encuentren *representadas en los órganos colegiados* que participen en la elaboración de la disposición. En los demás casos, la notificación o comunicación de dicho trámite se dirigirá a la federación o agrupación empresarial correspondiente[404].

---

[401] Artículo 39.1 LCU.
[402] Artículo 39.2 LCU.
[403] Artículo 39.3 LCU.
[404] Artículo 39.4 LCU.

CAPÍTULO X. EL SISTEMA ARBITRAL DE CONSUMO

SUMARIO: 1. Perspectiva comunitaria. 1.1. Reconocimiento del derecho. 1.2. Inconvenientes del sistema judicial tradicional. 1.3. Soluciones propuestas. 1.4. Principios comunitarios del arbitraje de consumo. 1.4.1. Principio de independencia. 1.4.2. Principio de transparencia. 1.4.3. Principio de contradicción. 1.4.4. Principio de eficacia. 1.4.5. Principio de legalidad. 1.4.6. Principio de libertad. 1.4.7. Principio de representación. 2. Normativa básica en España.2.1. Reconocimiento constitucional. 2.2. Regulación legal. 2.2.1. Definición y caracteres. 2.2.2. Principios legales. 2.2.3. Desarrollo normativo. 2.3. Regulación aplicable. 3.1. Las Juntas Arbitrales de Consumo. 3.2. Funciones de las Juntas Arbitrales de Consumo. 3.3. Composición de las Juntas Arbitrales de Consumo. 3.4. Solicitudes individuales de arbitraje. 3.5. Otros órganos nacionales. 4. Los árbitros. 4.1. Propuesta y lista de árbitros. 4.2. Órganos arbitrales. 4.2.1. Órganos arbitrales unipersonales. 4.2.2. Órganos arbitrales colegiados. 5. El convenio arbitral. 5.1. Concepto. 5.2. Forma y eficacia. 5.3. La oferta pública de adhesión al SAC. 5.4. Distintivo de adhesión al SAC. 6. El procedimiento arbitral. 6.1. Normas aplicables a la solución del litigio. 6.2. Solicitud de arbitraje de consumo. 6.3. Subsanación de defectos. 6.4. Inadmisión y recurso. 6.5. Comienzo del procedimiento. 6.6. Mediación en el procedimiento arbitral. 6.7. Designación de los árbitros. 6.8. Acumulación. 6.9. Procedimiento. 6.9.1. Principios. 6.9.2. Alegaciones. 6.9.3. Modificación y reconvención. 6.9.4. Audiencia. 6.9.5. Régimen de la prueba. 6.9.6. Gastos de la prueba. 6.9.7. Incomparecencia e inactividad de las partes. 6.10. El laudo arbitral. 6.10.1. Contenido y cosa juzgada. 6.10.2. Mayoría. 6.10.3. Acuerdo de las partes. 6.10.4 Laudo sin entrar en el fondo. 6.10.5. Plazo para dictar el laudo. 6.10.6. Impugnación del laudo. 7. Arbitrajes de consumo especiales. 7.1. Arbitraje de consumo electrónico. 7.2. Arbitraje de consumo colectivo. 7.3. Otros arbitrajes.

1. Perspectiva comunitaria

1.1. Reconocimiento del derecho. Uno de los grandes males que aqueja a la administración de justicia, en muchos países europeos, pero de manera especial en España, es el endémico retraso en la tramitación de los procesos lo que desemboca en insufribles situaciones de injusticia cotidiana[405].

Desde los inicios de la preocupación de los órganos comunitarios por la protección del consumidor se reconoció, entre los derechos considerados esenciales para el consumidor, incluidos en el Primer Programa para una política de protección e información de los consumidores aprobado por el Consejo de las Comunidades Europeas, el «derecho a la justa reparación de los daños por medio de procedimientos rápidos, eficaces y poco costosos».

Pese a l a regulación interna en la práctica totalidad de los países comunitarios mediante normas que regulan procedimientos, en teoría, «ágiles y eficaces», sin embargo, en la práctica, se ha constata que la garantía efectiva de los consumidores comunitarios no se logra con la mera producción de normas sustantivas, por muy completas que sean y alto que se

---

405 ARIZA COLMENAREJO, María Jesús y GALÁN GONZÁLEZ, Candela (coordinadoras), *Protección de los consumidores e inversores, arbitraje y proceso*, Editorial Reus, Madrid, 2009; GASCÓN INCHAUSTI, Fernando, *Tutela judicial de los consumidores y transacciones colectivas*, Civitas Ediciones, Madrid, 2010; SÁNCHEZ BARRIOS, María Inmaculada, *La protección jurisdiccional del consumidor*, editorial Ratio Legis, Salamanca, 2010.

eleve el nivel de protección que se reconozca a los consumidores, por lo que es preciso, «garantizar que el consumidor pueda hacer valer sus derechos, en caso de violación de éstos, por medio de canales jurídicos sencillos, rápidos, eficaces y poco costosos»[406].

1.2. Inconvenientes del sistema judicial tradicional. Tras los informes y estudios oportunos, las instituciones comunitarias destacan la existencia de los siguientes problemas e inconvenientes para el consumidor:

1º. La tradicional –endémica en España– lentitud de la justicia, unida a la complejidad de los procedimientos judiciales y al excesivo coste económico que supone para el consumidor por los honorarios de los profesionales.
2º. La desproporción entre el escaso volumen económico del conflicto de consumo y el alto coste del proceso para lograr una solución judicial.
3º. El incremento de la habitual indefensión del consumidor en litigios transfronterizos con empresas de diversos países comunitarios al añadirse a los problemas tradicionales el de una lengua y legislación extrañas.
4º. La injusta venta que gozan muchas empresas que no cumplen sus obligaciones contractuales al verse beneficiadas de la situación actual.

Estos *problemas específicos* que padecen los consumidores que desean obtener una aplicación práctica de sus derechos sustantivos ante los tribunales de justicia, a través de las oportunas *reclamaciones judiciales* han sido sistematizados por la Comisión de expertos comunitaria: a) altos costes de la consulta y la representación jurídica, mayores que la propia cuantía de la reclamación; b) importe de los gastos judiciales; c) gastos de consulta de expertos o pe ritos; d) gastos de desplazamiento de los profesionales y del propio litigante; e) las costas –honorarios profesionales y gastos– de la otra parte si se pierde el litigio; f) las costas propias; g) la elevada duración del procedimiento judicial que se eleva a los 20-29 meses de media; h) la gran complejidad y el excesivo formalismo del proceso judicial; i) el oscuro lenguaje jurídico y el hermetismo del procedimiento.

1.3. Soluciones propuestas. La Comisión comunitaria pretendió solucionar estos inconvenientes mediante tres grandes grupos de actuación: a) la simplificación de los procedimientos judiciales; b) la mejora del

---

[406] Comunicación de la Comisión sobre la *solución extrajudicial de conflictos en materia de consumo* y Recomendación de la Comisión relativa a los principios aplicables a los órganos responsables de la *solución extrajudicial de los litigios en materia de consumo*, Comisión de las Comunidades Europeas, suscrita en Bruselas el 30 de marzo de 1998.

diálogo entre empresario y consumidor; y c) la creación de procedimientos extrajudiciales de solución de conflictos entre consumidores y empresarios.

Pese a estos buenos propósitos, las dos primeras vías de actuación citadas han desembocado en un rotundo fracaso –previsible, por cierto–, por lo que, la Unión Europea decidió estimular a los países miembros hacia la solución extrajudicial de conflictos a través del arbitraje de consumo.

En España vienen siendo positivas las experiencias desarrolladas a través de las Oficinas Municipales de Información al Consumidor donde se confirma que muchas veces la intervención de estos organismos consigue mediar con éxito entre empresario y consumidor.

Cuando fracasa la mediación se intenta escorar el conflicto al arbitraje de consumo, sin embargo, también estos sistemas extrajudiciales de solución de conflictos padecen sus dificultades, sobre todo debido a la disparidad de modelos adoptados en los diferentes países comunitarios, tanto por su estructura como por su funcionamiento, desarrollo, carácter público o privado y el diferente nivel de obligatoriedad de las resoluciones.

1.4. Principios comunitarios del arbitraje de consumo. La Comisión de las Comunidades Europeas recomienda a todo órgano existente o que pueda crearse en el futuro, que tenga como competencia la solución extrajudicial de litigios en materia de consumo, que respete los siguientes principios.

1.4.1. Principio de independencia. La independencia del órgano responsable de la toma de la decisión debe estar asegurada de modo que se garantice la imparcialidad de su acción. Cuando la decisión se adopte de forma individual, esta independencia deberá estar garantizada por capacidad, la experiencia y la competencia, en particular en materia jurídica, de la persona designada que deberá gozar de un mandato irrevocable de una duración suficiente para garantizar la independencia de su acción. Como puede suponerse, el objetivo de la independencia propugnada, es la búsqueda de la imparcialidad y objetividad en el responsable de la adopción de los acuerdos que pongan fin a las contiendas, garantizando así la protección de los derechos e intereses de los consumidores y aumentando, de esta manera, su confianza en estos procedimientos extrajudiciales.

1.4.2. Principio de transparencia. Deberán adoptarse las medidas convenientes para garantizar la transparencia del procedimiento. Entre dichas medidas deberán incluirse: 1) La comunicación por escrito de su funcionamiento a quien solicite el arbitraje 2) La publicación, por el órgano competente, de un informe anual relativo a las decisiones dictadas, que deberá permitir la evaluación de los resultados obtenidos y la determinación de la naturaleza de los litigios presentados. Aunque se denomine principio de transparencia en realidad nos hallamos ante el conocido principio de información del consumidor, aunque también se alude a la información que deberá ponerse a disposición del empresario, en ambos casos para conocer con toda claridad el régimen jurídico al que se van a someterse mediante la adopción del sistema extrajudicial de solución de sus conflictos de consumo.

1.4.3. Principio de contradicción. El procedimiento que habrá de seguirse debe implicar la posibilidad, en toda equidad, de que todas las partes interesadas den a conocer su punto de vista a la institución competente y de que tengan conocimiento de todas las posturas y de todos los hechos expuestos por la otra parte, así como las declaraciones de los expertos. Se alude aquí a los principios de audiencia y contradicción de todo sistema arbitral. Por lo que respecta a la equidad habrá que entender que se refiere a la igualdad o equilibrio entre las partes.

1.4.4. Principio de eficacia. La eficacia del procedimiento deberá estar asegurada por medidas que garanticen: a) el acceso directo del consumidor al procedimiento, sin tener que hacer uso de una representación legal ni plantear la cuestión ante el órgano por medio de un tercero; b) la gratuidad del procedimiento o la fijación de costes moderados; la fijación de plazos cortos entre la presentación ante el órgano y la toma de la decisión; c) la atribución de un papel activo al órgano competente, que le permita tener en cuenta todo elemento útil para la solución del litigio, incluso los que no hayan sido invocados expresamente por las partes.

1.4.5. Principio de legalidad. La decisión del órgano no podrá tener como resultado privar al consumidor de la protección que le garantizan las disposiciones imperativas de la ley de la jurisdicción. Cuando el arbitraje de consumo se resuelva mediante el llamado arbitraje de derecho (basado en las normas vigentes), no habrá dificultades en aplicar esta recomendación comunitaria, sin embargo, más difícil será cuando la resolución se efectúe a través del arbitraje de equidad (pues allí los árbitros no tienen la obligación de someterse estrictamente a lo dispuesto en la Ley).

1.4.6. Principio de libertad. La decisión del órgano sólo podrá ser obligatoria para el consumidor cuando éste haya sido previamente informado y haya aceptado expresamente. El consumidor no podrá renunciar nunca, antes del surgimiento de un desacuerdo, a su derecho a recurrir a los órganos jurisdiccionales competentes para la solución judicial del conflicto. En cuando al principio dispositivo implica que existe plena libertad para someterse o no al sistema extrajudicial de solución de conflictos de consumo, dado su carácter voluntario. Sin embargo la imposibilidad del consumidor de renunciar a acudir a los tribunales puede lograr un efecto perverso contrario al pretendido por la Comisión alejando al empresario a aceptar el arbitraje de consumo en el momento inicial.

1.4.7. Principio de representación. El procedimiento no deberá privar a las partes del derecho a hacerse representar o acompañar por un tercero en todas las etapas del procedimiento. Se pretende reconocer el derecho de los consumidores y de los empresarios a acudir al sistema arbitral asistidos de abogado, o de algún otro profesional o de un particular que tenga conocimientos sobre la materia y que pueda ser útil para la defensa de los derechos e intereses de la parte a la que acompañan.

2. Normativa básica en España

2.1. Reconocimiento constitucional. Garantiza el artículo 51.1 CE que la protección de los derechos de los consumidores y usuarios, se deberá llevar a cabo mediante «procedimientos eficaces».

Sin embargo no parece que gocen de tal eficacia los procedimientos que tradicionalmente se vienen tramitando ante la jurisdicción ordinaria, ya que es un hecho, triste pero evidente, la saturación y colapso de los tribunales de justicia, que hace muchas veces ineficaces los procesos judiciales debido a su larga duración, y otros inviables, debido a su coste económico, sobre todo en relación con reclamaciones de pequeña cuantía, como suelen ser las de consumo. Tales deficiencias propiciaron que los poderes públicos acudieran a medios extrajudiciales para dar cumplimiento al principio constitucional[407].

2.2. Regulación legal. *A*. Con carácter general, aplicable a los arbitrajes de derecho privado, está vigente la Ley 60/2003, de 23 de diciembre, de

---

[407] Tras la promulgación de la primera Ley general para la defensa de los consumidores y usuarios en 1984, comenzaron a instalarse las primeras Juntas Arbitrales de Consumo (en Madrid, Valladolid y Badalona), comenzando a ubicarse en las Oficinas Municipales de Información al Consumidor para luego constituirse al amparo de las Administraciones de las CCAA. Estas Juntas Arbitrales comenzaron a funcionar sin que tuvieran un marco legal en el que ampararse más allá de las breves menciones generales de aquella Ley y, desde luego, sin un procedimiento expreso legalmente establecido para regular sus actividades.

Arbitraje (LA)[408], que derogó la anterior[409] y ha sido recientemente reformada[410], que se determina será de *aplicación supletoria* al arbitraje regulado en la legislación de defensa de los consumidores y usuarios, añadiendo que podrá establecerse, en sus normas de desarrollo, que la decisión arbitral de consumo se dictará «en equidad, salvo que las partes opten expresamente por el arbitraje en derecho»[411].

B. En la vigente LCU se contienen únicamente dos artículos, que integran un capítulo, bajo el epígrafe «Sistema Arbitral del Consumo».

2.2.1. Definición y caracteres. Se define en la LCU el llamado «Sistema Arbitral *del* Consumo», en acrónimo SAC, como «el sistema extrajudicial de resolución de resolución de conflictos entre los consumidores y usuarios y los empresarios a través del cual, sin formalidades especiales y con carácter vinculante y ejecutivo para ambas partes, se resuelven las reclamaciones de los consumidores y usuarios, siempre que el conflicto no v erse sobre intoxicación, lesión o muerte o existan indicios racionales de delito»[412].

También se ha sido descrito el SAC como «el arbitraje institucional de resolución extrajudicial, de carácter vinculante y ejecutivo para ambas partes, de los conflictos surgidos entre los consumidores o us uarios y las empresas o profesionales en relación a los derechos legal o contractualmente reconocidos al consumidor»[413].

---

408 Véanse los comentarios a esta Ley de: ARIAS LOZANO, David, *Comentarios a la Ley de Arbitraje de 2003*, Editorial Aranzadi, Cizur Menor, 2005; BARONA VILAR, Silvia (coord.), *Comentarios a la Ley de Arbitraje (Ley 60/2003, de 23 de diciembre)*, Aranzadi, Cizur Menor, 2004; GARCÍA VILLALUENGA, Leticia (coord.), TOMILLO URBINA, Jorge Luis, VÁZQUEZ DE CASTRO, Eduardo y FERNÁNDEZ CANALES, Carmen, *Mediación, arbitraje y resolución extrajudicial de conflictos en el siglo XXI*, Editorial Reus, 2010; GARBERÍ LLOBREGAT, J. (Coordinador), *Comentarios a la Ley 60/2003, de 23 de diciembre, de Arbitraje: Doctrina, jurisprudencia, Formularios, Legislación,* 2 tomos y CD-Rom, Editorial Bosch, Barcelona, 2004; GONZÁLEZ SORIA, Julio (coord.) PÉREZ-LLORCA, José Pedro, OLIVENCIA RUIZ, Manuel, MARTÍ MINGARRO, Luis, HIERRO HERNÁNDEZ-MORA Antonio, FERNÁNDEZ-BALLESTEROS LÓPEZ, Miguel Angel, DÍEZ-PICAZO Y PONCE DE LEÓN Luis, CADARSO PALAU, Juan, ALZAGA VILLAAMIL, Oscar y ALONSO PUIG, José María, *Comentarios a la Nueva Ley de Arbitraje*, Editorial Aranzadi, Cizur Menor, 2004.

409 Esta norma dejó sin efecto la Ley 36/1988, de 5 de diciembre, sobre Arbitraje.

410 DAMIÁN MORENO, Juan (dir.), *La reforma de la ley de arbitraje de 2011 (comentarios a la Ley 11/2011, de 20 de mayo)*, editorial La Ley, Grupo Wolters Kluwer, Madrid, 2011.

411 Disposición adicional Única sobre «Arbitrajes de consumo» contenida en la vigente Ley 60/2003, de 23 de diciembre, de Arbitraje.

412 Artículo 57 LCU. Sistema Arbitral del Consumo.

413 Art. 1.2 Real Decreto 231/2008, de 15 de febrero, del Sistema Arbitral de Consumo.

Se pueden extraer de la definición las siguientes *características* del SAC: a) no es un proceso judicial; b) resuelve conflictos solo entre consumidores y empresarios; c) carece de formalidades significativas; d) es vinculante y ejecutivo para ambas partes; e) solo puede reclamar el consumidor; f) no se permite si hay intoxicación, lesiones, muerte, o indicios delictivos.

Pueden ser *objeto de arbitraje de consumo*, por tanto, todas las materias incluidas en la definición descrita que afecten a los derechos reconocidos a los consumidores y usuarios, exceptuándose aquellas sobre las que no se tiene libre disposición[414], entre las que destacan derechos personalísimos[415].

2.2.2. Principios legales. Al margen de la regulación de desarrollo, en la propia LCU se establecen los siguientes principios legales esenciales:

1º) Los órganos arbitrales estarán integrados por representantes de los sectores empresariales interesados, de las organizaciones de consumidores y usuarios y de las Administraciones públicas.
2º) Los convenios arbitrales con los consumidores distintos del arbitraje de consumo sólo podrán pactarse tras surgir el conflicto entre las partes.
3º) No obstante lo anterior, se permite la sumisión a órganos de arbitraje institucionales creados legalmente para un sector o un supuesto específico.
4º) Los convenios arbitrales que ignoren lo anterior serán nulos.
5º) La sumisión de las partes al Sistema Arbitral del Consumo siempre será voluntaria y deberá constar expresamente: a) por escrito, b) por medios electrónicos, o c) en otra forma que permita tener constancia del acuerdo.
6º) Carecen de efecto los convenios arbitrales y las ofertas públicas de adhesión al arbitraje de consumo formalizados por las personas físicas o jurídicas que hayan sido declaradas en concurso de acreedores[416].

2.2.3. Desarrollo normativo. Siendo muy escasas las menciones de la LCU a esta institución, se determina en la misma que un reglamento del Gobierno de la Nación, en cuyo *contenido* se establecerá: a) la organización, gestión y administración del SAC; b) el procedimiento de resolución de los

---

[414] Artículo 1814 CC: «No se puede transigir sobre el estado civil de las personas, ni sobre las cuestiones matrimoniales, ni sobre alimentos futuros».

[415] Los llamados *derechos de la personalidad* no suelen ser disponibles, como no lo es la dignidad humana, incluyéndose además de el derecho a la vida, el derecho a las partes separadas del cuerpo, el derecho al honor, la intimidad personal y familiar y a la propia imagen y el derecho a la protección de datos privados, por citar los más usuales.

[416] Artículo 58 LCU. Sumisión al Sistema Arbitral del Consumo.

conflictos; c) se podrá prever la decisión en equidad, salvo que las partes opten expresamente por el arbitraje de derecho; d) el procedimiento para el arbitraje electrónico; e) los supuestos en que podrá interponerse una reclamación ante la Junta Arbitral Nacional frente a las resoluciones de las Juntas arbitrales territoriales sobre admisión o inadmisión de las solicitudes de arbitraje; y f) los casos en que actuará un árbitro único en la administración del arbitraje de consumo.

La referida regulación del Sistema Arbitral de Consumo fue aprobada mediante el vigente Real Decreto 231/2008, de 15 de febrero, por el que se regula el Sistema Arbitral de Consumo (en adelante, RD 231/2008)[417].

2.3. Regulación aplicable. El arbitraje de consumo se rige estas normas:

1) Las disposiciones específicas sobre arbitraje contenidas en la LCU[418].
2) La norma fundamental es el Real Decreto 231/2008, de 15 de febrero, por el que se regula el Sistema Arbitral de Consumo, y *en aquello que no se prevea* en el mismo, serán de aplicación, en su caso, las siguientes leyes[419]:
3) Ley 60/2003, de 23 de diciembre, de Arbitraje[420];
4) Ley 30/1992, de 26 de noviembre, de Régimen Jurídico de las Administraciones Públicas y del Procedimiento Administrativo Común[421];
5) Ley 11/2007, de 22 de junio, de acceso electrónico de los ciudadanos a los servicios públicos: el arbitraje electrónico y los actos por vía electrónica.

3. Organización del SAC

3.1. Las Juntas Arbitrales de Consumo. Las llamadas Juntas Arbitrales de Consumo son los órganos administrativos: a) de *gestión* del arbitraje institucional de consumo; y b) que prestan los *servicios* de carácter técnico, administrativo y de secretaría, tanto a las partes como a los árbitros.

Existe, por una parte, la *Junta Arbitral Nacional*, adscrita al Instituto

---

[417] Deroga el Reglamento vigente hasta entonces que fue aprobado mediante el Real Decreto 636/1993, de 3 de mayo, por el que se regula el Sistema Arbitral de Consumo.
[418] Que se desarrollan, exclusivamente, en los artículos 57 y 58 LCU.
[419] Artículo 3 RD 231/2008. Regulación aplicable.
[420] En su redacción otorgada por la Ley 11/2011, de 20 de mayo, de reforma de la Ley 60/2003, de 23 de diciembre, de Arbitraje y de regulación del arbitraje institucional en la Administración General del Estado.
[421] Se justifica la aplicación de dicha Ley en que la actividad de las Juntas Arbitrales de Consumo es de carácter administrativo y por tanto está sometida a tal procedimiento.

Nacional del Consumo (INC); y por otra, las *Juntas Arbitrales territoriales* constituidas mediante convenio de colaboración entre las Administraciones públicas y el Instituto Nacional del Consumo[422]. En la práctica son las Juntas Arbitrales *territoriales* las encargadas de todas las funciones del arbitraje.

3.2. Funciones de las Juntas Arbitrales de Consumo. Las Juntas Arbitrales de Consumo deberán desempeñar las siguientes funciones:

1ª) Fomentar el arbitraje de consumo entre empresas o profesionales, consumidores y sus respectivas asociaciones, procurando la adhesión de las empresas o profesionales al SAC realizando *ofertas públicas de adhesión.*

2ª) *Gestionar* tales ofertas, conceder o retirar el distintivo de adhesión al SAC, y mantener actualizados los datos de empresas y profesionales adheridos al SAC, a través de la Junta Arbitral de Consumo (JAC).

3ª) *Comunicar* al registro público de empresas adheridas al SAC los datos actualizados de las empresas o profesionales que hayan realizado ofertas públicas de adhesión al SAC a través de la JAC.

4ª) Dar *publicidad* de las empresas o profesionales adheridos al SAC mediante ofertas públicas de adhesión en su respectivo ámbito territorial.

5ª) Elaborar y actualizar la *lista de árbitros* acreditados ante la JAC.

6ª) Asegurar que se intenta la *mediación previa* al conocimiento del conflicto por los órganos arbitrales, salvo que no proceda legalmente.

7ª) Gestionar el *archivo arbitral*, donde se conservarán y custodiarán los expedientes arbitrales con todos los documentos de cada asunto.

8ª) Llevar los *libros de registro* relativos a los procedimientos arbitrales a través de aplicaciones informáticas, en su defecto, manualmente.

9ª) Gestionar, custodiar o depositar ante la institución que se acuerde, los bienes y objetos afectos a los *expedientes arbitrales*, cuando lo acuerde el órgano arbitral que conozca del conflicto o el presidente de la Junta Arbitral, a solicitud de las partes antes de la designación del órgano arbitral.

10ª) *Impulsar* y gestionar los procedimientos arbitrales de consumo.

11ª) Proveer de *medios* y realizar las actuaciones necesarias para el mejor ejercicio de las funciones de los órganos arbitrales y de los mediadores.

12ª) Gestionar un *registro de laudos* arbitrales emitidos, cuyo contenido, respetando la privacidad de las partes, habrá de ser público.

13ª) Poner a disposición de los consumidores y de las empresas o profesionales, los respectivos *formularios* sobre: a) la solicitud de arbitraje; b) contestación; c) aceptación; y d) ofertas públicas de adhesión al SAC.

14ª) En general, cualquier actividad relacionada con el apoyo y soporte a

[422] Artículo 5 RD 231/2008. Juntas Arbitrales de Consumo.

los órganos arbitrales para resolver los conflictos sometidos a la JAC[423].

3.3. Composición de las Juntas Arbitrales de Consumo. La JAC estará integrada por su presidente y el secretario, que siempre serán *empleados públicos* («personal al servicio de las Administraciones públicas»), y además, por el personal de apoyo adscrito a dicho órgano.

El *presidente y el secretario* de la JAC serán designados por l a Administración de la que dependa la Junta, publicándose su nombramiento en el diario oficial que corresponda al ámbito territorial de la JAC.

Cuando se creen «delegaciones territoriales o sectoriales» de la JAC, se podrán designar *presidentes y secretarios esas delegaciones*, sin perjuicio de la capacidad del presidente de la JAC para designar órganos arbitrales que conozcan de los conflictos en los ámbitos territoriales *donde no exista* Junta Arbitral territorial o delegaciones de la JAC[424].

3.4. Solicitudes individuales de arbitraje. La Junta Arbitral de Consumo a la que ambas partes, de común acuerdo, sometan la resolución de su conflicto *será competente* para conocer de las solicitudes individuales de arbitraje los asuntos concernientes a los consumidores o usuarios.

A falta de acuerdo entre las partes, será competente la Junta Arbitral *territorial* en la que tenga su *domicilio el consumidor*; pero si existieran varias Juntas Arbitrales territoriales competentes, conocerá el asunto la Junta Arbitral que tenga *inferior ámbito territorial*.

Cuando exista una limitación territorial en la oferta pública de adhesión al SAC, será competente la JAC *a la que se haya adherido la empresa* o profesional, y si éstas fueran varias, aquélla por la que opte el consumidor[425].

3.5. Otros órganos nacionales. Son también órganos del SAC adscritos funcionalmente al Instituto Nacional del Consumo: 1) l a *Comisión de las Juntas Arbitrales de Consumo* que es un órgano colegiado, dependiente del INC a través de la Junta Arbitral Nacional, con competencia para el establecimiento de criterios homogéneos en el SAC y la resolución de los recursos administrativos frente a las resoluciones de los presidentes de las

---

[423] Artículo 6 RD 231/2008. Funciones de las Juntas Arbitrales de Consumo.
[424] Artículo 7 RD 231/2008. Composición de las Juntas Arbitrales de Consumo.
[425] Artículo 8 RD 231/2008. Competencias para conocer de las solicitudes individuales.

Juntas Arbitrales de Consumo (pero nunca contra los laudos arbitrales).

2) El *Consejo General del Sistema Arbitral de Consumo* que es el órgano colegiado, de representación y participación en materia de arbitraje de consumo, que depende funcionalmente del INC.

4. Los árbitros

4.1. Propuesta y lista de árbitros. Las personas que actuarán como árbitros para resolver los procedimientos arbitrales de consumo deberán ser *propuestas por*: a) la Administración, entre personal a su servicio; b) las asociaciones de consumidores y usuarios –inscritas en el Registro estatal de asociaciones de consumidores, o que reúnan los requisitos exigidos por la normativa autonómica que les resulte de aplicación–; c) las organizaciones empresariales o profesionales, y en su caso, las Cámaras de Comercio[426].

Las personas propuestas deberán solicitar al presidente de la JAC su acreditación para actuar ante ella. Dicha solicitud implicará la aceptación de su inclusión en la *lista de árbitros acreditados* ante la JAC y la aceptación del cargo de árbitro en los procedimientos en que sea designado como tal. Los árbitros acreditados a propuesta de la Administración deberán ser, en todo caso, licenciados en derecho –o graduados en derecho[427]–, ya resuelvan el conflicto tanto en equidad o en derecho[428].

4.2. Órganos arbitrales. Los órganos arbitrales, ya sean unipersonales o colegiados, son los únicos competentes para *decidir sobre la solución* de los conflictos de consumo entre consumidores y empresarios o profesionales.

Tanto el órgano unipersonal como el colegiado estará siempre asistido por un *secretario arbitral* que tiene las siguientes *funciones* y deberes:

a) Velará por el cumplimiento de todas las decisiones que se adopten.
b) Dejará constancia de la realización de actos procedimentales.
c) Asegurará el funcionamiento del registro de recepción de documentos.
d) Expedirá certificaciones de las actuaciones arbitrales no reservadas.
e) Documentará y formará los expedientes del procedimiento arbitral.

---

[426] Artículo 16 RD 231/2008. Propuesta de árbitros y lista de árbitros acreditados.

[427] Pese a que el RD 231/2008 se aprobó el 15 de febrero de 2008, cuando ya habían comenzado a implantarse los nuevos planes de estudios de «grado en derecho» solo alude a la titulación académica de «licenciado en derecho», aunque ha de suponerse que son equiparables.

[428] Artículo 17 RD 231/2008. Acreditación de los árbitros.

f) Facilitará, a quien tenga interés legítimo, el estado de las actuaciones.
g) Ordenará e impulsará el procedimiento, salvo si compete a los árbitros.
h) Levantará acta de todas las audiencias o vistas que se celebren.
i) Realizará las notificaciones necesarias de las actuaciones arbitrales.

4.2.1. Órganos arbitrales unipersonales. Conocerá de los *asuntos* un árbitro único cuando *las partes* así lo acuerden, o lo acuerde el *presidente* de la Junta Arbitral de Consumo, siempre que: 1º) la cuantía de la controversia sea inferior a 300 €; y 2º) la falta de complejidad del asunto así lo aconseje. Sin embargo, si las partes se oponen, se designará un colegio arbitral.

El árbitro único *será designado* entre los árbitros acreditados *propuestos por la Administración*, salvo que las partes, de común acuerdo, soliciten por razones de especialidad, que recaiga en otro árbitro acreditado[429].

4.2.2. Órganos arbitrales colegiados. Conocerá del resto de los asuntos un colegio arbitral integrado por *tres árbitros* acreditados elegidos cada uno de ellos entre los propuestos por: a) la Administración; b) las asociaciones de consumidores; y c) las organizaciones empresariales o profesionales.

Los tres árbitros actuarán de forma colegiada, asumiendo la presidencia el árbitro propuesto por la Administración pública[430]. El presidente de la JAC es quien designa a los árbitros para los procedimientos arbitrales.

En los arbitrajes que *deban decidirse en derecho* –no en los de equidad– los árbitros designados, entre los acreditados a propuesta de las asociaciones de consumidores y de las organizaciones empresariales o p rofesionales, deberán ostentar la titulación de licenciados –o graduados– en derecho[431].

5. El convenio arbitral

5.1. Concepto. Se puede definir el convenio arbitral, como aquella cláusula incorporada a un contrato, o el acuerdo independiente de las partes, donde ambas expresan su firme voluntad de resolver las controversias que puedan surgir, o que ya hayan surgido, en una relación jurídica de consumo, a través del Sistema Arbitral de Consumo.

---

[429] Artículo 19 RD 231/2008. Órganos arbitrales unipersonales.
[430] Artículo 20 RD 231/2008. Órganos arbitrales colegiados.
[431] Artículo 21 RD 231/2008. Designación de los árbitros en el procedimiento arbitral.

5.2. Forma y eficacia. El convenio arbitral deberá constar *por escrito*, en un documento firmado por las partes o en intercambio de cartas, telegramas, telex, fax u otros medios de comunicación electrónica que permitan tener constancia del acuerdo, considerándose cumplido este requisito cuando el convenio arbitral conste y sea accesible para su ulterior consulta en soporte electrónico, óptico o de otro tipo.

Cuando *exista oferta pública de adhesión* al SAC el convenio arbitral estará válidamente formalizado por «la mera presentación de la solicitud», siempre que coincida con el ámbito de la oferta.

Se entenderá válidamente formalizado el convenio arbitral, también por la simple «presentación de la solicitud», si consta acreditado que ésta se formaliza durante el tiempo en el que la empresa o profesional *utiliza el distintivo público de adhesión* al SAC, aún cuando carezca del derecho a tal uso por no cumplir los requisitos previstos en el RD 231/2008[432].

No constando la existencia de convenio arbitral en las formas señaladas, la Junta Arbitral de Consumo, cuando reciba una solicitud de arbitraje, dará traslado al empresario o profesional reclamado para su aceptación[433].

5.3. La oferta pública de adhesión al SAC. Las empresas o profesionales podrán formular por escrito, por vía electrónica a través del procedimiento previsto[434], o en cualquier otro soporte que permita tener constancia de la presentación y de su autenticidad, una oferta unilateral de adhesión al Sistema Arbitral de Consumo que tendrá carácter público.

En la oferta pública de adhesión el empresario expresará: a) si se opta por que el arbitraje se resuelva en derecho o en equidad; b) el plazo de validez de la oferta; y c) si se acepta la mediación previa al conocimiento del conflicto por los órganos arbitrales. No constando en la oferta pública cualquiera de estos extremos, la oferta se entenderá realizada en equidad,

---

[432] Esta previsión normativa puede llevar a resultados curiosos como el que sucederá cuando un empresario, por ejemplo de una tienda abierta al público, mantenga expuesta aquella «pegatina» o distintivo de adhesión al SAC en su puerta o escaparate, por haberla puesto un anterior ocupante del local de negocio, sin que conocer el nuevo ocupante de sus efectos, lo que le llevará a tener por aceptado el arbitraje de consumo pese a, quizá, no desearlo.

[433] Artículo 24 RD 231/2008. Convenio Arbitral.

[434] Artículos 51 al 55 RD 231/2008 sobre «arbitraje de consumo electrónico».

por tiempo indefinido y con aceptación de la mediación previa[435].

Podrán admitirse ofertas públicas de *adhesión limitada* al SAC, en particular, en sectores que presenten un importante número de consultas y reclamaciones o no exista una suficiente implantación del sistema[436].

Será competente para conocer de las ofertas públicas de adhesión al SAC, la JAC del ámbito territorial de la actividad de la empresa y si hubiere varias Juntas Arbitrales, decidirá la Junta Arbitral de superior ámbito territorial[437].

5.4. Distintivo de adhesión al SAC. Las empresas o profesionales que estén adheridos al Sistema Arbitral de Consumo podrán utilizar en sus comunicaciones comerciales el *distintivo oficial* concedido.

La concesión del distintivo público de adhesión al SAC, y su retirada, se publicará en el diario oficial que corresponda al ámbito territorial de la JAC. El distintivo de adhesión al SAC podrá figurar en castellano, o en las demás lenguas cooficiales en las comunidades autónomas donde se utilice[438].

Se perderá el derecho al uso del distintivo de empresa adherida y, en su caso, se procederá a la baja en el registro público de empresas adheridas al Sistema Arbitral de Consumo por las causas previstas en RD 231/2008[439].

6. El procedimiento arbitral

6.1. Normas aplicables a la solución del litigio. Con carácter general, el arbitraje de consumo «se decidirá *en equidad*», salvo cuando las partes opten expresamente por que se adopte la «decisión *en derecho*»[440].

A. El *arbitraje en equidad* será motivado y aplicará las normas jurídicas que regulen el supuesto en cuestión, así como las estipulaciones del contrato.

B. En el arbitraje de consumo que deba resolverse «en derecho y tenga carácter internacional», para determinar la legislación aplicable al fondo del asunto se estará a los convenios internacionales suscritos por España[441].

---

[435] Artículo 25 RD 231/2008. Oferta pública de adhesión al SAC.
[436] Artículo 26 RD 231/2008. Oferta pública de adhesión limitada al SAC.
[437] Artículo 27 RD 231/2008. Competencia para resolver sobre ofertas de adhesión.
[438] Artículo 28 RD 231/2008. Distintivo de adhesión al Sistema Arbitral de Consumo.
[439] Artículo 30 RD 231/2008. Retirada del distintivo de empresa adherida al SAC.
[440] Artículo 33 RD 231/2008. Normas aplicables a la solución del litigio.
[441] Según lo previsto en la Ley 60/2003, de 23 de diciembre.

6.2. Solicitud de arbitraje de consumo. Podrán presentar la solicitud de arbitraje los consumidores y usuarios que consideren que se han vulnerado sus derechos reconocidos, legal o contractualmente, pudiendo hacerlo por *escrito*, por *vía electrónica*, u *otro medio* que permita tener constancia de la solicitud y de su autenticidad, que deberá reunir los siguientes *requisitos*:

1) Nombre y apellidos, domicilio, lugar de notificaciones y nacionalidad *del solicitante*, y, en su caso, de su representante; en el caso de ciudadanos españoles, se expresará el número del documento nacional de identidad y, tratándose de extranjeros, se expresará el número de identidad de extranjero o, en su defecto, el de su pasaporte o documento de viaje.
2) Nombre y apellidos o razón social y domicilio *del reclamado*, así como, si lo supiere, domicilio a efecto de notificaciones, y en otro caso, cualquier dato que permita la identificación completa del reclamado.
3) Breve descripción de los *hechos* que motivan la controversia, exposición sucinta de las *pretensiones* del reclamante, determinando, en su caso, su *cuantía* y los *fundamentos* en que basa la pretensión.
4) Copia del convenio arbitral, si se pactó entre consumidor y empresa.
5) En la oferta pública de adhesión al arbitraje *en derecho*, el reclamante deberá indicar si presta su *conformidad* a que se resuelva de esta forma.
6) Lugar, fecha y firma, convencional o electrónica, en su caso.
7) Si la solicitud de arbitraje se formula por escrito deberá presentarse, junto con la documentación que la acompañe, por duplicado.
8) Junto a la solicitud podrán aportarse, si se dispusiere de ella, o también proponer las *pruebas* de que el reclamado intente valerse en su favor.

Cada JAC dispondrá de *modelos normalizados* para facilitar, al menos, la solicitud y la contestación a ésta, así como la aceptación del arbitraje en caso de que se trate de una empresa no adherida al SAC[442].

6.3. Subsanación de defectos. Cuando la solicitud de arbitraje no reúna los requisitos mínimos arriba descritos, el secretario de la JAC requerirá al reclamante su subsanación en un plazo máximo de 15 días, advirtiéndole que de no hacerlo se procederá, sin más, al archivo de las actuaciones.

6.4. Inadmisión y recurso. El presidente de la JAC podrá acordar la *inadmisión* de las solicitudes de arbitraje cuando: a) la materia esté excluida del arbitraje; b) resulte infundada; y c) no se aprecie afectación alguna de los

---

[442] Artículo 34 RD 231/2008. Presentación de solicitudes.

derechos y legítimos intereses económicos de los consumidores[443].

La resolución sobre la admisión o inadmisión de la solicitud de arbitraje por ser una materia excluida del mismo, podrá ser recurrida ante la Comisión de las Juntas Arbitrales de Consumo en el plazo de 15 días, cuya resolución pone fin a la vía administrativa[444].

6.5. Comienzo del procedimiento. Presentada la solicitud de arbitraje, el presidente de la JAC decidirá si tiene competencia territorial, enviándola, en otro caso, a la Junta que fuere competente en el plazo de quince días. Aceptada la competencia territorial de la JAC el presidente acordará lo que proceda sobre la admisión a trámite de la solicitud de arbitraje. No apreciándose causa de inadmisión en la solicitud, puede ocurrir:

a) Que *exista* convenio arbitral válido: el presidente de la JAC acordará la iniciación del procedimiento arbitral y ordenará su notificación a las partes. El *contenido* de la resolución acordando iniciar el procedimiento arbitral incluirá expresamente: 1) la admisión de la solicitud de arbitraje; 2) la invitación a las partes para alcanzar un a cuerdo a través de la mediación previa; y 3) el traslado al reclamado de la solicitud de arbitraje para que, en el plazo de 15 días, formule las alegaciones que estime oportunas para hacer valer su derecho y, en su caso, presente los documentos que estime pertinentes o proponga las pruebas de que intente valerse.

b) Que *no exista* convenio arbitral previo, o éste no sea válido: se dará traslado de la solicitud de arbitraje al reclamado, haciendo constar que ésta ha sido admitida a trámite, dándole un 15 días para 1) la aceptación del arbitraje; 2) la mediación previa; 3) contestar a la solicitud formulando alegaciones para hacer valer su derecho; 4) presentar los documentos pertinentes; y 5) proponer las pruebas de que intente valerse. Si el empresario o profesional reclamado *no contesta* dentro de los 15 días aceptando el arbitraje propuesto, el presidente de la JAC *ordenará el archivo* de la solicitud, notificándoselo a las partes, donde hará constar expresamente la admisión a trámite de la solicitud de arbitraje.

Si el empresario reclamado *contesta aceptando el arbitraje* de consumo, se considerará iniciado el procedimiento desde la fecha de entrada de la aceptación en la JAC. Se notificará al reclamante el acuerdo de iniciación

[443] Artículo 35 RD 231/2008. Causas de inadmisión de solicitudes de arbitraje.
[444] Artículo 36 RD 231/2008. Recurso contra la admisión o inadmisión de la solicitud.

del procedimiento haciendo constar expresamente la admisión a trámite de la solicitud de arbitraje y la invitación a la mediación previa[445].

6.6. Mediación en el procedimiento arbitral. Cuando no existan causas de inadmisión de la solicitud de arbitraje *se intentará mediar* para que las partes alcancen un acuerdo que ponga fin al conflicto, salvo en estos dos casos: a) que haya oposición expresa de cualquiera de las partes o b) cuando conste que la mediación ya ha sido intentada sin que surtiese efecto.

El secretario de la JAC dejará constancia en el procedimiento arbitral de la fecha de inicio y fin de la mediación, así como del resultado de esta. En todo caso, quien actúe como *mediador* en el procedimiento arbitral está sujeto en su actuación a los mismos *requisitos* de independencia, imparcialidad y confidencialidad exigidos a los árbitros de consumo[446].

6.7. Designación de los árbitros. Una vez admitida la solicitud de arbitraje y verificada la existencia de convenio arbitral válido, el presidente de la JAC *designará al árbitro o árbitros* que conocerán el conflicto, *notificando* a las partes tal designación. La designación de los árbitros podrá realizarse en la resolución de inicio del procedimiento arbitral[447].

La designación recaerá en *árbitros especializados* cuando, según los criterios fijados por el Consejo General del Sistema Arbitral de Consumo, el conflicto deba ser conocido por un órgano arbitral especializado[448].

6.8. Acumulación. El presidente de la JAC podrá acordar la acumulación de las solicitudes presentadas *frente a un mismo reclamado* en las que concurra idéntica causa de pedir, para que sean conocidas en un único procedimiento por el órgano arbitral designado al efecto.

6.9. Procedimiento. 6.9.1. Principios. El procedimiento arbitral de consumo se ajustará a los siguientes principios específicos: a) audiencia; b) contradicción; c) igualdad entre las partes; y d) gratuidad[449]. Los árbitros, los mediadores, las partes y quienes presten servicio en las Juntas Arbitrales de Consumo, están obligados a guardar *confidencialidad* de la información.

---

[445] Artículo 37 RD 231/2008. Iniciación del procedimiento.
[446] Artículo 38 RD 231/2008. Mediación en el procedimiento arbitral.
[447] Artículo 39. Designación de los árbitros y acumulación de procedimientos.
[448] Artículo 40. Arbitraje de consumo sectorial y especializado.
[449] Artículo 41 RD 231/2008. Principios del procedimiento arbitral de consumo.

6.9.2. Alegaciones. El órgano arbitral dirigirá el procedimiento con sujeción al RD 231/2008, pudiendo instar a las partes a la conciliación[450].

Las alegaciones presentadas por el reclamado tendrán el valor de *contestación* a la solicitud de arbitraje y se integrarán, junto con la solicitud y la documentación aportada por las partes, en el procedimiento arbitral. Se dará *traslado* a la otra parte de las alegaciones escritas, documentos y demás instrumentos que una de las partes aporte a los árbitros. Se podrán a *disposición de las partes* los documentos, dictámenes periciales y otros instrumentos probatorios donde el órgano arbitral pueda fundar su decisión.

6.9.3. Modificación y reconvención. Antes de la finalización del trámite de audiencia, las partes podrán *modificar o ampliar* la solicitud y la contestación, pudiendo plantearse *reconvención* frente a la parte reclamante. La ampliación de la solicitud o la reconvención no modifican la competencia del órgano arbitral designado por el presidente de la JAC.

Los árbitros la *inadmitirán* la reconvención cuando: a) la cuestión no sea susceptible de arbitraje de consumo; o b) no haya conexión entre sus pretensiones y las pretensiones de la solicitud de arbitraje. La inadmisión de la reconvención se recogerá *en el laudo* que ponga fin a la controversia.

Cuando *se admita* la reconvención, se otorgará al reclamante un plazo de 15 días para presentar alegaciones y proponer prueba, procediendo a retrasar, si fuera preciso, la audiencia prevista[451].

6.9.4. Audiencia. Es preceptiva la audiencia a las partes, de la que el secretario del órgano arbitral levantará un acta, audiencia que podrá ser *escrita*, utilizando la firma convencional o e lectrónica, u *oral*, ya sea presencialmente o a través de videoconferencias u otros medios técnicos que permitan la identificación y comunicación directa de los comparecientes.

Las partes serán citadas a las audiencias con suficiente antelación y con advertencia expresa de que en ella podrán presentar las alegaciones y pruebas que estimen precisas para hacer valer su derecho[452].

---

[450] Artículo 42 RD 231/2008. Procedimiento.
[451] Artículo 43 RD 231/2008. Reconvención y modificación de las pretensiones.
[452] Artículo 44 RD 231/2008. Audiencia.

6.9.5. Régimen de la prueba*. A.* El órgano arbitral resolverá sobre la aceptación o rechazo de las pruebas propuestas por *las partes*, pero también puede proponer *de oficio* la práctica de pruebas complementarias que se consideren imprescindibles para la solución de la controversia[453].

B. Son admisibles como prueba los *medios de reproducción* de la palabra, el sonido y la imagen, así como los instrumentos que permitan archivar y conocer o reproducir palabras, datos, cifras y otras operaciones relevantes.

C. El acuerdo del órgano arbitral sobre la práctica de la prueba será notificado con la expresión de la *fecha, hora y lugar de celebración*, convocándolas a la práctica de aquéllas en las que sea posible su presencia.

D. En el arbitraje electrónico cuando se acuerde la práctica presencial de la prueba, ésta se realizará por *videoconferencia* o por c ualquier medio técnico que permita la identificación y comunicación directa de los comparecientes. En el resto de los procedimientos arbitrales, podrán utilizarse igualmente tales medios, cuando así lo acuerde el órgano arbitral.

6.9.6. Gastos de la prueba**.** Los gastos ocasionados por l as pruebas practicadas a instancia de *las partes* serán sufragados por qui en las haya propuesto y las comunes o coincidentes por mitad. Las pruebas propuestas *de oficio* por el órgano arbitral, serán costeadas por l a Junta Arbitral de Consumo o por la Administración de la que dependa, en función de sus disponibilidades presupuestarias. En el supuesto de que el órgano arbitral aprecie en el laudo, *mala fe o temeridad*, podrá distribuir los gastos ocasionados por la práctica de las pruebas en distinta forma a la indicada.

6.9.7. Incomparecencia e inactividad de las partes**.** La no c ontestación, inactividad o i ncomparecencia injustificada de las partes en cualquier momento del procedimiento arbitral, incluida la audiencia, *no impide que se dicte el laudo, ni le priva de eficacia*, siempre que el órgano arbitral pueda decidir la controversia con los hechos y documentos que consten en la demanda y contestación, si ésta se ha producido. El silencio, la falta de actividad o la incomparecencia de las partes *no se considerará como allanamiento* o admisión de los hechos de la otra parte[454].

6.10. El laudo arbitral. La forma, y el contenido, del laudo se regirán por los dispuesto en la Ley 60/2003, de 23 de diciembre, de Arbitraje[455].

---

[453] Artículo 45 RD 231/2008. Prueba.

[454] Artículo 46 RD 231/2008. Falta de comparecencia e inactividad de las partes.

[455] Artículo 48 RD 231/2008. Terminación de las actuaciones y laudo.

6.10.1. Contenido y cosa juzgada. El laudo pone fin al procedimiento arbitral de consumo, resuelve la controversia planteada, debiendo *motivarse*, teniendo *eficacia de cosa juzgada*, no pudiendo volver a plantearse la misma cuestión de fondo, ni ante un órgano arbitral, ni tribunales de justicia.

6.10.2. Mayoría. En caso de que el órgano arbitral esté compuesto por *tres árbitros*, el *laudo arbitral*, o cualquier acuerdo o resolución diferentes de la mera ordenación e impulso de las actuaciones arbitrales, *se adoptarán por mayoría*. Si no existiera acuerdo de la mayoría decidirá el Presidente[456].

6.10.3. Acuerdo de las partes. Si durante las actuaciones arbitrales *las partes llegan a un acuerdo* que ponga fin, total o parcialmente, al conflicto, el órgano arbitral dará por terminadas las actuaciones con respecto a los puntos acordados, incorporando el acuerdo adoptado al laudo, salvo que aprecie motivos para oponerse.

6.10.4 Laudo sin entrar en el fondo. El órgano arbitral dará por terminadas sus actuaciones y dictará laudo poniendo fin al procedimiento arbitral, sin entrar en el fondo del asunto –debiendo hacer constar si queda expedita la vía judicial– en cualquiera de estos supuestos:

a) Cuando el reclamante no concrete su propia pretensión o no aporte los elementos indispensables para el conocimiento del conflicto.
b) Cuando las partes acuerden dar por terminadas las actuaciones, o
c) Cuando el órgano arbitral compruebe que la prosecución de las actuaciones resulta imposible, por los motivos que determine[457].

6.10.5. Plazo para dictar el laudo. El plazo para dictar un laudo será de *seis meses* desde el día siguiente al inicio del procedimiento arbitral, pudiendo ser *prorrogado* por el órgano arbitral mediante decisión motivada, salvo acuerdo en contrario de las partes, por un máximo de *dos meses*.

El plazo para dictar laudo *se suspenderá*, por el intento de mediación previa, por un periodo no superior a *un mes* desde el acuerdo de iniciación. Si las partes lograran un *acuerdo conciliatorio* sobre todos los aspectos del conflicto, una vez iniciadas las actuaciones arbitrales, el plazo para dictar el laudo conciliatorio será de *quince días* desde la adopción del acuerdo[458].

---

[456] Artículo 47 RD 231/2008. Adopción de decisiones colegiadas.
[457] Artículo 48 RD 231/2008. Terminación de las actuaciones y laudo.
[458] Artículo 49 RD 231/2008. Plazo para dictar el laudo.

6.10.6. Impugnación del laudo. En principio, contra el laudo arbitral de consumo *no cabe recurso* alguno sobre el fondo de la cuestión resuelta. No obstante, el laudo puede impugnarse, aunque solo cuando se cumplan los requisitos exigidos en la legislación procesal, mediante:

a) La *acción de anulación* por defectos de forma del laudo, que deberá interponerse ante la Audiencia Provincial del lugar en que fue dictado. En concreto, el laudo arbitral sólo podrá ser anulado cuando la parte que solicita la anulación alegue y pruebe alguno de los siguientes *motivos*[459]:

1º. El convenio arbitral no existe o no es válido.
2º. No ha sido debidamente notificada de la designación de un árbitro o de las actuaciones arbitrales o no ha podido hacer valer sus derechos.
3º. Los árbitros han resuelto cuestiones no sometidas a su decisión.
4º. La designación de los árbitros o el procedimiento arbitral no se han a la Ley imperativa, o en su caso, al acuerdo válido de las partes.
5º. Los árbitros han resuelto cuestiones no susceptibles de arbitraje.
6º. El laudo arbitral adoptado es contrario al orden público.

La acción de anulación del laudo habrá de ejercitarse dentro de los *dos meses* siguientes a su notificación o, en caso de que se haya solicitado corrección, aclaración o complemento del laudo, desde la notificación de la resolución de esta solicitud, o desde la expiración del plazo para adoptarla.

b) El *recurso de revisión*, que deberá sustanciarse conforme a lo establecido en la legislación procesal para las sentencias judiciales firmes[460]. Solo podrá fundarse este recurso, en alguno de estos *motivos* tasados[461]:

1º. Cuando después de pronunciado el laudo, «se recobraren u obtuvieren documentos decisivos, de los que no se hubiere podido disponer por fuerza mayor o por obra de la parte en cuyo favor se hubiere dictado».
2º. Cuando hubiere recaído el laudo «en virtud de documentos que al tiempo de dictarse ignoraba una de las partes haber sido declarados falsos en un proceso penal, o cuya falsedad declarare después penalmente».

[459] Artículo 41.1 de la Ley 60/2003, de 23 de diciembre, de Arbitraje.
[460] Artículos 509 a 516 LEC «de la revisión de las sentencias firmes». Según el primero de ellos: «La revisión de sentencias firmes se solicitará a la Sala de lo Civil del Tribunal Supremo o a las Salas de lo Civil y Penal de los Tribunales Superiores de Justicia, conforme a lo dispuesto en la Ley Orgánica del Poder Judicial».
[461] Artículo 510. LEC. Motivos.

3º. Cuando se basó en prueba testifical o pericial, basada en quienes han sido condenados por el falso testimonio dado sus declaraciones.

4º. Cuando se hubiere obtenido el laudo arbitral «injustamente en virtud de cohecho, violencia o maquinación fraudulenta».

El plazo máximo será de cinco años, desde la notificación del laudo, pero habrá de interponerse dentro de los tres meses desde que se conozca alguna de las cuatro circunstancias o motivos indicados[462].

7. Arbitrajes de consumo especiales

7.1. Arbitraje de consumo electrónico. Se define como aquel que se sustancia íntegramente, desde la solicitud de arbitraje hasta la terminación del procedimiento, incluidas las notificaciones, por m edios electrónicos, aunque alguna actuación arbitral se practique por medios tradicionales. No tendrá tal carácter el arbitraje por el mero hecho de que la JAC o el órgano arbitral usen medios electrónicos para facilitar las comunicaciones o para la realización de actuaciones arbitrales concretas[463].

7.2. Arbitraje de consumo colectivo. El arbitraje de consumo colectivo tiene por objeto resolver en un único procedimiento arbitral de consumo los conflictos que, en base al mismo presupuesto fáctico, hayan podido lesionar los intereses colectivos de los consumidores y usuarios, afectando a un número determinado o determinable de éstos[464].

7.3. Otros arbitrajes. Las Juntas Arbitrales de Consumo podrán asumir, en los términos que se acuerde por las respectivas Administraciones públicas competentes, la gestión y administración de *arbitrajes sectoriales distintos al arbitraje de consumo*, siempre que su gestión y administración haya sido encomendada legal o reglamentariamente a una Administración pública[465].

---

[462] Artículo 512. LEC. Plazo de interposición.

[463] Artículo 51 RD 231/2008. Arbitraje de consumo electrónico.

[464] Artículo 56 RD 231/2008. Arbitraje de consumo colectivo.

[465] Artículo 63 RD 231/2008. Soporte administrativo de otros arbitrajes.